인간행동과 사회환경

인간행동과 사회환경

김규수 설진화 이경은 이기량
이애재 이영호 이지훈 정원철

지음

사회복지
전문출판 나눔의집

서 문

사회복지학은 사회과학적 지식을 기반으로 사회문제를 해결하거나 치료하려는 전문 학문이면서 동시에 사회문제를 예방하려는 노력이 포함된 실천 학문이다. 따라서 개인과 사회환경 사이의 불균형에서 야기되는 사회문제나 사회복지문제를 해결하려는 전문적 실천기술과 정책적 대안에 초점이 있다.

인간행동과 사회환경은 이러한 사회복지학의 기초과목으로 인간의 생리·심리·사회적 발달에 관한 이론과 지식, 개인이 생활하고 있는 사회체계, 즉 가족, 집단, 조직, 지역사회 그리고 사회제도 등을 그 범위로 한다. 따라서 인간행동과 사회환경은 인간형태와 사회문제 및 사회복지문제를 이해할 수 있는 사회복지학의 가장 기본적인 교육과목이며, 나아가 사회복지실천기술을 배울 수 있는 기초가 되는 교육과정이다.

인간행동과 사회환경은 인간에게 영향을 주고받는 생물학적, 심리학적, 사회학적 체계들 사이의 상호작용을 이해하는 데 도움을 줄 뿐 아니라 개인과 사회체계에 미치는 행동과학적, 사회과학적 그리고 정신과학적 영향을 설명하는 과목이다.

그러나 지금까지는 인간형태를 주로 발달심리학이나 성격심리학에서 빌려온 지식으로 설명했고, 사회환경에 대해서는 집단, 지역사회, 사회제도 등에 관한 사회학적 지식을 빌려온 것에 불과했다고 감히 말할 수 있다.

본 서는 사회복지실천과 관련해 전문적·과학적 지식 중심의 학자나 학파의 이론보다는 생활주기에 따른 심리적·사회적 불균형 문제 탐색에 초점을 둔 실천이론을 중심으로 했다. 전체는 한 학기 강의용으로 편성하였고, 생물학적 변화에 따라 생성, 발달하는 심리·사회성의 발달과 사회체계적 관점에 초점을 두었다.

전 집필진은 사회복지실천 현장의 임상사회복지 경험을 토대로 각 장을 집필하였다. 인간행동과 사회환경에 대한 체계적 접근법(김규수)을 첫 장으로 ① 발달기의 중요성 ② 심리·사회적 발달과업 ③ 사회복지 실천의 주요 쟁점 등을 편성틀로 삼았다. 유아기와 아동기는 설진화·이애재, 청소년기와 청년기는 이영호·정원철, 중년기는 이지훈·이경은, 노년기는 이지훈·이기량이 집필하였다.

본 서는 자신에 대한 이해와 클라이언트에 대한 이해는 물론 그들을 둘러싸고 있는 환경에 관한 기본적인 이해를 돕기 위한 부담 없는 입문서로, 사회복지를 전공하는 학생, 나아가 사회복지에 관심 있는 사람들에게 많이 활용되기를 바란다. 저자 모두는 본 서가 인간행동과 사회환경 교과의 좋은 교재로 역할을 할 수 있도록 충고를 기꺼이 받아들이도록 노력하겠다.

한국사회사업연구회의 아낌없는 성원과 격려에 감사 드리고, 기꺼이 출판을 맡아 주신 사회복지전문출판 나눔의집 류보열 사장님과 직원들의 꼼꼼하고 세심한 노력에 깊은 감사를 드린다.

2002년 8월

저자대표 김 규 수

‖차 례‖

제1장

사회환경 속의 인간행동

사회환경 속의 인간행동

1. 인간행동의 체계적 접근

본 장에서는 사회복지를 실천하는 과정에서 인간과 사회환경 간에 발생하는 인간행동을 체계적인 방법으로 접근하고자 한다. 인간행동은 사회환경과 내적, 외적으로 상호작용을 하는 다양한 요소에 의한 결과이다. 체계적 접근방법은 인간행동에 대한 특정한 이론이라기보다는 오히려 방향을 제시하는 접근법이다. 인간 체계(human systems)는 상호작용하는 과정 및 주요 부분의 역동적인 체제이다. 따라서 사회복지사들은 다양한 사회환경과 인간행동의 상호작용으로부터 발생하는 인간 체계에 관심을 가진다.

체계로서의 개인(the individual as a system)은 다른 모든 체계들처럼, 하위체계와 영역을 구성하고 있는 역동적인 주요 부분과 과정으로 구성되어 있다. 이러한 개인은 생리학적 영역, 심리학적 영역 그리고 사회학적 영역으로 나누어 생각해 볼 수 있다.

한편 사회적인 체계 및 사회적인 환경(social systems and the social environment)에서 인간들은 이러한 체계 내의 사회적 상호작용을 통해 생성된 사회적인 체계 및 규범, 제도라는 상황 속에서 자신들의 삶을 영위해 나간다. 끝없이 변화하는 사회환경은 인간에게 많은 스트레스를 주지만 동시에 필요한 자원의 모든 원천을 제공하기도 한다.

환경 내에서 각 개인들은 그들이 차지하고 있는 역할을 통하여 사회적인 체계와 연결되어 있다. 즉, 인간은 사회체계에 참여하고 사회체계에서 요구하는 역할을 맡아 역할수행을 함으로써 자신의 욕구를 충족하고 그 환경체계에 적응하게 된다.

이러한 체계적 접근방법은 사회복지실천의 여러 부분에서 유용하게 쓰일 수 있다. 특히 사정단계는 물론 치료단계에서도 이를 적용하여 왔다. 체계에 대한 개념은 약 20년 동안 사회복지 관련자료에서 대들보 역할을 해 왔으며, 다수의 주된 실천이론과 인간행동에 대한 저서들이 이와 관련해 체계화되었다. 사회복지사들이 이용한 것처럼, 이러한 개념은 사회학자들이 구조·기능적인 이론으로 언급한 것에서 체계화되었다.

사회복지는 최소한 두 개의 모델이 널리 적용되고 있는데, 헌(Hearn)이 소개한 일반체계 모델과 저메인과 기트만(Germain, Gitterman, 1958)이 소개한 생태학적인 모델이 있다. 이 모델들은 주요한 사회사업 실천가뿐만 아니라 클라이언트들을 "고립되고 독립적인 존재로 여기는 것이 아니라, 복잡하고 더 광범위한 체계 내에서 상호작용을 하고 있는 상호 의존적인 체계로서, 상황적 개인과 환경적 개인"으로 바라볼 필요가 있다고 강화시켜 왔다.

1) 체계적 접근방법

인간행동에 대한 체계적 접근방법에서 우리는 두 개의 일반적인 실재적 가설들을 세워볼 수 있다(Longres, 1990: 19).

① 한 시점에서 인간의 상황 및 조건은 개인과 그 개인이 작용하고 있는 환경 사이의 상호작용 함수이다.

② 변화와 갈등은 항상 체계 내에서 명백하게 나타난다.

인간행동은 타인과 내적, 외적으로 교류작용을 하는 다양한 요소에 대한 결과로 이해해야 한다. 개인은 자신들이 처한 환경에 의해 전적으로 결정되는 로봇이 아니며, 그렇다고 자유 의지를 지니고 단독으로 움직이는 독립된 행위자도 아니다. 개인은 자신의 환경에 영향력을 끼치기도 하며, 동시에 환경에 의해 영향을 받기도 한다. 이와 같이 서로 영향력을 끼치는 과정은 변화와 발전을 생성시킨다.

체계적 접근방법을 인간행동을 분석한 모델 혹은 준거틀로써 사회복지실천에서 중요한 기여를 하고 있다. 본 장에서 우리는 이 접근방법의 입장과 주요한 개념들을 강조할 것이다.

2) 개인 체계

체계란 "상호작용 내에 존재하는 부분과 그 부분이 진행되는 역학적인 질서이다"(Bertalanffy, 1968: 208). 많은 종류의 체계들이 현존하지만 사회복지사는 인간 또는 인간 체계로 구성된 체계에 관심을 둔다. 인간 체계는 한 명 또는 그 이상의 개인들에 근거하고 있다. 체계로서의 개인은 기본적인 인간 체계이며, 그 본질적인 특성과 연결된 사회체계는 간단하게 말해 개인 상호작용의 집합체이다.

(1) 인간 본성 : 생물학적이고 문화적인 결정 요소

개인은 기본적인 인간 체계일 뿐만 아니라 모든 사회체계에서 기초적인 요소이다. 또한, 개인은 모든 사회체계의 추진력이며 에너지이다. 그래서 인간의 동기, 욕구, 추진력 등의 본질적인 특성에 대한 몇몇 논의는 체계 접근방법에 있어서 필수 불가결하다(Longres, 1990: 20).

첫 번째 논의는 인간행동에 대한 생물학적 또는 문화적인 결정 요소의 상대적 중요성에 중점을 둔다. 인간은 대뇌, 직립 자세, 음성적인 능력과 같은 명백한 생물학적인 특징을 뛰어넘는 인간 본성이 존재하지 않는 상태, 즉 텅빈 상태나 백지 상태로 태어난다고 주장하는 극단적인 사람들이 있다. 이러한 이론가들은 인간의 동기와 욕구, 그리고 추진력들이 전적으로 사회적인 여건조성이나 문화적인 유전을 통해 습득되는 것이라고 주장한다. 생물학적인 결정 요소를 지지하는 사람들에게 개인 및 사회적인 행동은 단지 유전학적인 프로그래밍의 한 기능으로 간주된다.

두 번째 논의는 인간행동이 동물적인 행동과는 질적으로나 양적으로 구별되며, 인간은 매우 독특한 존재이고, 그 자체가 지니고 있는 조건에서 이해할 수 있다고 본다.

인간행동의 생물학적, 문화적인 결정 요소가 서로 동등하게 중요하며, 인간의 본능적 욕구와 동기는 본질상 생물학적인 것으로, 결코 학습과 문화의 영향력에서 벗어날 수가 없다고 생각할 수 있을 것이다. 그럼에도 불구하고 많은 연구들은 환경적인 요소들이 성적인 성숙의 발달을 막아줄 수 있을 뿐만 아니라 매우 심오한 차원에서 성적인 표현을 형상화할 수 있다고 주장한다.

(2) 인간 본성에 대한 이론

고든(Gordon)은 인간본성을 구성하는 요소로 다섯 가지를 제시했다. 비록 인간 본성이 생물학적인 요소와 문화적인 요소 사이의 지속적인 상호작용에 의해 유도된다는 것이 분명할지라도, 그것의 정확한 특성들을 파악하기란 어렵다. 고든은 일반적인 관점을 적절하게 요약한, 인간 본성에 대한 이론을 전개시키고 있다(Longres, 1990: 21).

첫째, 배고픔이나 갈증, 그리고 성적 충동과 같은 생리학적인 욕구가 있다. 둘째, 분노, 두려움, 근심, 애정, 의존과 같은 감정적이거나 정서적인 표현을 수용하는 능력이 있다. 탄생 이후, 그리고 학습의 결과로 얼마간 부끄러움과 자존심을 느낄 수 있는 능력이 명백해진다. 셋째, 우리들 자신과 타인들을 합리화하려는 인식력 있는 수용능력이 있다. 넷째, 유기체의 충동적 동기는 자기보존적인 경향에 기인하는 진화론적 발달의 산물들이지만, 인간의 경우 복잡한 조건에서 개념화되고 기술되어야 한다. 여기에는 쾌락 및 고통의 회피, 비난과 명예훼손으로부터 자신을 보호하고자 하는 욕구, 명성을 얻고자 하는 욕망 등에 관한 연구가 포함된다. 인간 본성에 관한 다섯째 요소는 유도된 행동 양식으로, 이들 중 가장 중요한 것이 협력과 공격성이다. 이 두 가지는 생물학적인 조직체에 영향을 미치는 환경적, 문화적인 요소들에 의해 유도된다.

2. 체계로서의 개인

다른 모든 체계들처럼, 개인은 각각 어떤 하위체계나 영역(그림1-1)을 구성하는 역동적인 부분과 과정들로 이루어져있다. 이러한 두 가지 영역들은 일반적으로 생리학적이며 심리학적인 문헌 자료에서 기술된다.

1) 생리학적인 영역

생리학적인 영역은 체계로서의 개인에 대한 기본원칙 내지는 하부조직이다. 생물학적인 능력은 인간 본성을 가장 직접적으로 결정한다. 선천적인 능력에 덧붙여서, 생리학적인 영역은 유기체를 기능화하는 데 필요한 모든 요소들을 포함한다. 여기에는 골격, 감각 기관, 호흡 기관, 내분비물, 순환, 찌꺼기 제거, 성적 생식, 소화, 신경계 등이 포함된다. 이러한 영역은 질병과 사고뿐만 아니라 유전학적인 기증에 의해 영향을 받는다. 그리고 생리학적인 체계는 성숙 및 노화 과정과 연관되어 있기 때문에, 그것의 정상적인 기능화는 수명에 따라 달라진다.

생리학적인 과정은 인간행동에 매우 중요한 역할을 한다. 인간행동을 해석하고자 하는 사회복지사들은 사회적이고도 심리학적인 과정에 역점을 두면서, 생물학의 중요성을 과소 사정하려는 경향이 있다. 그러나 생물학은 본질적으로 최소한 네 가지 차원에서 개인을 기능화하는 데 중요한 역할을 한다.

첫째, 생리학적인 현상 및 과정들은 인간행동 및 발달에 객관적인 한계를 제공한다.

둘째, 개인의 유전 형질은 개인적인 심리학적 발달에 중요한 기능을 한다.

셋째, 질병이나 상처, 장애로 인한 개인의 신체적인 조건 변화는 인식적·감정적, 또는 행동의 수행능력에 변화를 가져올 수 있다. 병을 지니고 있는 사람들은 자신의 기분이나 지각, 그리고 일상을 수행하기 위한 자신의 능력에서 변화를 경험하게 된다.

체계로서의 개인

 개인은 기능적으로 연관되어 있는 생리학적인 영역과 심리학적인 영역으로 구성되어 있다. 심리학적인 영역에서 하위체계는 인식 및 행동, 그리고 감정적인 상황 및 과정들로 구성된다.

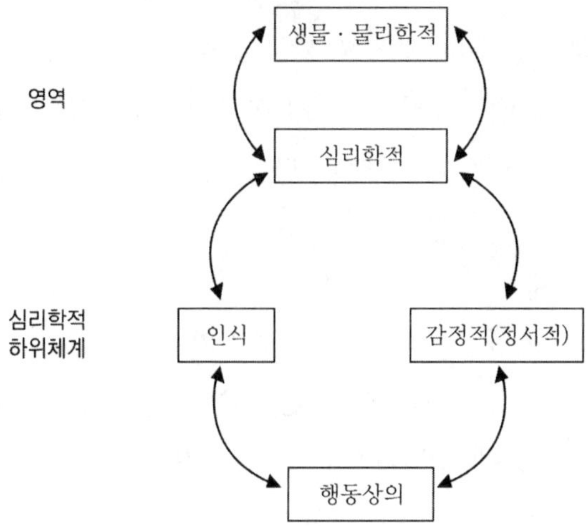

그림1-1. 체계로서의 개인(Longres, 1990: 23)

 넷째, 정액과 난자에서부터 태아, 임신 3개월이 넘은 태아, 신생아, 유아, 어린이, 사춘기 소년, 성숙한 청년에 이르기까지 신체적인 성장은 개인적인 변화와 발달을 불러일으킨다.

2) 심리학적인 영역

생리학적인 영역의 기초적인 구조를 구축하는 것은 심리학적인 영역이다. 이러한 영역은 인식, 감정 및 행동 상태와 그 과정들로 구성된, 일련의 밀접한 관계가 있는 하위체계의 개념으로 생각할 수 있을 것이다(Longres, 1990: 24-25). 이것은 사회복지실천의 핵심이라 할 만큼 중요한 것이다. 사회복지사들이 실시한 사정 및 중재 작업 중 많은 부분이 건강상의 심리학적인 기능화를 촉진시키는 것과 관련되어 있기 때문이다.

(1) 인식의 하위체계

인식 상태 및 그 과정들은 지식, 신뢰, 견해와 같은 지성 및 다른 지적인 측면뿐만 아니라 인식, 감각, 기억, 상상, 판단, 언어를 포함한다. 이러한 과정들을 통해 개인은 세상에 대해 이해하고 의미를 부여한다. 여기서 의미는 장소, 대상, 상황, 사회 및 기타 인간, 특히 이에 뒤얽혀 있는 자기 자신에 중점을 둔다. 인식 상태 및 그 과정에 관한 연구는 특히, 직접적 서비스를 제공하는 사회복지사들에 있어 중요한 것이다. 이들과 이들이 서비스하는 개인 및 가족들 사이에서 발생하는 상당 부분이 인간 경험에 관한 의미의 교환이기 때문이다. 클라이언트의 욕구를 사정하고 중재 계획을 형식화하는 그 예비 단계로써, 사회복지사들은 자신들의 시각과 경험을 해석하는 방법을 이해하려고 시도한다.

(2) 감정의 하위체계

일반적으로 감정적인 상태 및 그 과정들은 개인의 정서적인 삶—동기, 욕구, 충동, 감정, 관심사—과 연관되어 있다. 또한, 이러한 하위체계는 개인이 경험할 수 있는 위기와 그러한 위기에 대한 자신들의 적응성을 포함한다.

감정적인 하위체계는 복지나 불행에 대한 클라이언트의 감각과 가장 직접적으로 연관되어 있다. 그런 만큼, 이것은 왜 많은 클라이언트들이 서비스를 필요로 하거나 추구하는지에 대한 그 근원적인 이유로 종종 이해된다. 이러한 영역은 정신 건강 및 이와 관련된 환경의 사회복지사들에게 특별한 관심의 대상이다.

(3) 행동의 하위체계

행동 상태 및 그 과정들은 개인이 스스로를 행동으로 표현하는 방식과 연관 있다. 행동은 항상 사람들이 말하고 행동하는 실질적인 것들을 포함하고 있다는 점에서, 인식 및 감정의 과정과는 구별된다. 매너리즘, 습관, 개인 간의 대화 기술 등이 모두 행동이다.

사회복지사들은 종종 태만하거나 기타 반사회적인 행동으로 문제를 일으키는 개인들에게 열중한다. 또한, 스스로 말하고 행동하는 것을 좋아하지 않으며, 이를 변화시키고자 하는 사람들, 즉 자신의 행동으로 인해 난처함을 겪고 있는 사람들에게 열중한다. 따라서, 종종 바람직하지 않은 행동들은 서비스를 받고 있는 클라이언트의 "현(現)문제점"이며, 사회복지사들은 대부분 이러한 행동을 분석하고 이해하는 데 관여해 왔다.

3) 개인 내에서의 체계 단계

지금까지 기술한 관련 영역 및 하위체계들은 개인을 포함하고 있는 상황

및 그 과정의 최소 또는 가장 기초적인 단계에서 존재하는 것들이다. 이들 내
에서, 더욱 복잡한 상황과 과정들이 구별될 수 있을 것이다. 그래서 개인을
더 크고 더욱 복잡한 체계 단계의 난해한 형태로 세분화하는 것이 가능하다
(그림1-2).

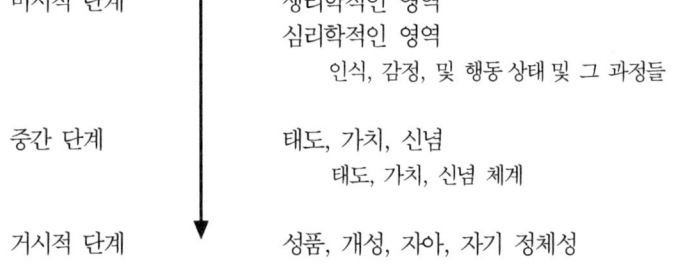

그림1-2. 개인 내에서의 체계 단계

앞에서 살펴본 바와 같이, 생리학적인 영역은 심리학적인 영역이 존재하는
토대가 된다. 심리학적인 하위체계는 생리학적인 교류와 환경적인 교류의 상
호작용을 통해 발생한다. 그러나 심리학적인 영역은 그 기원과는 별개로 존

재하고 있으며, 생물학적인 것 또는 환경적인 것 중 어느 하나로 완전히 줄일
수가 있는 것이 아니다. 심리학적인 영역을 구성하고 있는 인식, 감정 및 행
동 요소들은 개인 내에서 더 크고 더욱 복잡한 체계를 형성하도록 스스로 결
합한다. 마지막 4개의 개념은 개인의 전체적인 인식, 감정 및 행동 구조를 요
약하는 것이다(Longres, 1990: 27). 개성과 자아를 연구하는 사람들은 이러한
구조들이 어떻게 출현하고 변화하였으며, 개인과 사회적인 행동에 어떻게 반
영되었는지에 관심을 가진다.

모든 체계들은 이들 구성 성분 간의 역동적인 상호작용에 의해 표시된다.
이들은 종종 서로 불가분의 관계를 지닌 부분일 뿐만 아니라 지속적인 상호
작용과 상호의존을 하고 있다.

그래서 개인을 포함하고 있는 하위체계들은 다양한 체계 단계와 같이 서로
역동적으로 관계를 맺고 있다. 인식, 감정, 및 행동 체계 간의 이러한 차이점
들은 미시적, 중간적, 거시적인 구조들 사이에서 나타나는 차이점과 마찬가지
로 종종 뚜렷하지가 못하다.

최근 증거자료에서는 개인 발달 역시 반드시 직선적이고 점진적인 것은 아
니라는 것을 제시하고 있다. 발트(Baltes)에 의하면, 일생 동안의 개인 발달은
비연속적이고 여러 방향으로 일어나며, 이와 동시에 전도될 수도 있는 것이
다. 그는 개인의 발달 변화에 대해 세 가지 차원에서 생각해볼 수 있다고 주
시하고 있다(Baltes, 1979: 263).

① 여러 변화들은 어느 한 시점에서 발달 및 향상을 보여줄 수도 있으며,
　　그리고 다른 시점에서는 안정을, 또 다른 시점에서는 쇠퇴를 보여줄 수
　　도 있다.

② 변화가 일어나는 비율은 인생 사이클에 걸쳐서 다양하게 나타날 수도

있다. 변화는 어느 한 시점에서 급속도로 가파르게 일어나거나 다른 시
점에서는 느리거나 경미하게, 또는 실재하지 않는 것처럼 일어날 수도
있다.

③ 어떤 변화들은 다양한 개인들 간에 유사한 형태로 일어날 수 있는 반면,
발달상의 변화는 종종 어떤 한 사람에서 다른 사람에 이르기까지 뚜렷
이 다양하게 나타난다.

따라서 사회발전 내에서와 마찬가지로 개인의 점진적인 발달은 저절로 이
루어지는 것이 아니다. 이러한 측면에서 사회복지사들의 임무는 심리학적인
발달을 촉진시키고 심리학적인 쇠퇴를 예방하는 일을 돕는 것이다. 발달은
삶의 필수적인 요소이기보다는 사회 사업실천과 관련한 주요한 목표 중 하나
이며, 중요한 사회사업의 가치이다.

3. 개인의 사회체계와 사회환경

아마, 체계와 관련한 가장 중요한 사실은 이들이 홀론(holon)이라는 것이
다. 즉, 부분의 단순한 합이라기보다는 다른 새롭고 독특한 정체성을 가지는
것이다. 이들은 더 큰 전체의 일부분인 동시에 하나의 전체인 것이다. 인간
체계들은 분리된 상태로 존재하지 않으며, 개인이 자기 의식의 주체성을 지
니게 된다는 개념은 환경의 존재여부를 분명하게 인식한다는 것이다. 항상
그러한 것은 아니지만, 사회복지사들은 일반적으로 사회환경, 즉 개인과 집단
간의 상호작용에 관심을 갖는다.

사회적인 상황이나 개인의 환경은 최소한 두 가지 이유에서 중요한 사항이다. 첫째, 사적인 고민들은 종종 규모가 더 큰 사회 자체에 근거를 둔 사회적인 문제나 공공 이슈에서 발생한다. 그래서, 아이들의 복지에 대한 의식 및 자신감은 그들이 부모로부터 얼마나 많은 사랑을 받는지, 또한 얼마나 많은 대우를 받는지에 영향을 받으며, 이것은 차례로 경제적인 자원과 사회적인 자원의 이용 가능성에 의해 영향을 받는다. 이와 마찬가지로 소수 집단 구성원들의 어려움은 사회에 작용하고 있는 편견 및 차별과 연관될 수 있다.

둘째, 이러한 어려움을 극복하거나 최소한 개선될 수 있도록 환경적인 요소들은 종종 그것이 지닌 능력과 자원을 제공한다. 환경적인 요소들은 문제를 일으키는 원인이 될 수 있지만, 반면에 그것이 지닌 능력을 제공해줄 수도 있다. 경제적인 어려움을 겪고 있는 가정은 친척들의 재정적인 지원 및 친구들과 이웃들의 도움에서 그러한 능력을 발견할 것이다. 그리고 편견과 차별에 직면하게 되는 윤리적인 공동체는 사기가 저하된 구성원들에게 용기와 가치 의식을 제공해 줄 수 있을 것이다.

1) 사회체계

사회환경에서 가장 근본적인 요소는 사회체계이다. 가장 작은 규모의 사회체계는 양자 관계로써, 이 체계는 단 두 명의 개인으로 구성된다. 그리고 연속적으로 이보다 더 크고 더욱 복잡한 체계는 3자 관계로써, 여기에는 가족, 소집단 지역사회, 관료 또는 조직체, 국가 및 국제사회가 있다. 그 규모와는 상관없이, 개인과 같은 사회체계는 상호작용에 참가하고 있는 여러 부분 및 그 과정들의 역동적인 질서인 것이다.

　이들의 근저로 봐서, 사회체계는 간단히 개인의 집합체인 것으로 보이지만, 이보다 훨씬 더 많은 의미를 지니고 있다. 사회체계에서 개인은 외부인과 자신들을 분리시켜주는 "우리는"과 "우리를"이라는 공통된 동일성을 지니고 있다. 즉, 이들은 체계 내에서 어떤 개인의 경계보다 더 큰 경계를 지니고 있다. 또한, 개인은 그 역할과 신분에 의하여 체계화되고, 특히 복잡한 체계 내에서 이들 각각은 별개의 기능을 지닌 단위나 부문으로 나누어진다. 그리고 체계를 구성하고 있는 이러한 역할 및 단위는 또한 동의와 규범, 그리고 전통에 의해 함께 유지되며, 이는 그것이 지닌 독특한 문화나 운영 방식을 체계에 제공해준다. 결국, 체계의 모든 부분은 서로 간의 역동적인 상호작용으로써, 끊임없이 변화하고 발달하는 것이다.

　개인의 일상 생활과 관련하여, 사회체계의 다차원적인 요소들이 관련된다. 개인과 사회 간의 교류는 상호작용 단계와 사회 문화적인 단계에서 발생할 수 있다.

　상호작용 단계에서 교류는 직접적인 접촉을 수반하며 종종 비교적 강한 개인적인 실행 및 달성이 뚜렷하게 나타난다. 이러한 교류를 생성시키는 사회체계는 일반적으로 1차 집단으로 언급되는데, 그것은 이들은 개인의 주체성과 개성에 있어 기본적인 것으로 여겨지기 때문이다. 그리고 1차 집단에는 친구 및 사회적으로 이와 대등한 사람들이 있으며, 여기에는 가족, 친족, 기타 친밀한 관계의 사람들 및 공동체, 특히 국적이나 종교, 인종 및 민족성과 같은 공통된 주체성을 기초로 한 공동체가 있다.

　사회 문화적인 단계에서의 교류는 개인과 더욱 관계가 없는 것으로써, 일반적으로 규모가 더 크며, 그러한 환경을 구성하고 있는 더욱 복잡한 사회체계 및 제도 내에서 발생한다. 비개인적인 교류로 대표되는 사회체계는 2차

집단과 관련이 있다. 이러한 집단은 직접적인 대면이 적기 때문에 개인의 개성에 대해선 비중을 적게 둔다고 가정한다. 2차 집단에 의해 충족되는 욕구는 소득 및 물리적인 복지와 같이 더욱 실리적이다. 2차 집단에는 사업 단체, 학교, 정당, 종교단체 및 개인이 시민, 생산자, 소비자 및 고객과 같은 역할을 맡고 있으며, 기타 협회들이 있다.

2) 사회규범

사회제도의 가장 중요한 특질은 이를 함께 유지시켜주는 사회규범이다. 규범은 공식적이거나 비공식적이며, 명백하거나 함축적인 모든 종류의 동의로 구성된 것으로써, 이를 규정하고 질서를 부여하여 1차 집단이나 2차 집단과 같은 체계에 적용하고자 의도한다. 여기에는 목표 및 목적, 가치 및 이데올로기, 전통, 생활 양식, 민속 또는 관습, 교리, 법률, 정치 및 그 과정, 규칙, 규정, 책임 및 의무가 포함된다. 사회규범은 기대(expectations)와 같은 개인적인 것에 의해 체험하게 되며, 타인의 기대뿐만 아니라 타인과의 관여 기능으로써 자신이 표출하는 기대가 있다.

3) 사회제도

사회제도는 "권위에 의해 보장받는" 여러 역할 및 체계의 조직체인 것이다. 그리고 제도는 여러 문제점들을 다루기 위한 온당한 방법이라고 간주되며, 이를 따르지 않거나 변경시키고자 하는 사람들은 조직체가 본래대로 유지될 수 있도록 사회 통제가 적용될 것이라는 사실을 예상할 수 있다.

일반적으로, 사회제도는 공통성과 사회 전체를 위해 이들이 제공하는 명백한 기능이라는 관점에서 논의된다.

사회제도는 개인이 특정한 1차 집단 및 2차 집단에 참가함으로써 경험하게 되는 것이기 때문에, 사회제도는 개인에게 많은 영향을 미친다. 규범은 적절한 행동을 기대하는 것으로써 개인의 인식 및 정서적인 체계로 유입된다.

4) 사회체계 내의 안정성 및 갈등

사회 이론가들은 사회체계 속에서 안정성이나 여론 일치, 갈등이나 변화를 얼마만큼 기대할 수 있는지 그리고 그러한 체계의 정상적인 모습은 어떠한 것인지 등에 관한 질문에 끊임없는 토론을 할 수 있다. 사회 관계를 질서있고 조화로운 것으로 예상해야 하는가 그렇지 않으면 대립적이고 혼란스러운 것으로 예상해야 하는가 하는 질문에 대해선, 사회체계에 관한 두 가지 서로 다른 사회학 이론 즉, 구조기능주의(structural functionalism)와 갈등이론(conflict theory)에서 서로 다른 해답을 제시하고 있다(그림1-3).

구조기능이론(structural functional theory)에서는 사회체계가 비교적 지속적인 조화 상태로 존재한다고 말한다. 체계를 구성하는 각 요소는 그 체계 유지(잔존)를 보증하는 기능을 제공하며, 그러한 기능들은 체계가 하나의 잘 통합된 전체로써 발현될 수 있도록 조정한다. 그리고, 사회체계는 공유 기준 및 가치의 일치를 통해 공고해지며, 모든 사람들은 체계의 목표와 목적에 동의하고 그 달성을 위해 열심히 노력한다. 결과적으로 볼 때, 대립과 변화는 체계 잔존을 위협하는 역기능적인 것으로 간주되며, 여기에는 일치성이 필요하다.

갈등 또는 일치
구조기능이론과 대립이론 간 비교

구조기능주의의 가정

1. 체계 내의 실질적 합의는 구성원과 집단 사이의 일치된 공유 가치에서 기인한다.
2. 모든 체계는 잘 통합된 사회 구조를 갖추고 있으며, 그 구성 요소 각각은 체계의 유지에 기여한다.
3. 조화와 안정은 체계의 자연적 상태 내지 조건이다.
4. 대립과 변화는 통상적인 것이긴 하지만, 그것은 체계의 궁극적 잔존에 기여하며 수용할 수 있는 활동의 범위 내에서 발생하는 경우에 한정된다.

갈등이론의 가정

1. 체계 내의 실질적 합의는 기타 구성 부분으로 하여금 그에 동의하도록 하는, 일부 구성부분이 지닌 능력에 기인한다.
2. 모든 사회조직은 통합이 미약하며, 각각의 구성 요소는 체계의 분열을 지원하는 역할을 한다.
3. 갈등과 변화는 체계의 자연적 상태 내지 조건이다.
4. 조화와 갈등은 그것이 구성 부분 간에 기회 및 결과의 공평성과 동등성을 반영할 경우에 한해 바람직하다.

그림1-3. 갈등과 일치(Longres, 1990: 39)

갈등이론(conflict theory)에서는 사회체계의 대안적 구도를 권장한다. 체계 요소는 공유적 일치감 대신 경쟁적이고 자기 본위적 동기에 따라서 작용한다고 하며, 체계는 통합성이 미약하고 의견 대립으로 가득 차 있다고 본다. 아울러 이익 집단의 정치학이 지배력을 가지고 있으므로, 갈등과 변화는 곧 체계의 정상적 상태이다. 체계 내에 있는 사람들은 항상, 그 체계를 자기 자신의 생각대로 만들어 낼 수 있도록 하기 위하여, 자신이 원하는 것을 타인이 실행하게끔 하려고 시도하고 있으며, 모든 요소는 체계의 유지보다는 분열에 기여한다. 갈등이론가들은 안정성과 조화를 의혹스러운 것으로 간주하는데, 안정성과 조화는 위압과 강요된 복종의 표시이며 그 기저에는 긴장감이 흐르고 있다고 생각한다.

사실상, 사회체계는 갈등인 동시에, 가치 합일로부터 도출된 조화로 가득하다. 그러므로, 두 이론은 곧 같은 동전의 앞·뒷면인 것이며, 어느 쪽을 바라보느냐에 따라서 사회체계는 조화롭고 안정적인 것처럼 보일 수도 혹은 갈등 지배적이고 혼란스런 것처럼 보일 수도 있다. 첫 번째 대답은 '사람들은 그렇게 하기를 원하기 때문에 일을 하며, 사회체계(여기서는 교육을 그 예로 함)의 기준과 가치를 신뢰하므로 그에 따라서 자신에게 기대되는 것을 기꺼이 실행한다'고 하는 구조기능적 세계관을 반영하는 것이며, 두 번째 대답은 '사람들이 일을 하는 건 그것을 해야 하기 때문이며, 그들은 체계와 그것이 조직화된 방식에 대해서 특별히 신뢰하는 것은 아니지만, 어떠한 대안을 실제로 파악하지 못하고 있기 때문에 그에 응한다'는 갈등적 세계관을 반영하고 있다. 이들에게 자신들의 뜻대로 하는 것이 가능해진다면, 아마도 그들은 사회체계를 완전히 바꿔버릴 것이다.

사회체계에 관한 두 가지 사회학적 이론은 통합되어야 할 필요가 있으며, 그래서 갈등적 관점과 구조기능적 관점이 결합된 적이 있었다. 특히, 구조기능적 사고가 전개됨으로써 갈등, 변화, 불일치 등이 항상 역기능적인 것으로 간주되지는 않는다. 코우저(Lewis Coser)가 주장한 바에 따르면, 갈등은 긍정적 기능을 수행하는데, 공동의 적에 대해 단결하게 함으로써 집단의 결속을 촉진할 수 있거나 혁신과 독창성을 자극할 수 있다는 것이다. 아울러 대립은 체계가 긴장의 실제적 근원에 대처하거나 긴장을 완화시키도록 하는 데 도움

을 줄 수 있으며, 그렇지 않을 경우 권력자들을 자극함으로써 문제점에 대처
해야만 한다는 사실을 인정하도록 할 수도 있다.

이상과 같은 통합 시도에도 불구하고, 구조기능이론과 갈등이론은 사회 사
업실천과 관련하여 서로 다른 의미를 내포하고 있다. 복지사업 관계자 중 구
조기능이론을 따르는 사람은 갈등이 기능적인지 역기능적인지의 여부를 어쩔
수 없이 사정하게 되며 자신이 다루고 있는 체계의 잔존에 항상 관심을 가져
야만 한다.

4. 역할 : 환경 속에서의 개인

각 개인은 사회체계 속에서 차지하는 역할을 통해 그 체계와 연결되어 있
다. 역할이란 개인이 수행하는 행위의 한 요소인 동시에 사회체계의 한 요소
이며, 사람이 환경과 만나는 지점으로써 개인과 사회 양자 간 공유되는 경계
부분을 나타낸다.

1) 역할의 개념

역할 개념은 연극에서 빌려온 것으로, 그 개념의 대부분이 연극적 관점과
사회과학적 관점을 지니고 있다. 예를 들면, 햄릿의 역할은 17세기에 셰익스
피어가 서술하였는데, 오랜 세월 동안 무수히 많은 배우가 그 역할을 맡아 오
면서 각자 자기 해석에 따른 연기를 펼쳐 왔지만, 햄릿의 역할은 누가 그것을
연기하는가에 관계없이 지속되고 있다. 이처럼, 삶 속에서 우리가 행하고 있

는 역할이나 차지하고 있는 지위들은 우리가 속한 사회체계의 일부분이며, 어쨌든 우리와는 별개로 떨어져 존재하는 것이다.

신분은 개인을 사회적 지위와 관련지어 위치시킨다는 점에서 역할과 다르며, 또한 개인이 명령의 계통이나 혹은 권위나 권력 구조 내의 어디에 정착하고 있는지를 설명하는 것이다.

역할은 역할과 그것을 받아들이는 개인 간에 흔히 긴장감이 존재한다는 부분적 이유로 인해, 정의하기가 쉽지 않은 개념이다. 연극적 심상에서 본다면, 햄릿의 역할은 배우가 언급하는 일련의 대사(臺詞) 형태로 존재한다. 그리고 배우는 자신이 그 역할을 맡게 될 경우, 그와 같은 대사를 읊어야만 하는데 그때 비로소 그 역할은 그 배우를 구속하게 되는 것이다. 실제 생활에서도 역할이 개인을 제약하여 어머니, 학생, 클라이언트 등은 어떤 일정한 방식으로 행동을 취할 것을 기대받는다. 하지만, 실제 생활에서의 역할은 연극에서의 역할처럼 동일하게 우리를 제약하는 일은 거의 없다. 낭독하지 않으면 안 될 바로 적격의 대사란 존재하지 않는 것이다. 요컨대 삶이란 배우인 개인이 인생이라는 드라마를 다시 쓰는 작가가 되기도 하는 하나의 살아 있는 극(劇)인 것이다. 역할의 궁극적 수행 방식은 배우들 사이에 있어서 도출되는 절충 사항의 한 기능에 속하는 것이다.

이것은 두 가지 측면 때문인데 한 측면은 체계 내의 모든 구성원이 그 역할이 어떻게 수행되어져야 하는지에 관한 나중의 생각이 있기 때문이며, 또 다른 측면은 그 역할을 맡고 있는 사람이 또 그 나름대로의 그 역할에 대한 생각을 갖고 있기 때문이다.

이제 도이취와 크라우즈(Deutsch & Krauss, 1965)가 그러했던 것처럼(그림1-4) 사람의 역할을 흔히 하나가 아닌 세 가지 방식으로 정의한다고 해도

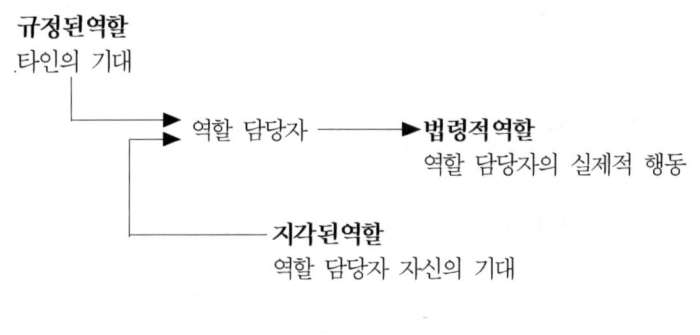

역할의 정의

특정 상황 속에서, 어떤 한 사람의 역할에 대해서는, 역할 담당자에 대한 타인의 기대치(규정된 역할)전망, 역할 담당자 자신의 기대치(지각된 역할)전망, 역할 담당자의 실제 행동(법령적 역할)전망 등과 같은 세 가지 방식을 통해 정의한다.

규정된역할
타인의 기대

역할 담당자 ──────▶ **법령적역할**
역할 담당자의 실제적 행동

지각된역할
역할 담당자 자신의 기대

그림1-4. 역할의 정의(Longres, 1990: 43)

놀랄 일은 아니다. 흔히 사회학을 통해 정의되는 한 방식에서는 나머지 배우들이 지닌 관점, 즉 "지위(status)를 둘러싼 사회 내의 기대치"라는 관점에서 역할을 규정하는데, 이에 대해서는 기대 또는 규정된 역할(prescribed role)로 정의해 왔다. 심리학을 통해 보다 많이 확인되는 또 다른 방식에서는, 그 역할을 맡은 배우의 관점, 즉 "한 위치의 점유자가 다른 위치의 점유자와 상호작용할 때 자기 자신의 행동에 적절한 것이라고 인식한 특정 기대치"로부터 역할을 규정하는데 이것은 주관 또는 지각된 역할(perceived role)로 정의되

고 있다. 아울러 역할은, 한 배우와 그 외 나머지 배우 간 상호작용으로 인한
실제적 결과, 즉 "한 위치 점유자가 다른 위치의 점유자와 상호작용할 때 나
타내는 특정적이고도 명백한 행동"이라는 관점에서도 그 정의가 이루어진다.
그리고 이에 대해서는 법령적 역할(enacted role)로써 언급해 왔다.

　사회복지사의 역할에 대해서는 전술한 세 가지 역할 정의가 모두 적용된
다. 사회복지사의 역할은 행정가, 관리자, 클라이언트 등이 사회복지사가 어
떤 일을 해야 하는지에 대해 가지는 기대치에 의해 규정되기도 하고 수행해
야 하는 일에 관해 사회복지사 자신이 가지는 기대치, 그리고 사회복지사가
실제로 표출하는 행동 등에 의해 규정되기도 한다.

2) 개인과 사회체계 간의 교류

　역할의 획득과 유지, 그리고 그 변화 등은 개인과 사회체계 간의 일련의
교류를 통해 이루어진다. 맥콜과 시몬(McCall & Simmons, 1982)은 부분적으
로 중복되며 그 본질상 교류가 이루어지는 5가지의 "기본적 사회 과정"에 대
해 서술하고 있는데, 이들 과정은 체계가 자체에 대한 유지 및 변화를 시도하
는 과업(task)―모집, 사회화, 상호작용, 혁신, 통제―과 관계있다고 한다.

　모집은 개인의 사회체계 참여를 결정짓는 과정으로, 이 과정을 통하여 지
위 및 역할 자격에 대한 기준을 결정할 뿐만 아니라 그 지위나 역할에 알맞
은 선정(selection)이 이루어진다. 선정의 기준은 생득적으로 결정되는 원인적
인(ascriptive) 것일 수도 있고, 법률에 의해 결정되는 의무적인(conscriptive)
것일 수도 있으며, 또는 가치를 통해 판단되는 성취적인(achieved) 것일 수도
있다.

사회화(socialization)는 개인이 체계 구성원으로서의 역할을 수행하게 될 때, 개인 참여에 대한 규정 및 조정이 이뤄지도록 하는 수단적 과정인데, 여기에는 타인의 기대 사항을 인식하며 그러한 기대 사항에 부응할 수 있는 태도와 지식, 능력 등을 습득할 수 있도록 하는 과정이 포함되어 있다. 흔히 사회화를 유아 및 어린이와 관련지어 고찰하지만, 실은 개인이 사회적 생활의 어떤 시점에 참여하고 있든지 간에 삶의 사이클 전체를 통틀어 언제나 전개되는 하나의 폭넓은 현상이다.

상호작용(interaction)은 체계 내에서 참여가 이루어지는 수단으로써의 과정이다. 지속성과 연결성을 갖는 상호작용 과정을 통해 구성원이 서로 간에 영향을 미치며, 사회체계는 형성과 재형성을 거치게 된다. 상호작용은 공식 및 비공식 채널이나 직접적 접촉, 또는 편지, 전화 등과 같은 비인격적 수단 등을 통해서도 이루어지며, 사회체계의 규모는 상호작용적 과정의 이행 수단과 많은 관계가 있다. 일반적으로, 사회체계의 규모가 작을수록, 상호작용은 비공식적이고 직접적일 가능성이 좀더 높다.

혁신(innovation)은 개인의 체계 참여에 변경 내지 변화를 가져오는 수단으로써의 과정이다. 혁신은 물리적 환경 변화가 체계 구성원으로 하여금 환경과의 관계 방식을 재고하지 않을 수 없도록 하는 상태에서 외부적으로 부여되거나, 사회 내의 조건이 새로운 규칙을 존재하도록 강요하는 상황에서 내부적으로 계획될 수 있다. 하지만 이 같은 혁신의 상당부분은 즉흥적 상황을 통해 일어나며, 이 점은 신분 및 역할의 수준에서 특히 명백하다.

사회적 통제(social control)는 개인의 체계 참여에 제한 내지 한정을 가져오는 수단으로써의 과정이다. 사회적 통제는 긍정적 내지 부정적 수단을 통해 실행할 수 있으며, 종종 집단적 기대 사항에의 부응을 보장할 목적으로 보상 체계가 고안되기도 한다.

3) 환경 내 개인의 관계 설정

사람과 환경의 관계는 본 장에서 다룬 개념의 대부분을 이끌어 낸 것과 같은 방식으로 설명할 수 있다(그림1-5). 생물 물리학적, 심리학적 과정의 역동적인 움직임을 갖고 있는 개인은 또한 1, 2차적 사회체계, 기준, 제도, 관례적 구성 등 역동적으로 움직이는 환경과 교류하는데, 이때 개인과 환경은 역할에 의해 함께 결합한다. 모집이나 사회화, 상호작용이나 혁신, 또는 통제 등의 양상으로 드러나는 교류는 언제나 사회환경이 바라는 기대와 대치되는 개인의 기대를 수반한다. 따라서 역할 협상(negotiation of roles), 특정 행동은 개인과 사회를 유지 혹은 변화시키는 효과를 갖게 된다.

사회복지사는 자기가 담당하는 클라이언트의 관리체계를 보완하는 역할 및 지위에 대해서 고찰하지 않으면 안 된다. 인간이란 결코 자기 자신만의 욕구를 충족시키려고 애쓰는 개체가 아니라 본질적으로 사회적이며 사회체계와 그 체계를 구성하는 역할 속에서 살아간다. 개인의 욕구 충족은 전반적으로 체계가 지닌 역동성과 밀접한 관계가 있다. 사회복지사와 마찬가지로 클라이언트도 타인의 기대가 자신의 기대와 항상 충돌하는 세계에 존재하므로, 사회복지사의 임무는 다양한 기대 사항을 분류하고 각본과 역할을 다시 작성하게끔 하는 실질적 합의 사항을 절충하는 데 있다. 이와 같은 방식으로 사회복지사는 개인과 사회의 변화 및 갱신에 기여하게 되는 것이다.

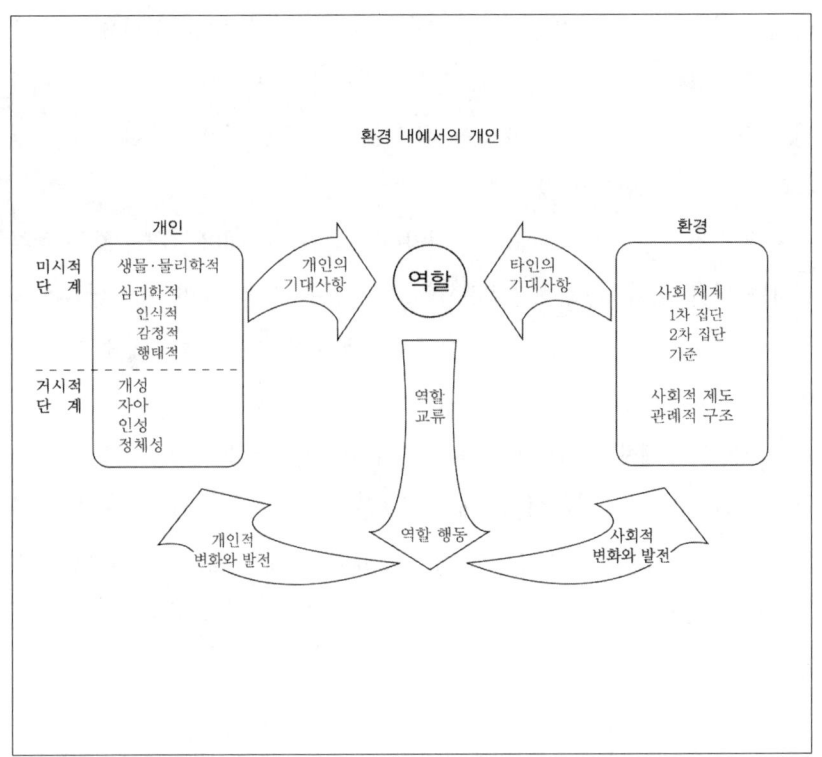

그림1-5. 환경 내에서의 개인(Longres, 1990: 46)

5. 사회복지 실천을 위한 활용

1) 문제해결 과정과 실천원칙

사회복지사업은 이론을 실천으로 옮기는 일에 많은 관심을 가진다. 아주 다양한 지위를 가지고 있는 사회복지사는 다양한 클라이언트와 함께 일을 해 나가거나 그들 혹은 그들을 위해 일을 하는 것이 쉽지가 않을 뿐만 아니라 서로 다른 다양한 문제가 놓여있을 때 체계적 접근의 실천에 대한 함축을 명확히 하는 것도 쉽지가 않다.

체계적 접근은 문제해결에 대한 다양한 관점을 제공한다. 대부분의 사회복지사는 개인, 집단, 가족과 관련한 직접적 실천을 수행하지만, 서술된 원칙들을 사정에 국한시키지는 않는다. 모든 사회복지실천에서 환경 속에 있는 개인을 얼마나 정확하게 사정하느냐 하는 것은 매우 중요한 일이다.

실천이론은 예방과 개선을 목표로 하며 일반적으로 논리적이고 문제를 해결하는 과정을 통해 클라이언트에게 원조를 제공하는 데 목표를 둔다. 그와 같은 과정은 "기본적 지원 접근방식(basic helping approach)", "실천기술 영역(practice skill areas)" 등과 같은 가지각색의 용어로 서술되지만 근원적 과정은 동일하다.

문제 해결의 첫 번째 단계는 사정, 즉 문제와 클라이언트의 욕구를 정확히 판단하는 것이며, 두 번째 단계는 이러한 목표를 달성하기 위해 개입 대상을 결정하고 계획을 수립하는 것이다. 그리고 세 번째 단계는 문제 해결과 욕구 충족을 위해 설계된 개입의 전략을 실행하는 것이며, 마지막 단계는 개입을 평가하여 목적이 충족되었는지의 여부를 확인하는 것이다.

실제의 실천 과정에 있어서 각각의 단계는 혼합, 결합 및 중복이므로, 문제를 해결해나가는 것은 선형적이기보다는 오히려 하나의 원형적 과정이다. 어느 한 단계에 도달했을 때 전체 과정에 걸쳐 다시 회귀해야 할 필요가 있다는 사실을 발견하는 것은 이상한 일이 아니다. 일례로, 사회복지사는 자신이 현존하는 문제를 이해하고 있다고 생각할지 모르나 자신이 그 문제를 해결키 위한 계획 착수를 시도해나가면서 자신의 이해가 목표를 벗어난 것임을 깨닫게 되기도 한다.

클라이언트의 욕구를 정확히 사정하는 과정은 문제 및 욕구의 확인, 문제 및 욕구에 기여하는 원인이나 요인의 분석, 능력과 자원의 확인 등 세 가지의 하위 과정을 수반한다. 체계적 접근 방법에서는 이상의 세 가지 과정에 적용할 수 있는 6가지의 일반적 사정 원칙을 제시하고 있다.

문제 및 욕구의 확인(problem and need identification)에 있어서, 그 사정 원칙은 다음과 같다.

① 사정 대상 체계의 확인

② 그 체계 내의 이해 대상 조건 확인

문제 분석(problem analysis)의 사정 원칙은 '어느 시점에서든 한 체계의 상태나 조건은 체계와 그것이 작용하는 환경 간의 상호작용 함수이다' 라는 체계적 접근 방식 구성의 기본 가정으로부터 유래한다. 다른 식으로 보면, 클라이언트와 유권자의 욕구 및 문제점은 항상 그들과 그들의 환경을 구성하는 개인 및 집단 사이의 교류에 의한 결과물이며, 이들의 사정 원칙은 다음과 같다.

③ 조건에 기여하는 체계 자체 요인의 확인

④ 조건에 기여하는 체계의 사회 맥락적 요인 확인

자원 확인(resource identification)은 문제 해결과 욕구 충족에 유용한 것으로 클라이언트와 유권자가 확보할 수 있는 자원에 대해 이해를 증진시킨다. 사회복지개입은 존재 자원, 즉 클라이언트가 지닌 능력과 환경 내에 존재하는 자원 모두를 인식하고 사용하는 데 그 기초를 두고 있다. 여기서의 사정 원칙은 다음과 같다.

⑤ 체계 자체 내에 존재하는 자원의 확인

⑥ 체계의 환경 내에 존재하는 자원 등이다.

2) 사회복지 실천원칙

(1) 초점 체계

체계적 분석을 실행하기에 앞서, 사회복지사는 사정 대상 체계를 명확히 구별할 수 있어야 하는데, 이것은 초점 체계에 속한다. 사정 대상 체계는 대개 클라이언트 체계(client system) 내지 서비스를 실제로 받고 있는 사람이다.

사정을 위해 채택된 초점체계는 기관의 본질을 포함하여 많은 것에 의존하는데 어느 정도에서는 서비스 전달과정도 포함될지 모른다. 서비스의 시작단계에서는 클라이언트 체계가 초점체계가 되기가 쉽지만 환경적 변화가 필요하다고 결정되면 다른 체계도 특별히 목표가 될 수 있다.

목표 대상이 되는 체계는 개인이나 사회체계가 될 수가 있다. 사회복지사는 흔히 개인을 클라이언트로서 목표 대상으로 다루는데, 본 장에서는 하나의 체계로서의 개인에 초점을 두었다. 그러나 항상 그러한 것은 아니며, 상당수의 사회복지사는 집단, 가족, 지역사회를 다루고 있고 개인에 관한 사정은 그들에게 단지 2차적 관심사이다.

(2) 초점 조건

환경 속의 개인(a person-in-environment)이란 관점에서 볼 때, 개인을 사정하는 것은 그가 차지하고 있는 역할 그리고 그들과 관련된 역할 교류에 그 초점을 두는 것이다. 이것은 사회복지사가 생물 물리학적 기능의 구성과 인식 및 감정적 과정, 행동 기교, 개성 발달 등과 같은 개인 체계의 단계에는 관심이 없다는 점을 말하는 것이 아니다. 사회복지사는 분명히 위에서 언급한 모든 것들에 관심이 있다. 하지만 개인의 역할 및 역할 교류는 그 개인이 연루된 역할 교류와 관련된 개인의 문제와 욕구를 분석하는 데 있어서 필수적인 고려 대상이다.

사정되어야 할 초점 조건은 역할 교류 및 행동과 관계가 있다. 한 예로, 어떤 문제를 지닌 클라이언트의 감정과 우려에 대해 사회복지사가 공감하는 반응을 보임으로써 클라이언트의 어려움을 파악할 수 있다. 즉, 클라이언트가 학교에서 겪는 어려움은 부모와의 성공적이지 못한 긴장 유발적인 관계와 관련이 있다는 결론에 이를 수 있다. 이를 바탕으로 다음 사항들을 좀더 진행해 보기로 하겠다.

(3) 초점 체계 내의 요인 및 자원

이 점에 대해서 상기한 클라이언트와의 진행과정을 예로 설명해 본다. 명백히 개인은 자기 자신의 문제를 조장한다. 하지만 사회복지사가 클라이언트의 능력과 자원을 인정하고 어려움을 조장하는 환경 내 요인을 확인할 준비가 되어 있는 경우라면, 전술한 사실을 인정(긴장 유발적인 관계)하는 것이 클라이언트가 비난을 받고 있음을 의미하는 것은 아니다. 클라이언트가 지닌 문제점을 교류적 관점에서 그녀와 부모의 관계 문제로 언급함으로써 사회복지사는 이제 클라이언트가 딸의 역할을 지닌 개인으로서 어떻게 역할을 수행하고 있는지에 대해 질의할 준비가 갖춰져 있는 것이다. 그리고 그렇게 하는 데 있어서는 클라이언트에게 결여된 점뿐만 아니라 그녀가 가진 능력까지도 고려 대상으로 삼는 것이 가능하다.

첫 번째로, 클라이언트의 건강 및 신체 상태가 문제점을 조장하고 있는지를 알아보기 위해 면접과 기타의 진단적 수단을 사용하여 그 같은 상태를 조사할 수도 있다. 그 다음으로는 클라이언트의 지능과 함께 그녀가 지닌 사유, 판단, 그리고 부모와 그녀 자신이 갖고 있는 기대를 정확히 지각하는 능력 등과 같은 것에 관심을 돌릴 수 있다. 사회복지사는 또한 클라이언트의 감정적 성숙도를 판단하고 그녀의 삶 속에서 발생하는 내적 감정의 위기 조사 등도 시도할 수 있다. 클라이언트는 갓 성인이 되었으므로 그녀의 정체성이 확립되었는지, 현재와 미래의 목표에 대한 감각이 분명한지, 강한 자존감을 지니고 있는지의 정도와 그녀가 개인 상호 간 헌신을 위해 갖춘 준비는 어느 정도인지 등을 조사해 볼 수 있다. 즉, 여기서의 목표는 그녀가 자신이 그토록 원하는 자율성과 독립성을 획득할 준비가 완료되어 있는지의 여부를 판단하는 것이다. 그런 다음에 사회복지사는 행동적 기술과 능력을 조사해야 할지도 모른다.

이상과 같은 조사 과정 이후 사회복지사의 도움을 받은 클라이언트는, 자신이 건강하고 똑똑하며 자신의 정체성과 목표에 대한 뚜렷한 시각을 지니고 있다 하더라도 부모와의 직접적인 접촉에서 자신의 생각을 어떻게 표현할지 모르고 있다는 사실을 깨달을 수 있었다. 특히 그녀가 사랑하는 사람들과의 관계에서 자신의 욕구를 전달하는 기술을 향상할 필요가 있다.

(4) 사회환경 내의 요인 및 자원

한 개인을 다룰 때 그 환경을 사정하는 방법에는 두 가지가 있다. 환경은 클라이언트의 지각과 태도를 통해 주관적으로 이해되는 환경과 사회복지사의 독립적인 연구를 통해 객관적으로 이해될 수 있는 환경이 있다. 사정이 제대로 이루어지기 위해서는 주관적 및 객관적 환경 모두 분석해야 할 필요가 있다.

주관적 환경(subjective environment)은 개인이 지닌 속성과 의미 또는 상황에 대한 개인의 정의 등이 개인이 경험하는 문제를 이해하는 데 핵심적 역할을 하기 때문에 중요하다. 사회복지사는 클라이언트가 부모로부터 직접적으로 받는 기대와 좀더 일반적인 사회, 즉 사회적 제도와 제도적 합의에 의해 지지되는 유산을 어떻게 지각하는지에 대해 질문을 던지는 것이 필수적이다. 사회적 규범은 지속적 변화 상태에 있는데, 이는 젊은 여성이 자기 자신의 삶을 어떻게 이끌어가야 하는지에 대해 상당히 다른 의견이 존재할 가능성이 높음을 의미한다. 따라서 젊은 여성은 자신이 인척과 친구, 동료 집단에서 느끼는 지원을 파악해 보는 것이 필요할 것이다.

클라이언트의 문제는 그녀와 부모 간의 의사 소통 패턴이 부적절하다는 데 초점이 주어져 있는 것처럼 보이므로, 사회복지사는 객관적 환경(objective environment)을 직접적으로 사정할 수 있다. 또한, 사회복지사는 부모의 실제 기대와 명확하고 일관적인 의사 전달 능력을 확인할 수 있도록 하기 위해 부모와 면담을 할 필요도 있다. 그러한 조사 후에 부적절한 의사소통 기교와 관계가 있다고 문제를 확인하게 된다면, 사회복지사는 클라이언트와 부모 모두에게 개입해야 한다.

사회환경 속에서 인간행동 연구에 필수적인 세 가지 체계는 다음과 같다.

첫째, 하나의 체계로서의 지역 공동체에 관심을 가진다. 지역사회는 개인의 행동과 밀접히 연관되어 있기 때문이다.

둘째, 가족을 하나의 사회적 제도로, 그리고 대부분의 삶을 살아가는 조직 내지 체계의 하나로 간주한다. 가족은 개인의 변화와 발전에 가장 중요한 체계일 것이다. 따라서 많은 사회복지사들은 가족을 사회복지실천의 핵심요소로 파악한다.

셋째, 개인 상호 간 교류에 관한 관점을 다루며 자아 심리학과 발달이론이 인간행동 연구에 기여하는 상황에 관해서 조사한다. 네 번째로는 내용을 종합·요약하고 비판적 접근방식과 체계적 접근방식이 실천을 위한 개혁 지향 이론에 어떻게 공헌할 수 있는지를 검토한다.

일반체계이론(一般體系理論, General system theory)

체계이론은 환경 속의 인간행동을 이해하는 데 있어, 체계가 성장 또는 변화하면서 안정성을 유지해 가는 방법을 설명하는 이론이다. 체계란 상호의존적이고 상호작용하는 각각의 부분들로 구성된 전체, 즉 부분들 간의 관계를 맺고 있는 일련의 단위들로 정의된다. 따라서 체계의 한 부분에 미치는 영향은 체계를 구성하는 다른 요소에 전해지며, 반대로 체계의 다른 구성요소에 미치는 영향이 체계의 한 부분에 영향을 미치기도 한다.

이러한 체계는 스스로 규정한 안정상태를 유지하려는 경향을 가지며 이것을 항상성이라고 한다. 따라서 체계는 외부 혹은 내적인 영향에 대해 적응적인 방법 혹은 비적응적인 방법으로 안정상태를 회복하려는 경향, 즉 항상성의 원리에 의해 작용한다.

이러한 체계이론은 인간을 통합된 하나의 체계로 간주하는 전체적인 인간관을 가지고 있다. 따라서 인간의 신체, 심리, 사회적 부분은 분리된 존재가 아니라 하나로 통합된 전체로 기능한다고 본다. 한 영역의 변화는 전체 인간의 사회적 기능에도 영향을 미칠 수 있다는 것이다. 체계이론은 이러한 관점을 통해 부적응을 보이는 한 개인의 문제에 대해서 그 원인이 그를 둘러싸고 있는 사회체계와의 역기능적 상호작용에 있다고 본다.

체계이론에 기초한 사회복지실천에서는 인간행동의 원인이 반드시 기본체계의 내부에 있는 것이 아니라 다른 체계에 있을 수 있다는 것을 알려주고 체계들 간의 기능에서 증상이 나타나는 현상을 더욱 잘 이해하도록 하고 있다. 즉, 체계이론은 인간행동 문제에 대해 보다 전체적인 시각을 제시하여 문제를 개인과 사회 및 환경이 상호작용하는 총체로 보게 하여 문제사정과 개입체계를 명확하게 해

주는 유용한 이론이다. 체계이론이 갖는 세 가지 특성을 잘 이해할 필요가 있다.

1. 체계의 구조적 특성

1) 경계(boundary)

체계의 외부와 내부 또는 한 체계와 다른 체계를 구분(규정)짓는 구획, 선 혹은 침투성을 지닌 테두리로 경계선은 체계 내부로의 에너지 흐름(투입)과 외부로의 에너지 유출(산출)을 규제한다. 예를 들어 가족의 경우에 경계는 명확하면서도 융통성 있는 것이 바람직하며, 경계가 지나치게 경직 또는 혼란되어 있는 경우는 가족 내 문제가 발생할 가능성이 높다. 가족의 경계가 '명확'하다는 것은 가족원 간이나 가족 하위체계 간 혹은 가족과 외부체계 간에 독립성과 자율성이 인정되면서도 동시에 상호 융통성 있는 의사소통이 이루어 질 수 있음을 의미하고, 가족의 경계가 '경직'되었다는 것은 체계들이 상호분리, 고립(disengaged boundary)되어 있어 융통성 있는 의사소통이 어렵고 다른 체계에 대한 관심과 지지가 이루어지지 못한 경우를 말하며, 가족의 경계가 '혼돈'되었다는 것은 가족원 및 가족의 하위체계 간에 독립성과 자율성이 결핍되어 지나친 밀착상태(enmeshed boundary)에 있어 체계 간 경계를 구분하기 어려운 경우를 의미한다.

2) 개방체계(open system)

투과성이 있는 경계를 갖고 있는 체계로서 체계 내에서 정보와 자원을 자유롭게 교환하고, 체계 내·외부로부터 성장 및 발달에 필요한 정보나 에너지를 자유롭게 교환하고 받아들임으로써 체계 자체의 기능을 유지·발전시킬 수 있는 체계이다.

3) 폐쇄체계(closed system)

다른 체계와 상호작용하지 않아 고립되어 있는 체계로서 정보나 에너지의 투입(input) 또는 산출(output)이 거의 없다. 폐쇄체계를 구성하고 있는 부분들은 시간이 지나감에 따라 구성원들 사이의 구별이 거의 없어지게 되며 점차 동일성을 띠게 된다. 따라서 체계 내의 조직 구성 및 그 기능이 쇠퇴하게 된다.

4) 대상체계, 상위체계, 하위체계

① 대상체계 : 분석 대상이 되는 체계이다.

　　⑩ 어떤 가족의 갈등이 관심사라면 이 가족이 대상체계이다.

② 상위체계 : 대상체계 외부에 있으면서 그 체계에 기능적으로 영향을 미치는 사회 단위이다.

　　⑩ 어떤 가족이 다니는 교회(종교기관)는 대상체계의 상위체계이다.

③ 하위체계 : 2차적, 종속적인 체계로 큰 체계 속에 있는 더 작은 체계를 말한다. 대상체계 내부에 있으면서 내부의 다른 하위체계들과 상호작용하면서 체계를 구성한다.

　　⑩ 어떤 가족의 하위체계에는 부부체계, 부모자녀체계, 형제체계 등이 있다.

2. 체계의 진화적 특성

체계들은 자연적으로 어느 정도의 성장과 발전을 추구하면서 동시에 동일한 정도의 안정성을 유지하고자 하기 때문에 갑작스런 변화는 거부한다. 지속적인 변화유형은 일정한 속도로 변화하기보다는 안정상태가 되고자 하는 경향이 있다. 사회복지사는 이런 체계들의 내재된 저항을 인식하는 것이 유용하다.

1) 항상성(homeostasis)

비교적 안정적으로 지속적인 균형상태를 유지하기 위한 체계의 경향을 말한다. 만약 체계의 균형을 깨뜨리려는 것이 있다면 체계는 적응하기 이전의 안정성을 회복하려 한다. 즉, 체계는 지속적으로 변화의 상태에 놓여 있는 동시에 역동적인 균형상태를 유지해야 한다는 것이다. 그러나 단지 현상유지를 의미하기 때문에 효과적으로 기능한다는 의미는 아니다. 때때로 이 현상유지가 비효과적이거나 비효율적이며 심각한 문제가 될 수도 있다.

> ㉔ 부부가 심각한 갈등을 반복하면서 지내오다가 자녀가 아프게 되면 자녀를 치료하는 동안 잠시 덮어두었다가 자녀가 퇴원하여 집에 오면 예전과 같이 갈등상태에 돌입하게 되는 경우이다.

2) 안정상태

부분들 간 관계를 유지하고 붕괴되지 않도록 에너지를 계속 사용하는 상태를 말한다. 환경과 교환할 뿐 아니라 변하는 여건에 적응하기 위해 구조를 변경할 수 있는 개방체계에 존재한다.

> ㉔ 가정에서 자녀가 어릴 때 행사하던 부모의 권위를 질풍노도의 시기인 청소년에는 다소 융통성 있게 대처함으로써 권위를 긍정적으로 유지하는 경우이다.

3. 체계의 행동적 특성

1) 투입

투입이란 체계가 환경으로부터 에너지, 사물정보 등을 받아들이는 방법을 말한다. 생물학적 · 심리사회적 생존과 성장은 투입과정을 통해서 보장받는다. 투입체는 일단 체계 내부로 입수되고 나면 영향을 받고 변형되며, 규제 받고 체계의 기능수행을 위해 활용된다. 이러한 처리과정이 시작되면 체계는 적극적으로 환경에 반응하게 된다. 산출이라고 불리는 이 같은 반응은 환경에 직접적으로 영향을 미치며, 다른 체계에 대해 투입으로 작용하는 동시에 그 자체에 대해 환류를 통해 다시 투입으로 작용하게 된다.

> ㉔ 한 공공기관이 정부에게 기금을 받는다.

2) 환류

환류는 정보의 투입에 반응하는 행동을 가져오며, 새로운 정보에 자신의 행동 결과를 포함시켜, 그것에 의하여 다음의 행동을 수정하는 의사소통의 조직망을 의미한다. 이러한 환류는 체계의 평형을 유지시키거나 변화를 촉진함으로써 체계를 혼란시키는 작용을 하며 긍정적 및 부정적인 환류로 구성되어 있다. 부정적인 환류는 체계가 그 목적달성을 어렵게 하는 행동을 하고 있는 정도를 전달하며, 체계행동의 수정을 가져온다. 긍정적인 환류는 체계가 그 목적과 관련하여 올바르게 행동하고 있으며 같은 종류의 행동이 더 요청되는 것을 의미한다.

생태이론(生態理論, Ecological theory)

유기체와 환경의 관계를 연구하는 생태학(生態學)의 이론으로 교육학에서는 인간행동의 학습과 변화를 생태학적 이론을 적용하여 연구하는 이론을 뜻한다. 대표적인 예로 바아커(R. G. Barker)는 인간행동이 생활환경에서 주어진 행동무대에 의해 결정된다고 했다. 행동무대는 제각기 독특하고 지속적인 특성을 지니고 있으며, 사람으로 하여금 그것에 맞추어서 행동하도록 강요하기 때문에 행동은 그 무대에 따라서 달라진다. 예를 들어 아동의 부적응행동은 아동이 생활하고 있는 행동무대가 비정상적이거나 병리적 특징을 지니고 있을 때 그런 행동무대에 맞추어서 행동한다는 것이다. 이 이론의 특징은 환경이 인간행동을 결정한다고 하는 점이다.

생태체계론이론(生態體系理論, Ecological system theory)

사회사업은 인간과 그 주변 환경을 다루는 원조 전문직이다. 그럼에도 불구하고 기존의 많은 사회사업 이론들은 환경 내 인간의 개념에 대한 충분한 설명을 제시하지 못하였다. 그러나 생태체계이론이 사회사업에 도입되면서, 사회사업은 인간과 환경의 개념에 대한 진일보한 설명을 가지게 되었다.

생태체계이론은 인간과 환경사이의 상호보완성을 설명하는 데 관심을 두고 있으며, 환경과 인간을 하나의 총체로 간주한다. 따라서 생태체계이론을 사회사업 실천에 적용함으로써 첫째, 내담자의 정신 내적 생활과 환경적 조건을 개선하는 데 목적을 두고 실시되는 서비스, 즉 직 · 간접적인 사회사업실천의 통합이 가능하게 되었다. 둘째, 생태체계이론은 개인-환경 간의 적합성, 개인과 환경 간의 상호교류, 그리고 이러한 교류에 영향을 미치는 힘에 대한 폭넓고 포괄적인 실천지식을 제공해주고 있다.

이러한 실천적 함의를 가지는 생태체계이론은 내담자가 사회사업가와의 상호작용, 긍정적 생활경험을 통해 성장할 수 있다고 보며, 원조 과정은 회복과 권한 강화의 과정이라는 신념을 통해 사회사업전문직의 인본주의적 철학을 뒷받침해준다. 또한, 내담자가 그가 속한 환경 내의 타인들과 상호작용하는 방식, 특히 내담자가 진보적 힘을 최대한 발휘하는 것을 방해하는 생활상의 문제에 관심을 가지게 하였다.

생태체계이론은 개인, 가족, 지역사회 그리고 더 큰 체계에 어려움을 유발하는 상황을 보다 적응적 상황으로 재구조화 한다. 따라서 생태체계이론은 아동 · 청소년복지, 정신건강문제, 학교사회사업, 실직노숙자 문제를 비롯한 제 사회사업 영역에 포괄적으로 적용될 수 있다는 점에서 유용성을 가진다.

또한, 생태체계이론은 어느 하나의 개입기법을 가지는 모델이 아니며, 문제를 가진 개인과 그 환경에 대한 개입에 있어 다양한 기술과 기법을 필요로 하는 사회사업가에게 통합적 접근을 가능하게 함으로써 그 유용성이 더욱 크다. 이러한 생태체계이론은 환경과 개인 간의 상호작용 유형에 초점을 두고 있으며, 환경 내 개인이 욕구 충족을 가능하게 하는 개인의 능력 강화와 환경적 개선이 문제 해결의 초점이라고 본다.

제2장

유아기와 아동기의 심리체계

유아기와 아동기의 심리체계

1. 생활주기상의 중요성

유아기와 아동기에 대한 시기적 개념 정의는 출생 후부터 사춘기 이전 시기인 만12세 이전을 말하는 것으로 본 장에서는 유아기(출생~1.5세), 걸음마단계(1.5~3세), 초기아동기(3~6세), 후기아동기(6~12세)로 구분하여 살펴보기로 한다.

먼저 유아기의 아동들에게 무엇보다 중요한 것은 일차적으로 신체적 안정과 정신적·정서적 안정일 것이다. 많은 학자들의 이론에서 알 수 있듯이 신체적 건강이 정서적·정신적 건강으로 직결되는 시기이다. 주로 양육자인 어머니와의 관계의 양과 질이 대상관계, 나아가서는 대인관계 그리고 사회관계에 있어서 신뢰감과 불신감을 형성하는 근간이 된다고 볼 수 있다. 이 시기의 발달과업을 충실히 수행한 아동은 건강한 신체와 정신 그리고 정서적 안정이 조화롭게 이루어져 건전한 인격체로 성장 발달하는 밑거름을 형성하는 시기이다.

자유로운 독립적 보행이 가능한 걸음마단계에서는 끊임없는 지적(知的) 호기심을 충족시키기 위해 많은 탐험과 학습을 하게 된다. 이 과정에서 주로 부모로부터 사회화 교육을 받게 되며 향후 사회적 행동의 기준이 되는 가치관을 학습하게 된다. 또한, 자기주체성이 확립되기 시작하는 단계로 부모로부터 떨어져 나와 하나의 독립된 인격체로서의 출발을 시작하는 시기이다. 하지만 부모와의 분리를 겁내는 경향이 있어서 분리불안이 생기기도 하며 부모에 대한 의존이 생기기도 한다. 이전의 시기에 시작되었던 대인관계 및 사회관계에 대한 믿음과 불신, 그리고 자신의 가치관 확립 등은 향후 독립된 인격체로서의 출발과 정신적인 성숙의 밑거름이 형성되는 계기가 된다.

초기아동기에서는 이성을 비롯한 주위 대상들과의 실질적인 현실거래가 시작되는 시기로 본격적으로 사회기술을 익히는 시기라 할 수 있다. 또한, 초자아가 완성되는 시기로 자신만의 가치기준이 생기므로 고집을 부리기도 한다. 처음에는 혼자서 먹고 입는 것을 익히고 친구들과의 교제를 통해서 사회규범과 문화의 기초를 획득하기도 한다. 이후에 사회성이 확장되면서 많은 친구들을 사귀게 되고 자신감을 얻기도 한다. 부모와의 동일시를 통해 성인의 세계를 이해하려는 경향이 나타나고, 이성과의 부모에 대한 애정이 각별해지는 시기이기도 하다. 또한, 이 시기에는 작은 성인으로서 자기 스스로가 무엇을 해보려는 독립심이 나타나기도 하지만 부모의 긍정적인 도움이 절실히 필요한 시기이기도 하다.

후기아동기에서는 자발적으로 자신의 능력을 시험해보려고 하며 재미있었던 일들을 다시 한번 시도해 보려는 경향이 강하다. 자신들의 문화와 습관, 가치관을 형성하고 이런 과정을 통해서 자신감, 독립심이 발달하며 지능이 점차적으로 발달하게 된다. 운동과 놀이를 통해 신체발달과 상상력, 추리력, 판단력, 사고력을 발달시키며 자신만의 세계관을 형성하게 된다. 그러나 합리적이고 객관적이기보다는 자신의 주관이 개입된 주관적인 세계관이라는 점에서 아직 하나의 독립된 인격체로 완성되었다고 보기는 어렵다. 그러나 이 시기는 자신에 대한 자긍심(self esteem)이 완성되는 시기로 향후 성인이 되어서 사회생활에 필요한 기본적인 사회기술과 가치관을 확립하는 아주 중요한 시기라고 할 수 있으며, 아동이 자신감을 갖고 과업을 달성할 수 있도록 많은 긍정적인 지지가 필요한 시기이다.

2. 발달과업

1) 유아기

(1) 성격발달

프로이트(S. Freud)의 정신분석학에서는 구강기에 해당하는 시기로 주로 입과 입 주위의 신체기관을 통하여 현실거래를 하는 시기이며 빨기(sucking), 깨물기(bitting), 침뱉기(spilling out), 삼키기(introjection), 보유(holding), 다물기(closing) 등의 행동형태를 보인다. 이 시기의 아이들은 아직 사고력이나 판단력 그리고 청각, 시각까지도 미숙한 상태이기 때문에 모든 외부자극에 대한 인지는 주로 입으로 통하게 된다. 젖을 입으로 먹고 빠는 행동뿐만 아니라 손에 잡히는 물건은 모조리 입으로 가져가려 한다. 따라서 이 시기의 아이는 젖을 빨아 영양을 공급받으며 배고픔의 욕구를 충족시키고 동시에 쾌락을 얻는다고 볼 수 있다. 신정신분석학파의 융(C. G. Jung)은 프로이트가 주로 성적(性的)인 개념으로 생각한 리비도의 에너지(libidinal energy)를 정신에너지(psychic energy)로 보고(최순남, 2002), 이 시기는 영양섭취에 주력해야 한다고 하였고, 톰슨은 입이 모든 쾌락의 원천이라고 하였다(C. Thompson, 1987). 이 시기에 구강수동적 성격과 구강공격적 성격이 형성된다. 즉, 구강을 통한 현실거래 및 욕구충족이 정상적으로 이루어진다면 자신감, 관대함, 능동성 및 타인을 신뢰하는 정상적인 발달이 이루어지고 반면에 부족했을 경우에는 염세주의, 선망, 질투, 불만과 욕구의 증가 등이 보이고, 과잉공급 되었을 경우에는 지나친 낙관주의, 자기애, 의존성, 자기중심적, 알콜중독 등의 증상들이 나타나게 된다.

에릭슨(E. Erikson)은 이 시기를 구강감각기라 하였으며, 이 시기에는 협력을 배우며 신뢰와 불신이 형성되는 시기이기 때문에 무엇보다도 양육자의 양육 또는 수유(feeding)의 일관성이 중요하다고 보았다. 즉, 훌륭한 양육이나 수유는 좋은 어머니의 상을 제공하여 긍정적인 자기개념을 형성한다는 것이다. 또한, 대상관계이론에서는 양육자를 하나의 대상으로 발견하는 시기이며 대부분의 경우 어머니가 최초의 대상이 된다고 보았다. 어머니를 대상으로 발견하게 되면 어머니와의 관계가 다른 대상과의 관계에 영향을 미친다고 보았다. 즉, 변덕스러운 어머니와의 대상관계에서 가학증(sadism)과 피학증(masochism)이 생기며 어머니로부터 방종과 박탈을 경험하게 되면 어머니에 대한 양가감정이 생겨서 성장 후에도 대인관계에서 양가감정을 갖게 되므로 상대방을 믿지 못하게 된다는 것이다. 특히 정서적인 의사소통을 중요시하여 정서적인 의사소통이 부족했을 때 정서적으로 둔감해지며 지적이고 이성적인 것만 찾게 되는 성격을 형성한다고 보았다. 따라서 이 시기의 성격발달은 무엇보다도 어머니의 양육의 질이 영향을 미친다는 것을 알 수 있다.

(2) 인지발달

인지발달이론은 주로 피아제(J. Piaget, 1952)의 이론을 중심으로 살펴보기로 한다.

① 기본적인 개념

도식(schema)

유기체의 마음속에서 사상 또는 사물의 가장 중요한 측면이나 특징을 인식하고 표현하는 능력을 말한다. 일종의 청사진이라고 할 수 있으며 어린 아동이 소를 보고 "야! 큰 개다"라고 말했다면 그 아동은 '네발 달린 짐승은 개다'라는 개에 대한 도식만 있고 소에 대한 도식이 아직 없기 때문에 소의 특징을 개의 도식에 맞추어 표현한 것이다.

동화(assimilation)

새로운 사물이나 대상을 이미 자신이 가지고 있는 이해의 틀, 즉 도식에 맞추어 이해하고 받아들이는 인지과정이다. 즉, 네발 달린 짐승은 개이기 때문에 소를 보고도 개라고 인지한다.

조절(accommodation)

대상들이 현존하는 도식에 맞지 않을 때 새로운 도식을 만드는 것을 말한다. 즉, 네발 달린 짐승이지만 크고 뿔이 있으며 개가 아닌 새로운 사물이라고, 즉 소에 대한 새로운 도식을 만드는 것을 말한다.

적응(adaption)

동화와 조절이 동시에 작용한 것을 말한다.

조직화(organization)

신체적, 심리적 과정을 일관된 전체로 종합하는 식으로 배우는 것이 아니라 성숙해지면서 상이한 도식들을 서로 결합, 적응하면서 발전시키는 것이다.

피아제는 아동 및 인간을 보는 관점이 다른 이론에 비해서 능동적인 존재로 보았다. 즉, 아동은 발달하기 위해 환경과 상호작용을 해야 하지만 새로운 인지구조를 이루게 하는 것은 환경이 아니라 바로 아동 자신이라고 보았다. 따라서 발달이란 내적 성숙이나 외적인 교육에 의해 좌우되는 것이 아니라, 아동의 능동적인 행동을 통하여 좀더 분화되고 포괄적인 인지구조를 세워나가는 능동적인 구성과정이라는 것이다.

② 일반적인 발달시기

제1기 : 감각운동기(출생~2세)

아기들은 즉각적인 외부세계에 대처하기 위해 빨기, 쥐기, 때리기와 같은 신체적 행동도식들을 조직화한다.

감각운동기에는 중요한 3가지를 성취한다. 첫째, 유아는 자신이 정보를 받아들이면서 다양한 감각을 배운다. 또한, 환경의 동일한 대상에 대해서도 여러 가지의 다른 감각적인 정보를 받아들일 수 있다는 사실을 이해하기 시작한다. 둘째, 목적 지향적인 행동을 하는 것이다. 유아는 우연하게 간단한 반응을 나타내기보다 비록 단순하긴 하지만 어떤 목적을 달성하기 위해 몇 가지 행동을 함께 수행한다. 예를 들어 유아는 움푹 들어간 홈에 무언가를 집어 넣기 위해 나무퍼즐 1개에 손을 뻗는다. 동시에 그 퍼즐을 홈에 넣을 계획을 한다. 그러나 감각운동기의 유아의 생각은 여전히 너무 구체적 사고기에 해당하기 때문에 앞으로 발생할 일을 예상하고 계획하는 등의 추상적 사고를 하기에는 어려움이 있다. 셋째, 대상이 영원하다는 것을 이해하는 것이다. 이 것은 유아가 어떤 대상이 시야에서 사라지거나 들리지 않아도 계속 존재한다고 믿는 것이다. 이러한 대상영속성(object permanence)의 개념은 감각운동기에 터득해야 하는 매우 중요한 도식이다. 유아는 대상을 더 이상 지각할 수 없다고 느끼는 순간부터 그 대상을 즉각 잊어버린다. 2세가 되면, 일반적으로 유아는 볼 수 없고 들을 수 없는 어떤 대상의 이미지를 생각할 수 있으며, 그 이미지를 활용하여 간단한 문제를 해결할 수 있다(Santrock, 1999). 유아는 자기 마음속에 자리잡은 이미지의 시각적 형상으로 표상(representation)을 사용하기 시작하는데, 이 또한 문제 해결에 도움을 준다.

1단계(출생~1개월) : 생득적 반사작용단계로 이 시기의 도식이란 빨기, 보기, 쥐기, 때리기, 차기와 같이 외부환경에 대처하기 위한 행동패턴이며 첫 도식들은 주로 반사작용으로 구성된다. 반사는 어떤 수동성을 내포하고 있어서 어떤 자극이 있기 전까지는 활동하지 않는다. 우리는 일단 도식을 갖게 되면 그것을 능동적으로 사용하려는 욕구가 생긴다. 이 시기의 특징은 첫째, 자신과 외부세계 간의 구분이 없고, 둘째, 다양한 반사도식을 사용해 경험을 쌓아감에 따라 좀더 나은 적응을 할 수 있다.

2단계(1개월~4개월) : 1차 순환반응 단계로 이전에 둘로 분리되어 있던 신체 도식이나 동작들을 조직화하는 것을 포함한다. 이러한 순환반응은 지적 발달에 있어 '구성과정'이라 말할 수 있다. 아기는 능동적으로 서로 다른 동작과 도식들을 '통합'한다. 여러 번의 실패 후에야 비로소 유아는 분리된 운동들을 겨우 통합시킬 수 있게 된다. 이는 아이가 우연히 새로운 경험을 하게 되고 그것을 반복하려고 애쓸 때 나타난다. 우연히 엄지손가락이 입에 닿게 되고 그것을 빨게 될 때 다시 해보려 하지만 처음에는 상당한 어려움이 따른다. 그러나 수많은 반복 끝에 엄지손가락을 입으로 가져가서 빨게 되는 새로운 형태의 도식과 행동을 할 수 있다.

3단계(4개월~10개월) : 2차 순환반응 단계로 외부에서 흥미로운 사건들을 발견하고 이를 다시 반복하려 할 때 일어난다. 이는 "재미있는 장면을 지속시키려는 것"이라고 말할 수 있다. 자신의 팔 또는 다리로 인형을 움직였을 때 다시 시도하게 되며 몇 번의 실패 끝에 성공을 하게 되고 새로운 형태의 행동을 하게 되는 것이다. 재생적 동화라고 하며 이는 아이가 자신에게 인상 깊었던 일을 재현하려는 활동을 말한다.

4단계(10개월~12개월) : 2차 도식의 협응 단계로 유아의 행위가 좀더 분화되며, 결과를 얻기 위해 둘로 분리된 도식을 협응하게 된다. 즉, 목적을 위해 수단을 사용하며 미리 사건을 예상하기 시작한다. 사라진 장난감을 찾을 때 방해물을 제거하고 찾을 수 있는 능력이 생긴다. 이제 여러 개의 도식을 동시에 하나의 목적을 위해 사용할 수 있다. 특징은 첫째, 새로운 사건에 이미 학습된 행동양식과 도식을 사용한다. 둘째, 주위의 대상과 자신과는 분리되어 있으며 각자가 별개의 성질을 가지고 있다는 대상영속성이 발달하며, 자신이 독립된 개체라는 것을 명확하게 깨닫는다.

5단계(12개월~18개월) : 3차 순환반응 단계로 유아는 다른 결과를 관찰하기 위해 다른 행동들을 시도해 본다. 유아들은 어른들의 가르침이 없어도 그들

스스로 학습하며 외부 세계에 대한 선천적 호기심으로부터 그들의 도식을 발달시킨다. 즉, 모색적 조절(groping accommodation : 실험을 통해서 사건들 간의 인과관계를 검토하여 새로운 수단을 발견함)로써 새로운 상황에 자기 자신을 처음으로 적응(조절)시킨다.

6단계(18개월~2세) : 사고의 시작 단계로 아동은 행동하기 전에 상황에 대해 좀더 내적으로 사고한다. 지연된 모방(눈앞에 없는 모델을 모방하는 것)을 할 수 있는 때가 6단계에서이다. 물 컵을 들고 방문을 열어야 될 때는 물 컵을 내려놓고 문을 연다. 즉, 이미 머리 속에 문을 열 때는 물 컵이 방해가 된다는 것을 알고 있다. 또한, 상징적으로 표현되는 어떤 것을 이해하거나 양자를 관련지을 수 있는 초보적인 능력이 나타난다. 손 씻는 흉내를 내면서 '비누'라고 말하거나 종이를 먹는 척하면서 '아 맛있어'라고 한다.

(3) 정서발달

정서(emotion)란 인간의 발달과 관련이 있다. 정서란 섬세한 심리반응을 포함할 뿐만 아니라 특징적인 행동유형으로 표출하는 느낌과 무드(분위기)를 복잡하게 결합해 놓은 상태이다. 예를 들어, 4세 된 아동이 어느 날 아침 어항에서 금붕어가 죽은 채로 떠다니는 것을 발견하였다. 그 같이 불행한 사건을 직접 보았을 때 아이는 화를 낼 것이다. 심장은 빠르게 뛰기 시작하고 호흡도 가빠진다. 그리고 자기 방으로 달려가 울기 시작한다. 이 경우에 아동은 분노하며 우는 행동을 결합하여 보여준다.

브릿지스(K. M. Bridges)는 출생에서 3개월까지는 흥분의 정서가, 3개월에서 6개월까지는 유쾌, 불쾌, 분노의 정서가, 6개월에서 12개월까지는 혐오, 공포, 의기양양의 정서가, 12개월에서 18개월까지는 애정과 질투의 정서가,

18개월에서 24개월까지는 아동에 대한 정서와 성인에 대한 정서, 기쁨과 같은 정서가 각기 분화되어 발달한다고 보았다(서봉연 외, 1983: 334).

정서의 발달은 정서적 반응의 발달 또는 변화이며, 따라서 성숙과 학습의 상호작용 결과로써 일어나는 생물학적이고 사회학적인 과정으로 보아야 할 것이다. 정서적으로 불안정한 유아기를 보낸 아동은 신체적으로도 발달이 지체되며, 정서적으로도 불안전한 발달을 하게 된다. 또한, 성인이 되어서도 정신적인 기능에 많은 장애를 초래한다고 정신의학자들이 지적하고 있다.

2) 걸음마단계

(1) 성격발달

프로이트의 정신분석학에서는 항문기에 해당하는 시기로 구강기가 지나고 나면 리비도가 퍼져있는 지역인 libidinal zone이 항문 주위로 퍼져나가게 되며 따라서 아이도 대소변의 배출(expulsion)과 보유(retention)를 통해서 현실 거래를 하고 상당한 쾌감과 만족감을 얻게 된다. 톰슨은 이 시기에 괄약근의 발달이 이루어진다고 했으며, 설리반(H. S. Sullivan)은 자신의 대소변에 대한 주위사람들의 관심에 호기심을 가지며 대소변을 하나의 공격수단으로 삼는다고 보았다.

이 시기에는 부모로부터 대소변 가리기 훈련(toilet train)을 받는다. 이 훈련 때문에 그의 본능적인 충동이 외부로부터 통제 받는 경험을 처음으로 맛보게 된다. 동시에 유아는 항문의 긴장을 제거하는 데서 오는 쾌락을 연기하는 것을 배운다. 따라서 아이들은 대소변 가리기에서 이드의 욕구인 즉각적인 배출과 초자아의 제지인 배출욕구에 대한 자기통제를 배우고 구분하게 되는 것이다.

에릭슨은 자율성(autonomy) 대 수치심과 의심(shame & doubt)이 획득되는 시기라고 보았다. 즉, 이 시기에 신체 및 지적인 면이 빠르게 발달하여 언어와 사회적 기준을 배우기 시작하고, 괄약근이 발달하여 대소변 가리기를 훈련을 통해 배우게 된다. 이때 외부의 통제가 엄격하게 적용되면 자신의 통제능력이 미약하고 무력하다고 느낌으로써 수치심과 의심을 갖게 되며 향후 절대적이고, 고집이 세며, 타인의 도움을 거절하고, 인색하고 소심하며, 자신의 행동에 대해 책임감을 회피하려는 경향으로 나타난다는 것이다. 반면 확고하고 친절하며 점진적인 대소변 가리기 훈련을 받은 아동은 자존감을 잃지 않으며 자기통제 감각을 발달시켜 자율성을 획득한다고 보았다.

대소변 가리기 훈련을 너무 강압적으로 받게 되면 고집이 세고 인색하며 복종적이고 지나치게 청결하거나 불결한 '항문보유적(anal-retensive)'성격이 되기 쉽다. 그러나 반대로 부모가 지나치게 아이를 달래고 칭찬과 상을 주어 대소변 가리기를 시키면 아이는 난폭한 '항문공격적(analaggressive)' 성격이 되기가 쉽다고 보았다. 결론적으로 대소변 가리기 훈련은 적절한 수준에서 이루어져야 할 것이다.

또한, 이 시기에서는 자아(ego)와 초자아(super ego)가 발달하는 시기이며 대상관계가 발달하는 시기이다. 따라서 프로이트이론에 있어서 중요한 개념인 의식의 영역과 성격의 구조에 대해 살펴보고 말러(M. S Mahler)의 분리개별화 이론을 살펴보기로 한다.

① **의식의 영역**

의식의 수준은 크게 의식, 선의식, 무의식으로 구분할 수 있다. 인간의 정신세계는 대부분 무의식의 영역이며 극히 일부만이 의식의 영역에 올라와 있다. 마치 '빙산의 일각'이란 표현처럼 빙하의 대부분은 수면 아래에 잠겨있고 일부만이 수면 위로 떠올라 있는 것과 같다.

의식(conscious)

의식이란 용어는 순간적이고 제한적인 개념(정우식, 1986: 175)으로 설명되고 있다. 즉, 주어진 제한 속에서 의식이란 개념을 파악해야 한다는 것이다.

예를 들면, "1시간 동안 이 책을 읽으시오"라는 지시를 받고 A는 정신을 집중해서 이 책을 읽었고, B는 책을 읽다 잠시 애인을 생각했다고 가정하자. 이때 1시간 동안 A의 의식은 이 책의 내용과 동일할 것이며, B의 의식은 이 책의 내용 외에 다른 정신활동, 즉 애인에 대한 생각도 포함되어 있을 것이다. 결국 의식이란 정신집중을 했건 하지 않았건 주어진 시간 내에서 그 개인이 인식하고 있었던 사고내용 또는 정신활동이 모두 포함되는 것이다. 따라서 의식이란 좁은 의미에서 본다면 아주 제한적이고 순간적인 개념이 된다. 그러나 주어진 제한을 1시간 또는 하루로 넓게 생각한다면 역시 넓은 의미로 파악할 수도 있을 것이다

선의식(pre-conscious)

선(先)의식 혹은 전(前)의식이란 흔히 이용 가능한 영역이라 불리기도 한다. 지금 갑자기 "오늘 아침식사로 무엇을 드셨습니까?"라는 질문을 받게 되면 누구든지 아침식사를 기억해내고 대답할 수 있을 것이다. 그러나 분명한 것은 그 질문을 받기 전에는 아침식사에 대한 기억이나 의식활동이 없었다는 것이다. 이 경우에는 아침식사에 대한 기억이 선의식의 영역에 있다가 필요

한 경우에 즉시 의식의 영역으로 올라와 기억이 가능한 경우이다. 따라서 의식의 전 단계로써 언제든지 의식의 영역으로 불러 올려서 작업 가능한 기억의 부분을 선의식이라고 할 수 있다.

무의식(unconscious)

무(無)의식이란 용어는 의식과는 반대의 개념이며, 의식화되기가 상당히 힘들거나 불가능한 경우에 해당된다. 주로 의식세계에서 버림을 받은 쓰라린 기억, 경험 그리고 제지된 욕망들이 저장되어 있다. 물론 개인은 그러한 무의식의 세계에 저장된 기억들을 의식하지는 못하지만 자아의 통제가 일시적으로 느슨해지면 공상이나 꿈을 통해서 나타나게 된다.

무의식은 크게 두 가지의 경우로 생각해 볼 수 있다. 첫째는 성인이 된 이후에 초등학교 1학년 때의 짝을 기억하기란 상당히 힘들며 우연히 이름을 알게 되어도 그에 대한 기억을 되살리기란 정말 힘든 것이다. 이렇게 초등학교 1학년 때 그 개인에게는 의식의 영역이었지만 지금은 너무 오래되어 의식화되기가 힘들기 때문에 기억이 나지 않는, 즉 무의식의 영역에 자리한 경우이다. 물론 그 이후에 지금까지 계속 만나고 있다거나 아주 특별한 존재였기 때문에 쉽게 기억이 된다면 그에 대한 기억은 무의식이라기보다는 선의식의 영역이라 볼 수 있다.

둘째는 중요하지 않기 때문에 무의식의 영역에 자리잡게 된 경우이다. 예를 들면, 오늘 아침에 출근할 때 혹은 학교에 갈 때 버스나 지하철에서 수많은 사람을 만났지만, 또한 그들의 얼굴을 분명히 보았지만 전부를 기억하지는 못한다. 그것은 신경 써서 보지 않았거나 주의집중을 하지 않았기 때문이다. 하지만 특별히 예뻐서 마음에 들었다든지, 특이해 보여서 주의 깊게 보았다면 기억을 할 수 있을 것이다. 즉, 중요하거나 특별하다면 일정기간 선의식의 영역에 머물러서 언제든지 작업(정신활동)을 할 수 있는 것이다. 하지만 오늘 아침의 일인데도 기억이 나지 않는 사람들, 즉 오래되지 않았는데에도 깊은 무의식의 영역에 빠져버린 기억들은 중요하지 않기 때문에 바로 무의식의 영역으로 떨어져버린 기억들이다.

예를 들어 시내를 걷다가 우연히 한 사람을 만났다고 가정하자. 분명히 누구인지는 잘 모르겠으나 상대방은 정색을 하며 반기는 것이 아닌가! "이 사람이 누구일까? 어디서 본 사람이더라?"라며 궁금해 하다가 헤어졌다. 하지만 그가 누구인지 하루 종일 생각해도 기억이 나질 않는다면, 그 사람에 대한 기억이 깊은 무의식의 영역에 머물러 있기 때문이다. 그러다 저녁을 먹다가 그가 누구인지 어렴풋이 생각나기 시작했지만 분명치는 않았다, 즉 기억이 날 듯 말듯 했다고 하자. 그때 그 사람에 대한 기억은 무의식의 영역에서 선의식의 영역으로 올라오려는 것이라 볼 수 있다. 그러다 "아 그렇지! 맞아. 그는 초등학교에 입학하기 전 이웃에 살던 친구였어, 맞아!" 하고 기억이 생생하게 살아났다면 그 사람에 대한 기억이 이제 무의식의 영역에서 선의식의 영역을 거쳐서 의식의 영역으로 올라와 작업, 즉 정신활동이 가능하게 된 것이다.

② 성격구조

성격구조는 크게 원초아, 자아, 초자아로 구성되어 있으며 그 발달 순서는 원초아, 자아, 초자아의 순이다.

ⅰ) 원초아(id)

원초아는 프로이트의 정신분석학에서 매우 중요한 개념의 성격구조로써 태어나면서부터 갖고 태어나는 원초적인 생물학적 충동에 대한 총칭이다. 즉, 유전되는 것이고, 생물학적 과정과 관련이 있으며 본능(instinct)을 주관하는 곳이다. 또한, 심리적 에너지의 저장고이며 성격의 가장 원시적인 부분이다.

쾌락의 원칙(pleasure principle)

원초아를 지배하는 원칙으로써 현실적인 상황을 전혀 고려하지 않고 즉각적으로 본능이 충족되기를 바라는 심리 현상이다. 이는 오직 긴장해소와 만족감의 획득만을 추구하는 원초아의 특성을 잘 반영한 것으로써 외부현실과의 직접적인 거래가 불가능한 원초아가 일차사고과정을 하는 이유이기도 하다.

일차사고과정(primary process thinking)

욕구충족 과정에 있어서 현실을 전혀 고려하지 않고 심상에 의해서만 욕구를 충족하려는 무의식적 정신활동을 말한다. 예를 들어, 배가 고플 때 직접적으로 배고픔의 욕구를 충족시킬 수 있는 음식을 구하지는 않고 음식의 심상(image)만을 떠올리는 경우를 말한다. 즉, 욕구를 충족시킬 대상의 심상을 형성함으로써 일시적으로 긴장을 감소시키는 원초아의 기제를 말한다. 프로이트는 이 과정을 "인지 동일성 확인" 과정이라고 표현했으며 환상을 통한 본능적 욕구의 만족이라 한다.

인간의 꿈, 공상, 백일몽, 어린아이의 마술적 사고 그리고 정신분열증 환자의 왜곡된 논리, 신어조작증 등이 그 대표적인 예이다

본능(instinct)

원초아의 주 구성요소로써 특정 자극에 반응하는 본능적이고, 충동적이며,

생리적인 인간의 힘을 말한다. 배고픔, 갈증, 성욕, 배설, 공격성 등을 그 예로 들 수 있다. 이러한 것들은 인간이 신체적, 심리적 균형을 위해서 충족되어야 하는 것들이다. 본능은 크게 성적 욕동과 공격적 욕동으로 나누어진다. 여기서 본능과 욕동(drive)의 개념이 대두되며 구분할 필요가 있다. 분명 욕동은 본능의 하위개념이나 그 내용은 약간 다르다. 즉, 욕동은 본능과는 다르게 마음속에서 정신적 심상이나 행동으로 드러나는 경우를 말한다. 다시 말하면 욕동은 행동을 유발하는 인자가 포함되어 있는 경우이다(황익근, 1993). 따라서 단순한 배고픔은 본능이라 하고, 배고픔을 느끼고 그것을 충족시키기 위한 구체적인 사고나 행동이 뒤따른다면 그것은 본능이 아니라 욕동이라 보아야 한다.

리비도(Libido)

리비도란 원래는 성적 욕동의 에너지를 지칭하는 용어이다. 즉, 성적 욕동의 에너지는 리비도라 했으며 공격적 욕동의 에너지는 데스트루도(destrudo)로 명명되었다. 그러나 프로이트의 말기와 융에 이르러서는 리비도가 두 욕동의 에너지를 총칭하는 심리적 에너지 또는 정신 에너지라고 의미가 확대되었다(Goldensno, et al., 1986: 422). 따라서 리비도는 정신에너지 또는 심리적 에너지로 이해해야 할 것이다. 또한, 리비도가 하나의 대상에 집중하는 것을 부착 또는 대상부착(object cathexis)이라고 한다. 예를 들면, 지금 애인에 대한 생각에 몰두해 있다고 하면 지금 그의 리비도는 애인에게 부착 또는 대상부착되어 있다고 표현한다.

〈의식의 영역과 리비도〉

자! 이제 두 눈을 감고 상상의 나래를 펴자. 어두운 밤바다에 등대가 있다. 그 등대의 불빛은 밤새워 쉬지 않고 움직이며 바다를 향해 고루 비치고 있다. 이때 등대에서 비춰지는 빛줄기를 리비도라고 비유해보자. 이렇듯 리비도는 쉬지 않고 그 대상을 찾아 바쁘게 움직이고 있다. 그때 한 순간을 포착해보면, 빛줄기가 비추어진 바다는 밝을 것이고, 이를 의식에 비유할 수 있을 것이다. 또한, 환한 그 수면은 아니지만 어렴풋이 보이는 수면의 밑 부분과 언제든지 불빛을 비추어 볼 수 있는 주위의 다른 수면들을 선의식에 비유할 수 있다. 그러나 등대의 불빛이 비추지 못하는 깊은 수면이나 암초 뒤의 어두운 부분은 무의식에 비유할 수 있다. 또한, 등대가 한 척의 배를 발견하고는 그 배를 향해 불빛을 비춘다고 가정하면, 이때 배는 불빛의 대상이 되며 그 상태를 대상부착 또는 부착이라 비유할 수 있을 것이다. 또한, 그 시점에서의 의식은 리비도가 부착되는 배가 되는 것이다.

ii) 자아(ego)

자아는 한 인간이 태어나서 원초아만이 존재하는 상태에서 점차로 현실을 인지하고 그 현실 속에서 욕구를 충족시키는 방법, 즉 사회기술을 습득하는 과정에서 생겨난 심리기제이다. 다시 말하면 인간이 자라나면서 현실세계 속에서 이드의 욕구를 충족, 지연, 억압하는 과정에서 형성되는 심리기제라 할 수 있다. 예를 들면, 아주 어릴 적에는 배고픔을 그저 울음으로 표현하고 충족시키려 했지만 점차 성장하면서 언어를 배우게 되면 말로써 배고픔을 표현하게 되는 것이다. 이것이 대표적인 자아의 발달과정이라 볼 수 있다. 따라서 자아는 사회화 과정의 산물이라고 보아야 할 것이며, 한 인간이 현실과 거래를 하는 기능을 담당한다.

자아는 원초아와 초자아의 사이에서 중재와 타협을 하는 "성격구조의 집행자"라 한다. 즉, 원초아의 욕구를 평가하고 초자아의 검열을 받아 현실 세계에서 충족시킬 것인지, 억압시킬 것인지, 지연시킬 것인지를 결정하고, 수행하는 기능을 한다. 또한, 자아는 현실세계와 내적 욕구를 다루는 성격의 구성요소이며 인간이 현실을 지각하여 합리적으로 문제를 해결할 수 있도록 하며, 현실검증을 할 수 있게 한다.

현실의 원칙(reality principle)

이는 쾌락의 원칙과는 반대되는 개념으로 자아를 지배하고 있다. 자아는 이드의 욕구를 인지하고 그 욕구를 충족시키기 이전에 외부의 현실세계(환경)를 평가하는 작업, 즉 현실검증(reality testing)을 하게 된다. 일차적으로 내부 욕구와 외부현실을 파악하고, 그 다음은 지금의 현실이 이드의 욕구를 충족시킬 수 있는 상황인지 아닌지를 분석하며 초자아의 검열도 받는다. 그리고 최종적으로 충족을 시키거나, 현실과는 너무 동떨어진 것이라던가 현실화되어서는 안 될 금지사항이라면 억압시킬 것이고, 지금 당장 충족시키기에는 시기가 적절하지 않아 조금 기다렸다 충족시켜야 할 것이라면 지연시킬 것이다. 이 경우에 자아는 현실의 원칙에 지배를 받았다고 한다.

예를 들어, 수업시간에 한 학생이 심한 졸음을 느꼈다고 가정하자. 그 학생에게는 두 가지의 선택이 있을 것이다. 즉, 잠을 자거나 아니면 졸음을 쫓고 정신을 차려 다시 수업에 임하는 경우이다. 첫째, 정신을 차려 다시 수업

에 임했을 경우에는 졸음이라는 원초아의 욕구를 자아가 파악하고 현실세계
를 분석한 결과 현재는 열심히 공부해야 할 수업시간이므로 초자아의 기준에
의하여 수업시간에 잠을 자서는 안되기 때문에 졸음을 이겨내고 정신을 차려
서 공부를 했다고 볼 수 있다.

둘째, 그냥 자버린 경우는 이러한 과정이 무시된, 즉 자아가 제대로 기능을
하지 못해서 현실 검증을 하지 못했고 따라서 현실의 원칙에 따르지 못하고
이드의 욕구를 바로 충족시킨 경우이다. 아니면 현실의 원칙에 따랐으나 수
업보다는 잠을 자는 것이 더 절박했거나, 초자아의 기준이 사회화되지 못해
서 정상적인 판단을 내리지 못한 경우일 것이다.

이차사고과정(secondary process thinking)

원초아의 일차사고과정보다는 훨씬 현실적이고 체계적인 자아의 정신활동
을 말한다. 일차사고과정이 원초아의 욕구를 충족시키기 위한 비현실적이고
망상적인 사고이라면, 이차사고과정은 욕구를 충족시키기 위한 현실적인 사
고와 문제해결을 위한 구체적인 사고를 말한다. 따라서 현실세계에 적합한
사회화된 문제해결을 위한 행동을 유발하기도 한다. 또한, 이것은 본인이나
타인의 안전을 해치지 않고 본능적 욕구를 충족시키는 "인지-지각적 기술"이
라고 한다.

예를 들면, 배고픔의 욕구를 충족시키기 위해서 그저 음식을 상상하여 일
시적으로 긴장을 해소하는 것이 일차적인데 반해서 이차사고과정은 그 배고
픔을 충족시키기 위해서 구체적으로 음식을 생각해내고 먹는 것까지를 포함
할 수 있다. 즉, 욕구와 그에 따른 상상뿐만 아니라 필수적으로 현실거래(언
어적 표현, 구체적 행동)까지 하는 사고과정이라 정의할 수 있다.

방어기제(defense mechanism)

방어기제란 자아의 무의식 영역에서 일어나는 심리기제로써 갈등이나 불안으로 인한 심리적 불균형이 초래될 때 심리내부의 평형상태를 유지하려는 항상성의 작용으로 일어나는 것이다. 즉, 방어기제는 불안, 죄의식, 받아들일수 없는 충동, 내적 갈등 그리고 외부의 위협으로부터 자신을 방어하기 위한 심리기제이다. 절대적인 전제는 자아의 무의식 영역에서 일어나는 것이기 때문에 그 당사자는 인식하지 못하는 심리적 과정이다. 이미 의식되었다면 방어기제라 볼 수 없다. 그 예로는 억압, 투사, 회피, 부정, 상환, 전치, 유리, 동일시 반동형성, 대리형성, 대리형성, 취소 등이 있다.

자아동조(ego syntonic)와 자아이양(ego dystonic, ego alien)

자아동조와 자아이양 또한 절대적으로 자아의 영역이라 할 수 있다. 먼저 자아동조란 한 인간의 현실거래를 담당하는 자아가 쉽게 받아들일 수 있고, 가치 있는 것이라 판단하여 계속 간직하고자 하는 사고, 원망, 충동, 행동, 가치기준 등을 말한다(김기석, 1989: 116). 그에 반해서 자아이양이란 초자아의 기준에 의해 자아가 받아들이기 힘들고 고쳐야 하는 사고, 원망, 충동, 행동, 가치기준 등을 말한다.

간직하고 싶지 않다고 판단되거나 낯설다, 이상하다, 받아들일 수 없다, 고쳐야 한다고 생각하거나 느껴지는 사고, 원망, 충동, 행동, 가치기준 등은 자아이양적인 것으로 간주해야 할 것이다. 정신치료나 상담에서 주로 자아이양적인 증상들을 가진 사람들은 도움과 치료를 자발적으로 바라지만 자아동조적인 증상을 가진 사람들은 그렇지 않다.

예를 들어, 한 사람이 마약중독자라고 가정하자. 그가 마약을 복용하면서

도 자신의 행동에 대해서 괴로워하고 힘들어하며, 죄책감을 느끼고 끊어야
한다고 생각하지만 행동으로 옮기지 못한다면 그에게 마약복용은 자아이양적
인 것으로 보아야 하며, 같은 마약중독자이지만 괴로워하거나 죄책감을 느끼
지 않으며 끊을 생각조차 없다면 자아동조적인 것으로 보아야 한다. 물론 마
약중독 그 자체는 사회전체로 볼 때 비정상적인 행동이며 잘못된 것이다. 그
러나 한 사람이 정상이냐 비정상이냐 하는 기준은 그 개인의 자아와 초자아
의 기능, 즉 사회화가 잘 되었느냐 못되었느냐 하는 것이지 자아동조나 자아
이양 그 자체로써 잘, 잘못을 가릴 수는 없다.

정상적인 정신기능을 가진 경우에도 자아이양적인 것들을 관찰할 수 있다.
어린아이를 안고 있다가 불현듯 이 아이를 떨어뜨리면 어쩌나 하는 생각이
떠올라 깜짝 놀란다던가, 좁은 엘리베이터 속에서 타인과 단 둘이 있게 되었
을 때 상대방을 해치는 생각을 하고 놀라게 된다면 그러한 사고의 내용은 그
개인으로 볼 때에는 자아이양적인 것이다. 이는 본인도 어쩔 수 없이 불가항
력적으로 일어나는 사고내용이다. 때로는 그러한 사고를 행동으로 실행하기
도 하는데 이런 경우는 자아가 제대로 기능을 하지 못한 경우라고 보아야 할
것이다.

자아동조와 자아이양의 또 다른 예를 일상생활에서 찾아보면, 조금 확대
해석되는 경향은 있으나 담배꽁초나 쓰레기를 버리는 것에서 찾을 수 있을
것이다. 평소에 공중도덕을 아주 잘 지키는 사람이 길을 걷다가 무심코 담배
꽁초를 버렸다고 가정했을 때, 같은 사람이라도 경우에 따라서는 두 가지의
생각을 해볼 수 있다. 첫째는 담배꽁초를 버린 사실을 인식하고는 창피해 하
며 재빨리 그 자리를 피하거나 얼른 치우는 경우와 둘째는 담배꽁초를 버린
그 사실조차도 인식하지 못하는 경우도 있다. 첫 번째의 경우는 양심에 어긋

날 뿐만 아니라 자아이양적인 경험이므로 당연히 받아들이기 힘들었을 것이다. 그러나 두 번째의 경우는 양심에 어긋나는 행동인데도 불구하고 전혀 의식을 못하고 있다. 그것은 그가 다른 생각에 몰두해 있거나 자아가 다른 것에 리비도를 집중(부착)하고 있기 때문일 것이다. 결국 자아동조나 자아이양도 의식의 영역에서 인식되어야 한다는 것이다. 또한, 양심에 어긋나는 자아이양적인 것들도 자아가 무시하고 행동화할 수 있다는 분석도 가능하다.

이는 시험을 치를 때나, 남들 앞에서는 지극히 도덕적이고 양심적인 사람들이 실제 생활에서는 그렇지 못한 경우에도 적용 가능한 분석일 것이다.

iii) 초자아(super ego)

한 인간이 태어날 때 원초아만을 갖고 태어나 점차 자라나면서 현실과 거래하는 방법과 기술을 배우는 과정에서 형성된 것이 자아라고 했다. 이 자아가 발달해 나가는 과정에서, 즉 현실거래를 배우면서 외부세계(주로 부모)로부터 현실거래방법에 대한 잘, 잘못의 평가를 받게 되며 그것은 칭찬이라는 보상과 꾸짖음이란 벌의 형태로 나타난다. 이때 칭찬 받은 것들이 모여서 '아하! 이러한 일들을 해야 하는구나' 하고 판단의 기준인 "자아이상(ego ideal)"이 되고, 벌받은 것들이 모여서 "아! 이런 것들은 해서는 안 되는 것이구나" 하고 또 다른 판단의 기준이 된다면 "양심(conscience)"이 되는 것이다. 따라서 초자아는 양심과 자아이상으로 구성되며 그 개인이 속한 사회규범과 행동기준이 내재화된 것이라 볼 수 있다.

현실의 원칙을 설명한 사례에서 수업시간에 졸음이 왔으나 이겨내고 다시 수업에 열중한 학생의 경우를 살펴보면, 자아가 이들의 졸음이라는 욕구를 파악하고, 지금 잠을 청할 수 있는 상황인지 아닌지를 파악하기 위해서 현실

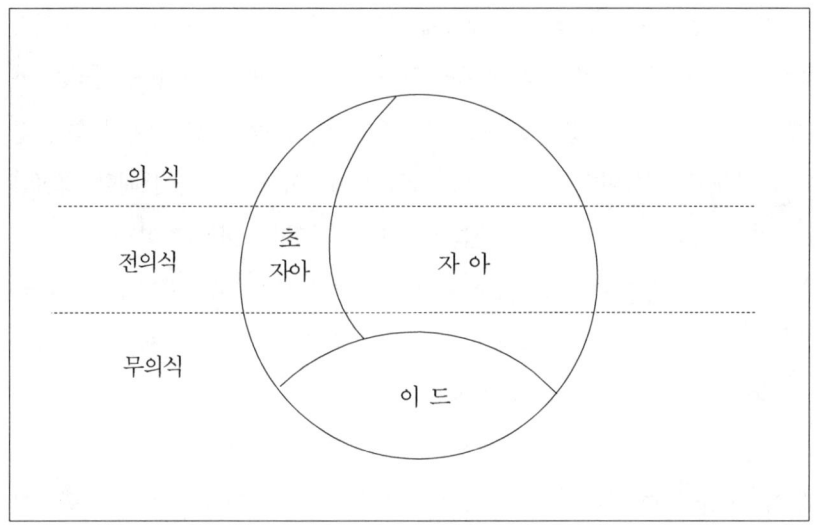

그림2-1. 성격구조와 의식의 영역(이훈구, 1984: 56)

검증을 한다. 그 결과 지금은 수업시간이라는 결론을 내리고 초자아의 검열을 의뢰한 결과 수업시간에 잠을 자서는 안 된다는 양심과 수업시간에는 열심히 공부를 해야한다는 자아이상의 기준에 의해 잠을 쫓고 다시 공부에 매달리게 되는 것이다.

정신분석학에서의 성격 구조와 의식의 영역을 그림으로 나타내면 다음과 같다(그림 2-1).

③ **분리개별화(separation-individuation)이론**

소아정신분석의 말러(Mahler) 등이 연구한 이 과정은 아동이 어머니를 즉각적으로 충족을 줄 수 있는 대상으로 인식하였다가 그 대상이 일정하게 존재한다는 사실(object constancy)을 지각하면서 끝이 나며, 이러한 상황에서

는 충족을 얻을 수 있으리라는 예상에 따라 만족을 주는 사람에 대한 정신적
표상을 환기시키는 능력에 따라 욕구충족이 가능해진다고 보았다. 말러는 아
이들은 생후 25~36개월이면 아무 고통 없이 어머니와 잠깐 떨어질 수 있다
고 하였다. 그때쯤이면 아이는 자기기억에 자신이나 어머니에 대한 정신적
표상이나 기억 속의 상을 확립하는 것으로 생각된다. 이 과정이 만족스럽게
수행되면 개인에 대한 일관된 상이 일찍 세워질 뿐 아니라 자기개념에 대한
안정된 기초가 세워질 수 있다. 다음은 "분리개별화" 과정을 세분하여 살펴
볼 것이며 각 단계는 다소 중첩된다.

제1기 : 정상자폐기(the phase of normal autism : 0~2, 3개월) : 정신분석학적인
용어로는 대상이 존재하지 않는 시기라 한다. 이때 유아는 자기와 자기가 아
닌 것을 구분 못하고 모든 세상이 다 자기라고 여기는(대양감, 만능감 등) 시
기이다.

제2기 : 공생기(the symbiotic phase : 2, 3~4, 6개월) : 모자(母子)가 공생하는
시기이다. 아기는 어머니를 알아보고 반응하며 어머니도 자식의 반응이 귀여
워 온 마음이 그를 키우는 데 푹 빠지는 시기이다.

제3기 : 분리-개별화기(the separation-individuation phase : 4, 5~30 내지 36개월)
: 이 시기는 다시 4개의 분기로 나누어 볼 수 있다.
3-1분기 : 분화분기(differentiation subphase : 4, 5~7, 8개월) : 어린이가 모자공
생의 알에서 부화하는 시기라 할 수 있다. 생후 4~5개월이면 주위 사물에
관심을 갖기 시작하고 어머니와의 유대에서 벗어나려는 행동을 시작한다.

3-2분기 : 실습분기(practising subphase : 7, 10~15, 16개월) : 이 시기는 아이가 걸을 수 있기 때문에 좀더 자유롭다. 아기의 주된 관심은 어머니에게서 떠나 주위의 장난감, 우윳병, 물건 같은 무생물로 옮겨가서 보고, 냄새를 맡아보고, 입술을 대어보고, 손으로 만져본다. 이러한 무생물의 어느 하나가 장차 과도기적 대상(transitional object)이 되어 어머니의 존재를 나름대로 상징하는 물건이 된다. 그러나 어머니와 분리를 겁내는 심정이 있어 멀리 갔다가도, 다시 어머니 곁으로 돌아온다. 이때 어머니가 외출할 가능성이 있으면 유아의 대상행동이 분명해져 어머니를 따라 다니거나 어머니를 예상하는 행동을 한다.

3-3분기 : 화해접근분기(rapproaching subphase : 16~25개월) : 이 시기는 아이가 마음놓고 걷는데 이로써 자기 몸이 어머니의 몸과 분리되어 있음을 더 확실히 아는 시기이다. 이 시기의 아이들은 분리불안이 몹시 높아져 어머니의 부재를 심히 불안해하고 평시에도 어머니의 행방에 깊은 관심을 갖는다. 어머니의 곁에서 말과 의사소통하는 상징적 행동들을 배운다. 그는 세상이 자기 뜻대로 움직여주지 않고, 세계정복에는 무수한 장애물이 있음을 안다. 이제 아이는 자기와 어머니는 한 묶음으로 살 수 없고, 이제는 말로 표현을 해야만 어머니가 이해해 준다는 것을 안다. 또한, 아이는 자기 부모와 자기는 떨어져 있고 자기와는 다른 흥미를 갖고 있음을 안다. 그리하여 지금까지 지녀온 과대망상을 포기하여야 한다. 이런 가운데 아이는 심지어 어머니와 싸우기도 한다. 이것을 말러는 화해접근위기(rapproachment crisis)라 부르는데 이때 어머니는 자식이 떨어져 나가면 찾고 야단치고 끌어당기다가 막상 돌아오면 그를 다시 냉랭하게 내몬다. 그러면 아이는 혼돈에 빠진다. 근대의 정신분석학자들은 이런 병적인 모자관계가 나중에 경계선장애(borderline disorder)의 근원이 된다고 추정한다.

이 시기에 어머니나 양육자에 대한 표상에는 좋고 나쁜 감정만이 부여된다. 그래서 대인관계에서 양가감정이 시작되거나 어머니와 다른 사람을 "완전히 좋거나 완전히 나쁘다(all good or all bad)"는 분열(splitting)을 일으키게 된다.

3-4분기 : 리비도적 항구성으로의 길(on the way to libidinal object constancy : 25~30 또는 36개월) : 어머니를 분열로 보지 않고 좋은 점과 나쁜 점을 함께 갖춘 하나의 인간으로 볼 수 있으며, 나아가서 그 장·단점을 구별하기 시작한다.(이형영, 1992: 71-72)

(2) 인지발달

피아제 이론에 있어서 전조작기에 해당되는 시기이다. 물론 전조작기는 2~7세에 해당하는 시기이므로 걸음마 단계와 초기 아동기가 겹치는 단계이기는 하나 먼저 살펴보기로 한다.

제2기 : 전조작기(2세~7세)

아동들은 사고하는 것을 배운다. 다시 말해서 상징과 내적 이미지를 사용하게 된다. 그러나 그들의 사고는 비체계적이고 비논리적인 것으로써 성인의 사고와는 매우 다르다. 대인관계에서도 한 가지 관점 이상을 생각하지 못한다. 전 조작기의 아동들은 흔히 자기중심적이어서 모든 것을 오직 그들 자신의 관점에서만 생각한다. 자기중심성이란, 자신의 조망과 다른 사람의 조망을 구별하지 못하는 것을 의미한다. 피아제는 아동이 성인들과의 관계에서보다는 또래들과 상호작용하면서 사회적 사고를 하게 되고 점차 자기중심성을 극복한다고 생각하였다. 이 시기는 유아기에 발달한 도식이 내적인 표상으로 바뀌는 시기로 사물을 상징적으로 조작할 수 있게 된다. 즉, 더 이상 만지거나 보지 않아도 마음속으로 사물의 이미지를 만들 수 있다는 것이다. 이와 같은 능력의 발달로 인해 모방, 상징놀이(symbolic play), 언어기술의 획득이 가능해진다. 상징놀이를 통해서 사회·신체 및 내적 세계를 실험하고 이해하며 현실적으로 불가능한 것도 다룰 수 있게 되며, 언어적인 한계를 보충할 수 있다. 전조작기에서 중요한 개념은 다음과 같다.

도덕판단 : 놀이를 통하여 아동들은 규칙이 고정되어 있어서 변화될 수 없다고 생각한다. 10세가 지나면 아동들은 좀더 상대주의적으로 되며 규칙은 단지 게임을 하기 위해 상호 합의된 약속이라고 생각하게 된다. 두 가지의 기본적인 도덕적 태도는 첫째, 타율성으로 성인들에 의해 부여된 규칙에 맹목적으로 복종하는 것을 뜻한다. 두 번째는 자율성으로 규칙은 협동을 위해서 동등한 사람들이 만든 것이라고 여기게 된다. 피아제에 의하면, 아동들은 자기중심성을 극복하는 것과 같은 방식으로, 즉 또래들과의 상호작용을 통해 도덕적 자율성을 성취한다고 한다.

물활론 : 물활론의 또 하나의 측면은 감정과 의식을 무생물에 부여하는 것으로써 4~6세 아동의 사고는 흔히 물활론적이다. 즉, 생명이 없는 대상에게 생명과 감정을 부여한다. 6~8세의 아동은 움직이는 것들에 한해 생명을 부여하며, 8세의 아동은 스스로 움직이는 것에 한해서 생명을 부여한다고 보았다.

꿈 : 처음에 아동들은 꿈이 실제라고 믿는다. 6세나 7세 경, 즉 구체적 조작기 초에 가서야 비로소 그들은 꿈의 성질을 완전히 이해하게 된다. 아동이 꿈에 관해서 배우는 것은 어른들로부터 배우거나 아동 스스로가 꿈이 갖는 여러 가지 특성들을 발견한다고 추측된다.

(3) 정서발달

이 시기 유아의 정서 가운데 가장 대표적인 것은 울음과 웃음이다. 먼저 울음을 살펴보면 크게 몇 가지의 형태가 있다. 첫째, 배고픔의 울음, 둘째, 화가 난 울음, 셋째, 고통스런 울음, 넷째, 좌절의 울음 등이다. 유아는 또한 미소와 웃음으로 정서를 표현하기도 한다. 미소는 3단계를 거쳐 발전하게 되는데(최옥채 외, 2002: 199), 그 첫 번째가 반사적 미소(reflex smiling)로 대상을 인지한 상태의 미소가 아니라 중추신경계가 발달하는 과정에서 나타나는 자연적인 미소로 알려져 있다. 두 번째가 생후 4주가 되면 나타나는 사회적 미소(social smiling)인데, 대상을 인지한 미소로 자신이 직접 보거나 이야기를 하는 사람에게 반응하면서 미소를 짓는다. 세 번째는 생후 3개월 반쯤에 나타나는 선택적인 미소(selective smiling)로 유아는 자신이 아는 사람과 소리에만 반응하여 미소를 짓는다.

웃음은 4개월쯤에 시작된다. 성장하면서 더 자주 웃게 되고 웃을 대상을 찾게 된다. 이는 긴장을 해소하는 수단으로 웃음을 활용하기도 한다.

3) 초기아동기

1) 성격발달

프로이트의 이론에 의하면 남근기에 해당되는 시기로 인간의 리비도적 관심이 성기로 집중되는 시기이다. 자신의 성기를 자세히 관찰하게 되고 자위행위를 하며 성에 대한 관심을 보이기 시작한다. 또한, 이 시기에는 성에 관한 관심과 함께 출생에 대한 관심도 갖게 되며 남자아이의 경우 외디푸스 콤플렉스(oedipus complex), 여자아이의 경우 일렉트라 콤플렉스(electra complex)를 겪게 된다. 이 시기의 리비도적 관심은 역시 성기에 집중되어 있으나 이전의 단계인 구강, 항문에도 역시 걸쳐 있으며 점차로 신체전반으로 퍼져나간다고 보아야 할 것이다.

또한, 이시기는 초자아가 더욱 뚜렷하게 확립되는 시기로 랑크(O. Rank)는 초자아를 어머니의 수유태도에 대한 좋고 나쁨의 상(image)이 기준이 되는 생물학적 초자아(biological super ego)와 도덕적 초자아(moral super ego) 그리고 대인관계에서 얻어지는 사회적 초자아(social super ego)로 구분하였다. 설리반은 이시기의 아동들은 이성보다는 동성과의 친밀감이 강조되는 시기라고 했다. 또한, 이시기는 경쟁심뿐만 아니라 협동과 타협을 배우는 시기라고 하였다.

에릭슨의 이론에 의하면 "유희연령" 또는 주도성(initiative) 대 죄의식(guilty)이 형성되는 시기이다. 아동의 행동은 목표지향적이고 경쟁적인 성향을 갖게 되는데 이런 행동에는 상상적인 측면도 포함하고 있다. 부모가 자녀의 호기심 및 환상적인 행동을 인정하고 금지하지 않았을 때 자기 스스로 행동하도록 격려된 아동은 자신의 행동에 목표와 계획을 세우는 주도성을 지니게 되고 자율성과 책임감을 동시에 갖게 된다. 그러나 아동이 주도하는 행동이 때로는 사회적인 규범이나 기준에 비추어 바람직하지 못한 것이어서 부모로부터 제재를 받을 수 있다. 이때 부모의 제재가 일관성 있고 부드러워야 하나 그렇지 못하고 너무 심한 꾸지람이나 체벌을 할 경우 자신이 주도한 행동에 대해 자신감을 상실할 뿐만 아니라 죄의식을 갖게 되기도 한다. 이렇게 죄의식을 갖게 된 아동은 무슨 일에나 잘 체념하고 자신에 대한 무가치감을 갖게 된다. 이런 아동은 소극적이 되며, 또래집단의 주변에서만 맴돌게 되며 의존적이 된다. 에릭슨은 이런 아동들은 소극성, 성적 무기력, 불감증, 정신병리적 행동 등으로 발전한다고 보았다.

이 시기의 중요한 과제는 동일시를 통해서 사회적 규범과 도덕 그리고 가치기준을 내면화하는 초자아의 형성이며, 외디푸스 갈등을 충분히 해결하지 못한 채 이 시기를 넘기게 되면 성적 무기력, 불감증, 성도착 등의 결과를 낳게 된다.

따라서 이 시기의 중요한 개념인 외디푸스 콤플렉스와 일렉트라 콤플렉스를 살펴보기로 한다.

외디푸스 콤플렉스(oedipus complex)

소포클레스의 비극인 외디푸스 왕의 신화에서 빌려온 용어이며 인간이 이성(異性)의 부모를 사랑하고 소유하려며 동시에 동성의 부모를 적대시하는 무의식적인 측면을 표현한 것이다. 외디푸스 콤플렉스는 넓은 의미로는 일렉트라 콤플렉스를 포함하지만 좁은 의미로 쓰일 때는 남자의 외디푸스 콤플렉스만을 지칭하는 것이다.

남자아이의 경우 최초로 인지한 외부의 대상은 어머니이다. 그래서 어머니와 아이라는 1대 1의 관계, 즉 최초의 대상관계(object relationship)가 성립되는 것이다. 이때 아이는 생존을 어머니에게 전적으로 의존하고 있음을 알고 어머니를 독점하려 한다. 이를 정신분석학에서는 근친상간(incest)의 욕구를 느끼는 것이라고 표현했다. 그러나 사랑하는 어머니의 곁에는 아버지가 있음을 알게 되고 강한 라이벌 의식을 느끼게 되며 삼각관계가 형성된다.

또한, 아이는 라이벌인 아버지를 유심히 관찰하게 되며 여러모로 열등감을 느끼고 아버지가 라이벌인 자신의 성기를 거세하지 않을까 하는 불안, 즉 거세불안(castration anxiety)을 느끼게 된다. 이 거세불안으로 남자아이는 어머니를 독점하려는 욕망을 포기하게 되며 라이벌인 아버지의 행동을 동일시(identification)함으로써 거세불안과 외디푸스적 갈등을 동시에 해결하려 한다. 이때의 동일시를 "공격자와의 동일시"라고 하며 이 동일시를 통해서 아이는 도덕, 규범, 가치관, 성에 관련된 행동 등 남자란 어떤 것인가 하는 것들을 배우게 된다. 즉, 전성기기에 있어서 가장 중요한 과제인 부모의 행동기준과 금기사항을 내면화하는 초자아의 형성을 본격적으로 시작하게 되는 것이다.

일렉트라 콤플렉스(electra complex)

남자아이의 외디푸스 콤플렉스와 비교될 수 있는 여자아이의 심리현상이다. 여자아이도 남자아이들처럼 최초로 인지한 외부의 대상은 어머니이다. 그래서 일차적으로 어머니와의 대상관계가 성립된다. 그러다 아버지의 존재를 인지하게 되고 아버지와 비교해 볼 때 자신은 성기가 없다는 것을 알게 되며 어머니가 자신의 성기를 이미 거세했다고 생각하고 미워하게 된다. 또한, 이때 여자아이는 자신이 갖고 있지 않은 성기를 갖고 싶어하는 남근선망(penis envy)을 가지게 되며 일시적으로 남자아이의 흉내를 많이 내게 되며 자신이 가지고 있지 않는 남근을 가진 아버지를 동경하고 사랑하게 된다. 그 결과 아버지를 사랑하고 어머니를 미워하는 삼각관계를 형성하게 된다. 그 이후 여자아이는 아버지의 사랑을 차지하기 위해서 아버지가 사랑하고 있는 어머니의 모든 것을 모방하는 동일시를 시작하여 여자다움을 배운다.

(2) 인지발달

이 시기는 피아제 이론에 있어서 전조작기에 해당하는 시기로 이미 앞에서 살펴본 바와 같다. 정신적 표상에 의한 사고는 가능하나 아직 개념적 조작능력은 발달하지 않은 상태이다. 이 시기에서는 언어의 습득을 통하여 상징적 표상능력을 지닐 수 있게 되고, 개념적 사고를 하기 시작한다. 그러나 비논리적이며 환상이나 놀이를 통한 상징적 표상이 문제해결과 지배감을 갖게 되는 중요한 통로가 된다.

전조작기를 크게 전개념적 사고단계와 직관적 사고단계로 구분하여 살펴보면 다음과 같다. 먼저 전개념적 사고단계는 보통 2~4세까지로 보며 영아기에 발달한 도식이 내적으로 표상되는 전환기로 모방, 심상, 상징화, 상징놀이, 언어기술과 같이 상징적으로 사물을 조작할 수 있는 표상기술을 익히게 된다. 따라서 사회, 신체 및 내적 세계를 실험하고 이해하며 현실적으로 불가능한 것도 다룰 수 있게 되고 언어적 한계를 보충할 수 있게 된다. 다음으로 직관적 사고단계로 5~7세의 아동이 해당된다. 여러 사물과 사건을 표상하기 위하여 많은 개념들을 형성하지만 아직 불완전하며 부분적인 추론을 하게 된다. 피아제는 아동이 다음 단계인 구체적 조작기에서 보존개념을 획득하게 되면 직관적 사고를 탈피할 수 있다고 보았다.

(3) 정서발달

또한, 성장하여 3~4세가 되면 자신의 감정, 즉 즐거움, 사랑, 분노, 공포, 질투, 좌절감 등을 적절히 경험하고 표현하는 방법을 배우게 된다. 이때에 정서적 표현에 대한 사회적인 규범을 학습해야 한다. 아동이 5~6세가 되면 자신의 감정을 감추거나 가장하는 여러 가지 방식을 배우게 된다. 즉, 실제적인 사건이나 자신의 사고에 대한 다양한 방법을 통해 불안을 제거하려고 한다. 이것은 방어기제를 사용하는 방법을 학습하는 것이라 보여진다. 스펙트 등(R.

Specht & J. Craig, 1987)에 의하면 이러한 기제는 불안을 감소시키기 위하여 유아가 취한 노력의 결과라고 했으며, 이는 유아가 어떤 상황을 있는 그대로 받아들이거나 감정표현을 했을 때 일어날 수 있는 극도의 불안으로부터 자신을 방어하기 위한 방아기제인 동시에 적응기제라는 것이다.

4) 후기아동기

(1) 성격발달

이 시기는 프로이트 이론에 있어서 잠재기와 성기기의 초기에 해당하는 시기로 잠재기에는 이성보다는 동성과의 관계를 통해서 사회기술을 배움으로써 사회화를 하는 것으로 알려져 있고, 성기기에서는 이성에 대한 관심이 증대되어 하나의 독립된 성인으로 출발을 시작하는 시기라고 볼 수 있다. 셜리반도 부모나 가족 외의 사람들과의 친교적 관계가 시작되며 정체성(identity)과 안정감이 생기는 시기라고 보았다.

에릭슨은 대부분의 정신분석학자들이 성적 충동이 잠복 또는 승화되는 이 시기를 근면성(industry) 대 열등감(inferiority)의 시기라 하여 자아의 성장이 가장 확실해지며 근면성을 성취하는 시기라고 하였다. 아동들은 학교라는 작은 사회를 경험하면서 많은 지적 능력의 발전과 친구를 통하여 사회의 가치관, 규범을 획득하는 좋은 기회를 가지는 시기이다. 친구와의 관계에서 아동은 자기주체성(self identity)을 확립하게 되고 스스로 무엇인가를 주도적으로 할 수 있는 능력과 자신감, 근면성을 발전시키게 된다. 이 시기를 훌륭하게 보낸 아동은 사회환경에 적극적인 영향력을 발휘할 수 있다는 자신감과 능력을 갖게 된다. 반면에 이 단계에서의 과업을 성공적으로 달성하지 못하였거나 학교나 사회가 편견 있는 태도로 아동을 대하게 되면 열등감이 형성되며 이러한 열등감은 계속적인 실패의 경험을 제공함으로써 더욱 커지며 무력감을 느낀다고 보았다.

이 시기에서 중요한 개념인 잠재기와 성기기에 대하여 살펴보면 다음과 같다.

잠재기

잠복기라고도 표현되며, 그 이유는 이 시기에 성적 관심, 즉 리비도적 관심이 수면상태로 들어가 활동을 하지 않는다고 보았기 때문이다. 그러나 엄격히 말하면 이 시기에 리비도는 승화되어 무성(無性)적인 활동, 즉 지적(知的) 관심, 운동, 동성 간의 우정, 공부 등으로 표출된다.

그러면 지금까지 왕성하게 활동하던 리비도가 왜 갑자기 잠재하게 된 것일까? 그 이유를 정신분석에서는 지금까지 발달한 초자아가 더욱 강화되면서 도덕적 의식이 근친상간의 내용을 포함하는 외디푸스적 욕망을 제지시킨 것(Strachey, 1973: 177)으로 설명하고 있다.

잠재기에는 성적 관심 또는 리비도의 관심, 외디푸스 콤플렉스, 부모와의 삼각관계가 잠재되는 시기이며 따라서 동성의 부모에 대한 동일시도 중단되는 시기라고 보아야 할 것이다. 그러므로 이 시기의 아이들은 동성의 또래 친구들과 어울리며 동성 간의 동일화, 자기성의 확립 등 사회화를 계속해 나간다.

성기기

그리고 잠재기를 지내고 성기기 또는 생식기기라 불리는 시기에 들어서면 다시 성적 관심이나 리비도적 관심이 되살아난다. 그러나 이전까지의 이성의 부모에 대한 관심이 아니고 또래의 이성친구들에게 관심을 보이는 것이다.

보통 사춘기 초기에는 잠시 동안이지만 누구나 동성의 친구에게 성적 관심을 보이는 동성애(homosexual)적 관심을 보이기도 하며, 이성에 관심을 보이지만 부모의 이미지를 쉽게 찾을 수 있는 연상의 이성을 사랑하기도 한다. 하지만 잠시일 뿐 다시 또래의 이성에게로 관심을 돌리게 된다. 또한, 이 시기에는 남녀 모두에게 2차 성징이 나타나며 이전의 시기에 확립해 두었던 성적 주체성에 의해서 성인으로 성장하게 된다.

(2) 인지발달

이 시기는 피아제 이론에 있어서 구체적 조작기(7세~11세)와 형식적 조작기(11세 이후)의 초기에 해당하는 시기이다. 먼저 구체적 조작기를 살펴보면 '구체적'이라고 표현한 이유는 이 시기의 아동들은 단지 구체적인 사물과 구체적인 행위에 대해서만 체계적으로 사고하는 능력을 발달시키기 때문이다. 즉, 구체적 상황을 조직화하거나 변화시키는 능력에서 유래된다. 사회적 사고와 과학적인 사고의 기초를 형성하는 기초가 된다.

아동은 일반적으로 7세 정도에 보존개념을 획득하게 되는데 이렇게 되었을 때 구체적 조작기의 단계로 들어서게 된다. 피아제는 아동은 자발적으로 보존개념을 숙달한다고 보았다.

보존개념은 첫째, 수의 보존개념으로 같은 수의 바둑알이 모여 있을 때 보다 흩어져 있을 때가 더 많다고 생각한다. 둘째, 부피 보존개념으로 같은 양의 물도 넓고 낮은 컵의 것보다 깊고 높은 컵의 것이 많다고 생각한다. 보존개념을 획득하기 위해서는 다음 요소가 충족되어야 한다. 첫째, 동일성(identity)으로 더 부었거나 덜지 않았으니 물의 양이 같다. 둘째, 보상성(compensation)으로 이 컵이 긴 반면에 저 컵은 넓으니 물의 양이 같다. 셋

째, 역조작(inversion)으로 둘 다 이전의 컵에 다시 부을 수 있으니 물의 양이
같다.

그리고 형식적 조작기에서는 순전히 추상적이고 가설적인 수준에서도 어
른과 같이 체계적으로 사고할 수 있는 능력과 논리적 조작에 필요한 모든 문
제를 해결할 수 있는 능력이 발달한다. 예를 들어 "A는 B보다 작고, B는 C보
다 크다. 그러면 누가 가장 클까?"라는 질문을 하면 구체적 조작기의 아동들
은 실제로 A·B·C를 세워 놓고 키를 재 보아야만 답을 알 수 있지만 형식
적 조작기의 아동들은 마음속으로 배열해 보고 답을 알 수 있다.

(3) 정서발달

이 시기의 아동은 유아기와 아동기 때의 미분화적, 전체적, 직접적인 표현
을 억제하여 분화된 간접적인 표현을 할 수 있게 된다. 즉, 울거나 화를 내어
도 목적달성을 이룰 수 없다는 것을 알게 되어 아동은 표현을 바꾸어서 사정
하는 형태로 변하게 된다.

먼저 공포감에 대해 살펴보면 괴물, 유령, 죽음 등과 같이 상상적인 것, 가
상적인 것, 비현실적이고 초자연적인 것에 대한 공포가 많아진다. 이러한 공
포감은 정서적인 불안과 많은 관련이 있다. 주로 부모나 선생님의 기대를 충
족시키지 못할 때 뒤따르는 질책, 처벌 그리고 성적 하락이나 미숙한 운동능
력으로 인한 친구들의 놀림 등에 대한 불안감이 많다. 특히 가정과 학교생활
사이에 부조화가 있다면 등교거부증(school refusal), 또는 학교공포증(school
phobia) 등으로 나타난다.

또 하나의 정서인 분노를 살펴보면 아동의 사회적 관계범위가 학교로 확대
되면서 욕구가 좌절되고, 행동에 방해를 받고, 놀림을 당하거나 꾸중을 듣는

경우가 많아지면서 분노의 감정을 표현하는 경우가 빈번하게 된다. 그러나 분노를 통제하고 간접적인 방법으로 표현할 수 있게 된다. 또한, 애정을 쏟는 대상이 가족에게서 또래의 친구들로 변해감에 따라 애정의 표시로 친구가 원하는 일들을 해주려하고 같이 있고 싶어한다. 이러한 애정의 대상에게 라이벌이 나타나면 질투심을 느끼기도 하며 이성보다는 동성에 대한 관심이 높은 시기이기 때문에 동성애적인 경향도 나타나게 된다.

3. 주요 쟁점

유아기의 아동들에게 중요한 것은 감각 및 지각의 발달에 관한 문제이다. 이 시기의 아동들은 촉각, 시각, 청각 등의 감각기관을 통하여 외부대상과의 현실거래를 하기 때문에 신체발달과 심리사회적 발달에 많은 영향을 미치게 된다. 따라서 아동이 적절한 반응을 보이지 못할 경우에는 아동에 대한 정확한 진단과 치료, 어머니에 대한 정서적 지지치료를 제공해야 할 것이다. 특히 인지발달의 장애가 심해 정신지체(mental retardation) 증상이 있는 아동에게는 조기치료를 제공해야 하며, 부모에게 지지적 상담서비스를 제공하여야 한다. 또한, 언어발달과 정서발달에 장애가 있는 아동들에게도 조기치료 및 훈련을 제공해야 하며 부모교육 프로그램을 통하여 긍정적인 환경을 조성할 필요가 있다.

걸음마단계의 아동들에게서 나타날 수 있는 심리적 발달장애는 자폐증(autism), 어눌한 말(stammering), 야뇨증(enuresis nocturna) 등이다(김동배 외, 1998). 이러한 장애에 대해서 부모를 대상으로 애정 어린 신체접촉과 외부환경에 대한 아동의 자발적인 탐험을 조장하는 등의 교육을 실시할 필요가 있다. 걸음마시기의 아동이 혼자서 외부 환경을 탐험하려는 시도를 억제시키면 공격성이 강화될 수 있고, 과잉 조장하면 부모에 대한 의존심이 강화될 수 있다. 따라서 가족상담을 통해 훈육기술과 이에 따른 가족분위기 조성방법에 대한 교육을 할 필요가 있다.

초기아동기의 아동들에게서 나타날 수 있는 인지장애(cognitive disabilities)는 지능이 평균보다 훨씬 낮고, 이 때문에 적응 기능에 결함이 나타나는 상태로, 대부분 18세 이전에 발생한다. 인지장애가 있는 아동들은 다른 아동들만큼 개념을 빠르게 파악하는 지적인 기능에 한계가 있을 수 있다. 따라서 이 시기의 아동들에게 유치원이나 보육시설에서 적절한 인지교육을 할 필요가 있다. 그러나 경제적 이유나 시설부족 등으로 조기교육의 기회를 갖지 못하는 경우도 많으므로 조기교육 및 보육시설이 확충되어야 할 것이다.

부모나 교사가 자신들의 기준에서 가치기준을 교육해서는 안 된다. 너무 강압적으로 교육하게 되면 아동들이 죄책감을 가지기 쉽고, 이러한 죄책감이 등교거부증이나 학교공포증 등과 같은 공포증으로 나타나기 쉽다. 이러한 공포증은 두통, 메스꺼움, 복통 등의 신체증상을 호소하는 경우가 많다(최옥채, 2002). 이러한 불안이나 공포증이 있는 경우에는 아동과 그 부모에 대한 상담을 실시하여 아동의 정서적 안정을 지원해야 할 것이다.

후기아동기에서 나타날 수 있는 학습장애(learning disability)는 언어를 이해하거나 사용하는 것과 관련한 기본적인 심리과정에서 한 가지 혹은 그 이상의 장애가 있는 것을 말한다. 즉, 듣고, 생각하고, 읽고, 쓰고, 받아쓰고, 계산하는 능력에서 문제가 있는 것이다. 또한, 학습장애는 인지장애나 정서적인 왜곡과 다르다. 다른 장애와 다르게, 학습장애는 정보처리과정에서 어려움이 있다. 즉, 정보를 받아들이고, 이러한 정보를 의사소통을 위해 사용하는 데에 어려움이 있는 것이다. 그리고 실패감, 낮은 자기존중감, 무기력 등을 경험할 수 있다(Zastraw & Kirst-Ashman, 2001). 이러한 인지장애와 학습장애 모두 발달장애로 간주한다. 이러한 아동에게는 학습장애를 해결해 줄 수 있는 프로그램과 가족에게는 지지와 심리적 문제해결에 목적을 둔 치료프로그램을 개발하여 실시해야 할 것이다. 또한, 이 시기의 아동들에게는 정서적인 발달을 지원할 수 있는 프로그램을 개발·실시할 필요가 있다.

이 시기의 아동들에게 관심을 기울여야 할 또 다른 문제는 부정적인 자기개념과 연관된 열등감이다(김동배 외, 1998). 주로 학교에서의 잦은 실패경험과 그에 따른 교사나 부모, 친구들로부터의 부정적인 평가가 부정적인 자기개념과 열등감을 강화시키게 된다. 이러한 열등감을 극복하고 긍정적인 자기개념을 형성할 수 있도록 개별적인 상담이나 치료, 그리고 부모, 교사, 또래 친구들을 대상으로 한 프로그램 등을 다각적으로 실시해야 할 것이다.

프로이트의 심리성적 발달단계와 성격특성

(프로이트는 정신분석학의 창시자로 그의 기초개념 및 이론에는 무의
식, 성격구조와 의식의 영역, 본능이론, Libido이론이 있다.)

단 계	연령	성감대	주요활동	갈등의 장	방어 기제	성격특성
구강기	출생 ~18개월	입 혀 입술	빨기 깨물기 받기 먹기	음식섭취	투사 거부 내면화	낙천-비관 어수룩함-의심 능동적-수동적 감탄-시기
항문기	18개월 ~3세	항문	배출(배변), 보유	·배변훈련 ·대상관계가 발달	지성화, 반동형성 유리	인색-관대 고집-순종 청결-불결 정화-애매
남근기	3세 ~6세	성기	이성교제	·거세불안과 남근선망 ·외디푸스 콤플렉스 & 엘렉트라 콤플렉스	억압	허영-자학 자신-소심 저돌-우유부단 순결-음란 남성적-여성적
잠복기	6세 ~사춘기	성본능 잠재, 성본능과 관련 없는 기술습득 同性끼리 어울림, 경쟁의식, 사회화				
생식기	사춘기 ~	전신	성교	·오르가즘 ·정신적·신체적 성숙이 거의 완성 ·제2의 외디푸스 콤플렉스	승화	성숙-미숙 적응-부적응

에릭슨의 심리사회발달 8단계와 주요 관계, 중요 사건

(에릭슨의 기초개념 및 이론에는 심리사회이론, 각 주기단계별 발달과 업이 있다.)

단 계	연 령	위기	쟁 점	중요한 관계 범위	중요 사건
유아기	출생~ 18개월	기본적 신뢰감 대 기본적인 불신감	희망과 자신감이 생긴다	어머니	스스로 먹기
초기 아동기	18개월 ~3세	자율성 대 수치와 의심	의지가 생긴다	부모	스스로 용변 보기
학령전기	3세 ~6세	주도성 대 죄의식	· 목표와 도덕적 개념이 생긴다 · 초자아가 가장 많이 형성되는 시기	가족	운동
학령기	6세 ~12세	근면성 대 열등감	학습과 행동강화 능력이 생긴다	이웃, 학교	취학
청소년기	12세 ~20세	자아정체감 대 역할혼란	· 주체성이 생긴다 · 반대로 허무, 무력감이 생겨 일탈행위로 발전하기도 한다	또래집단, 외집단, 지도력의 모형들	또래관계
성인초기	20세 24세	친밀감 대 고립감	사랑할 수 있는 능력이 생긴다	우정, 애정, 경쟁, 협동의 대상들	애정관계
성인기	24세 ~65세	생산성 대 침체	부양의무	직장, 확대가족	부모역할과 창조
노년기	65세 ~	통합 대 절망	지혜가 생긴다	인류, 동족	인생 회고와 수용

방어기제(defense mechanism)

방어기제란 용어는 프로이트가 최초로 사용하였고 그의 딸 안나 프로이트 (Anna Freud)가 체계적으로 다시 정리하여 완성하였다(서울대학교의과대학, 1986). 인간은 신체적으로나 심리적으로 평정(평형, 형평, equilibrium)을 원하며 이 평정이 깨어졌을 때는 다시 평정을 되찾으려는 본능을 가지고 있다. 심리적으로도 인간은 평정이 깨어진 상태에서는 평정을 되찾으려는 심리적 작용, 즉 심리기제로서 평온함을 찾고 갈등이나 불안을 해결하려는 작용이 있는데 이것을 방어기제라고 불렀다. 쉽게 말하면 방어기제란 인간 심리내부의 형평이 깨어졌을 때 개체보존을 위해서 다시 평형을 찾으려는 항상성(homeostasis)의 작용이라 할 수 있다.

이렇게 방어기제를 정의하면 마음의 평정을 깨트리는 것에 대한 정의가 뒤따라야 한다. 이러한 것들은 주로 사회적, 도덕적으로 용납되지 못하는 성적 충동, 공격적 욕구, 미움, 원한 등으로 자아이양적인 것들이라 할 수 있다. 이들은 하나의 위험으로 간주되어 갈등이나 불안을 느끼게 한다. 이러한 불안을 초자아의 위협으로 인한 불안이라 할 수 있고 이때 자아는 불안을 처리하여 마음의 평정을 회복시키려는 노력을 동원한다. 이것이 바로 방어기제이다.

따라서 방어기제는 갈등이나 불안을 처리하려는 자아의 노력이며 모든 과정이 무의식의 영역에서 이루어지므로 본인은 인식하지 못한다. 또한, 무의식적으로 이루어지므로 자동적으로 작동되며 한번에 여러 가지의 방어기제가 동원되는 것이 대부분이다. 방어기제의 결과는 그 개인의 성격특성이나 증상형성(symptom formation)으로 나타나게 된다.

● 억압(repression)

억압이란 방어기제 중에서 가장 일차적이고 원시적이며 가장 많이 사용되는 기제이다. 억압이란 의식에서 용납하기 어려운 생각, 욕망, 충동 등을 무의식 속에서만 머물도록 눌러 놓는 것이다. 억압을 통해서 자아는 위협적인 충동, 감정, 소원, 환상, 기억 등 자아이양적인 것들이 의식화되는 것을 막아준다. 특히 죄책감, 수치심 또는 자존심을 상하게 하는 경험일수록 억압의 대상이 된다.

역동적으로 설명하면 리비도가 자아이양적인 것들에 부착될 때, 초자아의 제지를 받은 자아가 무의식적으로 자아이양적인 것들에 대해 역 부착(counter-cathexis)하는 것이다.

비슷한 개념으로 억제(suppression)가 있는데 이는 모든 것이 억압과 같으나 무의식이 아닌 의식적인 차원에서 이루어진다는 것이 그 차이점이다. 그래서 억압은 무의식적인 억제로, 억제는 의식적인 억압으로 볼 수 있을 것이다.

억압의 정확한 개념파악을 위해서 가장 원초적인 억압, 즉 정상인이라면 근원적으로 대상부착이 차단되기 때문에 한번도 의식화 될 수 없고 영원히 무의식의 영역에 갇혀 있어야 되는 억압의 대표적인 욕망인 근친상간(Hall, 1977)을 예로 하여 설명해보자.

일반적으로 대부분의 사람들은 근친상간의 욕망이 원초적으로 억압되기 때문에 괴로워하거나 고통을 받지 않는다. 그러나 일부의 사람들에게 있어서는 근친상간의 욕망으로 괴로워하거나 고통을 받고 있으며 또 그 일부는 근친상간의 욕망을 실현시키면서도 죄의식을 못 느끼고 있다. 결국, 방어기제라던가 자아이양 또는 초자아의 기준이 정상이냐 비정상이냐 하는 것은 그 개인이 그가 속한 사회의 규범, 양심, 가치기준에 얼마나 벗어나느냐 혹은 잘 적응했느냐에 달려있는 것이라고 보아야 할 것이다.

위의 예를 세분화 해보자. 첫째, 근친상간의 욕구가 잘 억압되어서 평생을 근친상간의 욕구에 얽매이지 않고 평범하게 살아가는 경우, 둘째, 근친상간의 욕구가 억압되지 못하여서 괴로워하며 고통을 받지만 극도의 자제력을 발휘하여 행동화하지 않고 있는 경우, 셋째, 근친상간의 욕구를 실현시키고 있으면서 죄책감으로 고통을 받고 있는 경우, 넷째, 근친상간의 욕구를 실현시키고 있으면서도 죄책감이나 고통을 느끼지 못하고 있는 경우 등이다. 위의 세분화된 예들을 하나 하나 역동적으로 설명해보자.

첫 번째의 경우는 원래 초자아와 자아가 잘 발달하여 억압이 잘 되었고 그래서 정상적인 생을 살아가는 일반인들이라 할 수 있으며 억압이 훌륭하게 수행된 경우이다. 두 번째의 경우는 초자아의 기준은 어느 정도 정상의 범주에 있으나 자아가 제대로 성숙하지 못하여 근친상간의 욕구를 제대로 억압하지 못하였지만, 구체적인 행동으로의 실현은 최대한 억제하고 있는 경우로, 자아이양적인 사고(思考)경험으로 인하여 고통 속에서 살아가는 경우이다. 세 번째의 경우는 초자아의 기준은 정상의 범주에 있으나 자아가 약하여 억압에도 실패했을 뿐 아니라 억제도 실패하여 구체적으로 행동화되는 것을 막지 못해 자아이양적인 사고와 행동으로 고통을 받는 경우이다. 네 번째의 경우 역시 근친상간에 대한 억압과 억제가 실패한 경우이며, 게다가 초자아의 기준도 정상의 범주에서 벗어나 있어서 죄의식을 느끼지 못할 뿐만 아니라 자아 또한 약하여 억압이나 행동화되는 것을 막지 못하는 것이다. 이 경우는 그 당사자가 죄책감이나 고통을 느끼지 못한다.

● **취소**(undoing)

자신의 성적 혹은 공격적인 욕망이나 충동 또는 행동으로 인하여 대상에게 피해를 주었다고 생각하여 무의식적으로 죄책감을 떨쳐버리기 위해서 대상이 입은 피해를 원상복구시키려는 행위를 말한다. 순간적으로 화가 난 엄마가 아이를 때리고는 곧 "엄마가 잘못했다 아팠지? 미안해……" 하며 쓰다듬어 주는 것이 그 대표적인 예이다. 또한, 강박적으로 손을 씻는 행동도 죄의식을 씻으려는 취소로 볼 수 있으며 사과, 변명, 화해를 위한 선물 등이 그 예일 것이다.

● 반동형성(reaction formation)

무의식 속의 받아들여질 수 없는 생각, 소원, 충동 등을 정반대의 것으로 표현하는 경우로 원래의 생각, 소원, 충동 등을 의식화하지 못하게 하는 기제이다. 따라서 겉으로 드러나는 태도나 언행이 마음속의 요구나 생각과 정반대인 경우의 방어기제이다. 예를 들면, 적개심과 공격성을 덮기 위해 무골호인(無骨好人)으로 행세하는 경우, 미운 놈 떡 하나 더 준다는 속담, 사랑을 미움으로 표현하는 경우, 남편이 바람을 피워 다른 여자와의 사이에서 태어난 아이를 키우면서 과잉보호하는 본부인의 경우 등이 그 대표적인 예일 것이다.

● 상환(restitution)

무의식의 죄책감을 씻기 위해서 사서 고생을 하는 경우나, 잃어버린 대상을 그리워하면서 불행하게 지내는 경우 등이며, 그 예로 자신은 가난하고 불행하게 살면서 모든 수입을 자선사업에 바치는 경우라던가 사랑하는 아내를 잃은 남편이 죽은 아내를 대신 할만한 여인이 나타날 때까지 불행하게 지내는 경우 등이 그 예이다.

● 동일시(identification)

동일시 또는 동일화는 주로 부모, 형, 윗사람, 주위의 중요한 인물들의 태도와 행동을 닮는 것으로, 불안을 없애기 위해서 불안의 원인이 되는 그 대상이나 사람과 같이 되려는 것을 말한다. 또한, 동일화기제와 유사한 몇 가지 방어기제가 있다.

첫째, 인간이 세상에 태어나서 자아가 자신과 타인 또는 환경을 구별하지 못하는 영아기에 일어나는 동일시인 합일화(incorporation)의 개념이 있다. 성숙한 동일시는 대상을 받아들일 때 자아의 구조 속에서 동화되어 자기 것으로 변형시켜 받아들이는 데 비해서 합일화는 외계에 있는 대상을 상징적으로 삼켜 동화하여 자아형태의 변형없이 그대로 자기 자아의 구조 속으로 들어오게 하는 원시적인 형태의 동일시이다. 갓난아이의 경우, 어머니가 웃으면 자기가 웃는 줄 알고 자기도 웃고 있는 것이 대표적인 예이다.

둘째는 함입(introjection)이라고 불리는 또 다른 동일시의 형태로서 어느 정도 성장하여 자아가 자신과 타인 또는 환경을 어느 정도 구별 할 수 있는 시기의 동일시 형태이다. 외계의 대상을 자기 나름대로 생각하고 느끼는 대상으로 믿고, 자기 내면의 자아체계 속으로 받아들이는 것을 말한다. 이때는 외부대상에게 주었던 사랑이나 증오가 이제는 자기 내면의 대상에게로 옮겨오게 된다. 예를 들어 설명하면, 남편이 죽은 뒤 슬픔에 빠진 부인이 마음속에 가지고 있던 남편의 이미지와 실제 남편을 동일시하여 자기 이미지에 대한 부인의 태도나 행동이 마치 살아있는 남편에게 하듯이 하는 것을 들 수 있다. 마음속의 남편과 얘기도 하고, 그를 원망하고 때로는 그가 미워서 살해하기도 한다. 이 경우에는 죽은 남편을 부인이 함입한 경우이다.

셋째는 내면화(internalization)라는 방어기제로 정신분석학에서는 태도, 가치기준, 타인 특히 부모의 의견 등을 자신의 성격 속으로 합일화하는 것을 말하며, 특히 초자아 형성에 있어서 중요한 과정이다(Goldenson, et al).

넷째, 동일시해서는 안 되는 것을 동일시하는 적성(敵性) 또는 금지대상과의 동일시(hostile or negative identification)가 있다. 이는 사회적으로 바람직하지 못한 대상을 동일시하는 것으로 히틀러의 잔인성을 동일시하는 것이 대표적인 예이다.

다섯째, 공격자와의 동일시(identification with aggressor)는 공격자를 동일시함으로써 불안으로부터 방어하려는 것으로 외디푸스 콤플렉스의 시기에 거세불안을 이겨내기 위해 아버지의 모든 것을 동일시하는 남자아이가 그 예이다.

여섯째, 병적 동일시(pathological identification)로 자신에게 이상적인 대상과 공생함으로써 그의 힘을 나누어 누려보자는 동일시를 말한다. 이러한 병적 동일시는 절대 권력자에게 빌붙어서 아첨하고 환심을 사서 권력을 유지하는 아첨꾼이나 기회주의자가 그 예이며 가상적 성격(as if character)을 형성하게 된다. 이들은 그의 절대자가 힘이 없어지면 또 새로운 권력자를 찾아 이 사람에서 저 사람으로 옮겨 다니기 때문에 일시적인 동일시에 불과하다.

그 밖에도 감정이입(empathy), 동정(sympathy) 등이 있다.

● 투사(projection)

받아들일 수 없는 충동이나 욕망 등을 타인의 탓으로 돌리거나 자신의 실패를 남의 탓으로 돌리는 것을 말한다. 그렇게 함으로써 그 자신은 불안이나 죄책감에서 벗어날 수 있다. 또한, 투사는 관계망상이나 피해망상 등을 불러일으키는 등 환각이나 착각, 망상형성의 중요한 기제이다. 예를 들면, 무의식적으로 자신이 바람을 피우고 싶은 욕구가 강한 부인이 자신의 그러한 욕구를 남편에게 뒤집어 씌움으로써 남편을 의심하고 부정하다고 불평을 늘어놓는 경우와 시험을 잘 치지 못한 학생이 "시험 공부를 할 여유가 없었다" 또는 "시험문제가 너무 황당한 것이었다"라고 말하며 자신이 제대로 공부하지 않은 것은 생각하지 않는 경우 등이다.

● 자기에게로 향함(turning against the self)

대개는 공격적인 충동이 타인이 아닌 자신에게로 향하는 것을 말한다. 만약 부모님이나 존경하는 사람에게 어떤 공격적인 언행을 한다는 것은 받아들일 수 없는 것이므로 대신 자신에게 화풀이하거나 해치는 것이다. 어머니로부터 심한 꾸지람을 받은 아이가 자신의 머리를 벽에 부딪쳐 자해하는 것이 그 예이다. 이 경우는 미운 어머니를 자신의 머리로 전치(displacement)한 것이다.

● 전치(displacement)

전치 또는 대치는 전체가 부분에 의해 표현되거나 부분이 전체로 표현되는 경우 또는 어떤 생각이나 감정 등을 표현해도 덜 위험한 대상에게 옮기는 것을 말한다. 일상생활에서 무의식적인 공격성을 농담으로 표현한다던가.

아버지에게 혼이 난 아이가 마당의 개를 발로 차버림으로써 화를 푸는 것, 무의식적인 죄책감을 씻기 위해서 강박적으로 손을 씻는 것 등이 그 예이다.

● 대리형성(substitution)

받아들여 질 수 없는 소망, 욕동, 감정 또는 목표가 더욱 더 받아들여질 수 있는 것으로 전치하게 되는 기제를 말한다(Kaplan, et al, 1985: 80). 이는 목적하던 것을 못 가지는 데에서 오는 좌절감과 불안을 최소화하기 위해서 원래의 것과 비슷한 것을 가짐으로써 만족하는 것이다. 예를 들면, 오빠에게 강한 매력을 느끼는 여동생이 오빠와 비슷한 용모를 가진 사람과 사귀는 것, 자신의 아이를 갖지 못해서 입양을 하는 것 등이다. 다시 말하면 정서적으로 아주 귀중한 대상이기는 하나 심리적으로 받아들일 수 없는 대상이 심리적으로 용납되는 비슷한 다른 대상으로 무의식적으로 전치되는 과정을 말하며 우리나라의 "꿩 대신 닭"이라는 속담이 대리형성을 잘 표현하고 있다.

● 부정(denial)

의식화하기에는 불쾌한 어떤 생각, 욕구, 충동, 현실 등을 무의식적으로 부정함으로써 불안으로부터 자신을 방어하려는 정신기제를 말한다. 주로 임종말기의 환자가 자신의 병을 의사의 오진으로 주장하는 것 등이 그 예일 것이다.

● 상징화(symbolization)

곧 바로 의식화되기에는 어려운 억압된 어떤 대상을 의식화되어도 무난한 중립적인 대상으로 바꾸어 상징성을 부여하는 것으로 꿈 작업에 있어서 주요한 방어기제이다. 태극기나 무궁화는 대한민국을 상징하고 있으며 프로이트에 의하면 꿈속에서 길게 튀어나온 것들, 즉 뱀, 지팡이 등은 남근(penis)이 상징화 된 것이라고 한다.

● 합리화(rationalization)

자신의 언행 속에 숨어있는 용납하기 힘든 충동이나 욕구에 대해 사회적으로 그럴 듯한 설명이나 이유를 대는 것을 말한다. 또한, 그 설명이나 이유도 합리적이고 이성적이며 자아가 받아들일 수 있는 내용으로 꾸며진다. 하찮은 일로 자신의 동료를 상관에게 고발한 병사가 "그 친구는 벌을 받아 마땅하다. 그리고 나는 의무를 다했을 뿐이야"라고 말하는 경우와 이솝우화의 "여우와 신포도"의 얘기가 그 예일 것이다. 합리화가 거짓말이나 변명과 다른 점은 전적으로 무의식의 차원에서 이루어진다는 것이다.

● 보상(compensation)

실제적인 것이건 상상 속의 것이건 자신이 가지고 있는 결함을 다른 것으로 보상받기 위해 자신의 강점을 지나치게 강조하는 것을 말한다. 그 예로 키가 작은 사람이 목소리가 큰 경우라던가 나폴레옹 콤플렉스(napoleon complex)가 대표적인 예이다. 우리나라의 "작은 고추가 맵다"는 속담도 그 좋은 예이다.

● 유리(isolation)

유리 또는 격리란 고통스런 불안을 야기하는 기억과 관련된 감정을 떼어내 버리고 과거의 외상적인 사건을 생각해내는 것을 말한다. 즉, 가슴 아픈 사건이나 생각은 기억하나 그 기억에 수반된 감정은 기억되지 않는 것이다. 쉬운 예를 들면, 몇 년 전 아버지가 돌아가신 기억을 다시 생각해 보면, 그 당시에는 너무나 충격적이고 슬펐으며 고통스러웠으나 지금 다시 생각해 보면 당시의 기억들은 생생하나 그에 수반된 감정들은 억압되어 버리고 의식화되지는 않는다. 즉, 유리는 과거의 기억에 대한 감정의 부분적인 억압이라 할 수 있다.

● 지성화(intellectualization)

지식화라고도 하며 감정과 충동을 억제하기 위해서 그것들을 직접 경험하는 대신에 그것에 대한 생각을 많이 하거나 이야기를 늘어놓는 현상으로 지적(知的)이고 수준 높은 토론 같지만 문제해결에는 아무런 도움이 되지 않는다. 예를 들어 마음에 드는 여학생에게 제대로 말도 못 붙이는 남학생이 친구들과 "사랑이 뭐냐?", "인생이 뭐냐?" 등의 토론을 벌이는 것과 사춘기에 철학이나 종교에 심취하는 것 등을 말한다.

● 퇴행(regression)

심한 스트레스나 좌절을 당했을 때, 현재의 발달단계보다 더 이전의 발달단계로 후퇴하는 것을 말한다. 사랑을 독차지하던 아이가 동생이 태어나 사랑을 빼앗기게 되자 갑자기 대소변 가리기가 안 되던지, 어리광을 부리게 되는 것이 그 예이다. 어른들도 어릴 적 친구들을 만나면 마치 아이들처럼 즐거워하고 들뜨게 되는데 이것 또한 일시적인 퇴행이라 할 수 있다. 그러나 퇴행한 시점에서 장기간 벗어나지 못하고 머물러 버리게 되면 고착(fixation)이라고 한다. 위의 예에서 동생의 출생으로 그때까지 잘하던 대소변 가리기를 갑자기 못하게 된 아이가 장기간 대소변 가리기가 안 된다면 항문기에 고착된 것이라 할 수 있다. 고착은 주로 지나온 발달과정 중에서 제대로 충족을 못하였거나 과도하게 충족을 받은 시점으로 퇴행하여 머물러 있는 것을 말한다.

● 해리(dissociation)

의식세계에서 받아들이기 힘든 성격의 일부가 자아의 지배를 벗어나 하나의 독립된 기능을 수행하는 경우를 말한다. 그 쉬운 예로 "지킬 박사와 하이드"라는 문학작품에서 잘 나타나 있다. 중요한 것은 지킬일 때에는 하이드를, 하이드일 때에는 지킬을 자신은 기억하지 못한다는 것이다. 또 다른 예로 몽유병, 이중인격, 둔주(fugue) 등이 있다.

● 저항(resistance)

자아가 관여하기에는 너무나 괴롭고 불안한 억압된 자료들이 더 이상 의식계로 떠오르는 것을 막는 기제이다. 상담 시에 상담자가 클라이언트의 중요 문제에 접근해 들어가면, 침묵하거나 갑자기 "기억이 잘 나지 않는다"고 말하거나 울어 버리는 등 상담을 지연시키는 행위와 그 다음 상담 시간에 나타나지 않는 경우 등 상담에 협조를 하지 않는 경우가 대표적인 예이다. 이는 클라이언트의 문제해결에 핵심이 되는 기억에 접근했다는 것을 의미한다.

● 승화(sublimation)

본능적인 에너지 특히 성적, 공격적 에너지를 개인적으로나 사회적으로 용납 되는 형태로 유용하게 돌려쓰는 것을 말하며, 프로이트는 전치(displacement)에 서 대치물이 높은 수준의 문화적인 목적을 가지고 있는 경우(Hall, 1977: 82)에 승화라고 하며 인류의 문명발달의 원동력이 되었다고 보았다.

승화는 의식에서 받아들이기 힘든 충동, 욕구 등을 억압해 두었지만 충분히 해결되지 못할 때 그 에너지를 중성화(neutralization)시켜 변형시킨 다음 사회적 으로 용납되고 건설적인 유익한 목적을 위해 표현하는 기제이다. 그 예로 강한 공격적 욕구를 가진 사람이 격투기 선수가 되거나, 심한 열등감을 가진 사람이 열심히 공부해서 학자로 성공하는 경우와 잔인한 공격적 충동을 가진 사람이 유 명한 생체해부학자가 되는 경우 등이 그 예이다.

● 전이(transference)

원래는 과거의 중요한 인물에게 가졌던 경험을 현재의 인물과 동일시하여 현 재의 인물을 과거의 인물인양 대하는 것으로 쓰였으나 요즘은 주로 상담이나 정 신치료에서 클라이언트가 치료자를 과거의 인물과 동일시하는 것을 말한다. 아버 지에 대한 적대감에 매달린 클라이언트가 치료자에게 전이하게 되면 치료자를 아버지인양 적대시하게 된다. 이때 전이가 일어났다고 하며 치료자 역시 자신의 과거 인물과 클라이언트를 동일시하여 클라이언트의 아버지처럼 클라이언트에게 화를 내고 싫어하게 되면 역전이(counttransference)라고 한다.

이 역전이는 전통적으로 치료에 방해가 되는 것으로 이해되어 왔다. 이는 치 료자의 억압된 충동이나 욕구들이 표면화된 것이라고 보았기 때문이다. 또한, 치 료자는 이 역전이 현상을 곧 알아차리고 자기분석을 통해 치료에 더 이상 악영 향을 미치지 않도록 해야 한다(Goldenson, et al).

● 압축(condensation)

여러 가지의 의미를 하나의 이미지, 언어, 사건에 융합시키는 것을 말한다. 꿈의 작업 과정에서 상징화와 함께 가장 많이 사용되는 기제이다. 예를 들어 '상아탑'이라고 하면 대학을 상징화한 것일 뿐만 아니라 일반적으로 대학에 대해서 생각할 수 있는 모든 것들이 압축되어 있는 것이다. 일반인의 꿈에서 가장 흔히 볼 수 있으며, 정신분열증 환자의 '신어조작증(neologism)'등에서도 볼 수 있다.

● 투사적 동일시(projective identification)

투사적 동일시란 원시적인 방어기제의 하나로써 다소 복잡한 단계를 거친다. 첫 번째 단계로 A라는 사람이 자신과 가까운 B에게 자신의 내적인 이미지를 투사한다. 두 번째 단계는 A의 투사를 무의식적으로 받아들여 동일시한 B가 A의 조종을 받아 느끼고 행동한다. 즉, A가 B에게 투사한 어떤 대상의 역할을 B가 하게 되는 것이다. 세 번째 단계로 투사된 내용들이 B에 의해서 수정되어 A에게 재투입되며, 결과적으로 A는 B가 수정하여 재투입한 것을 동일시하게 되는 것이다(이형영, 1992: 95-96).

예를 들어 설명하면, A가 친한 친구인 B와 C에게 각기 다른 내용의 투사를 했다. 즉, B에게는 긍정적인 이미지를 심어주며 좋은 대상(good object)으로 투사를 했고, C에게는 부정적인 이미지를 심어주며 나쁜 대상(bad object)으로 투사를 했다. A의 무의식 속에서 분열(splitting)이 일어난 것이다. 그 결과 A에 대한 B와 C의 평판은 정반대였고, A에 대한 다른 시각으로 인하여 싸움까지 하게 되었으며, 결국 B와 C는 갈라서고 말았다. 또한, A도 B에게는 상냥하고 친절한 대상으로 C에게는 퉁명하고 불쾌한 대상으로서의 역할을 수행하게 되었다. 결과적으로 A는 B와 C를 자기 마음대로 조종한 결과를 초래했다. 위의 계는 사실상 A의 내면 세계에서의 분열이었으나 A가 투사적 동일시에 의해서 외재화(externalization)함으로써 A의 주위 환경인 B와 C가 분열된 것이다.

● 증상형성(symptom formation)

지금까지 방어기제를 살펴보았지만 정신분석학에서는 본능적 욕구가 좌절되면 불안이 생기고 이 불안을 외적인 환경변화로 해소하지 못하게 되면 방어기제를 동원하게 된다. 이 불안과 방어기제에 따라 증상이 형성된다.

증상형성은 다양한 종류의 비정상적인 언행, 신경증 또는 정신증을 선택함으로써 스트레스나 불안에 대항하려는 자아의 노력이다 이 증상형성에는 일차적 이득과 이차적 이득이 따르기 때문에 더욱 더 가능해진다.

일차적 이득(primary gain)과 이차적 이득(secondary gain)을 구별해 보면 다음과 같다. 일차적 이득은 되도록 극적인 증상을 나타내어서 내적 긴장을 풀고 불안을 초래한 갈등적 충동 또는 위협적 경험으로부터 해방되는 것을 말한다. 그에 비해 이차적 이득이란 극적 증상형성으로 주위 사람들의 관심을 끌고 자기의 욕구 성취에 유리하도록 혹은 체면을 회복하도록 주위 사람들을 조종하거나 불리한 상황을 피하는 계기가 되는 것을 말한다.

예를 들면, 학교에 가기 싫은 아이가 두통이라고 꾀병을 했다. 증상형성을 한 것이다. 그 결과 아이는 학교에 가지 않아도 되게 되었다. 이것을 일차적 이득이라고 할 수 있다. 그 다음 그 아이는 극진한 어머니의 간호와 가족의 보살핌을 받게 되었으며, 아프다는 이유로 모두가 자신만을 위해주는 듯한 기분을 느꼈을 뿐 아니라 아프다는 이유로 모든 일과 의무에서 제외되었다.

이차적 이득을 획득한 것이다. 이 아이가 이러한 일차적 이득과 이차적 이득에 재미를 붙이게 되면 학교에 가기 싫거나 하기 싫은 일이 생기면 습관적으로 두통이란 증상을 형성하게 되는 것이다. 주의할 것은 어릴 때 꾀병으로 증상형성을 하여 이득을 획득하는 데 매력을 느낀 아동이 커가면서 자아가 발달해가고 따라서 현실거래 기술도 발달함으로써 보다 고도의 기술을 요구하는 데 교묘하고 극적인 증상을 형성할 가능성이 높다는 것이다.

● 꿈의 작업(dream work, work of dream)

꿈은 모든 심리학과 행동과학 그리고 정신의학의 연구대상이 되어 왔으며 수많은 이론과 학설이 있다. 그러나 정신분석학에서는 꿈을 현실세계에서 실현하기 힘들거나 불가능한 무의식 속의 이드의 욕망, 즉 자아이양적인 욕망들이 억압되어 있다가, 잠이 들어 자아가 쉬는 틈을 이용하여 의식세계로 떠오른 것으로 보고 있다. 무의식의 내용들이 의식화된 것이라고 본 것이다. 물론 무의식의 내용이 의식화되는 경우는 꿈 외에도 백일몽, 환상 등이 있으나 꿈은 더 복잡하고 여러 단계를 거친다. 또한, 그 종류에는 불안몽, 처벌몽 등이 있다.

꿈은 잠재몽과 현재몽으로 나눌 수 있으며 꿈의 작업이라는 정신활동도 포함한다. 먼저 잠재몽(latent dream)은 현실화되기에는 너무나 원초적이거나 양심의 기준에 벗어나는 것이기 때문에 억압되어 있는 무의식과 이드의 원망, 욕동, 충동, 본능 등의 욕망들이며 그 개인에게는 자양이양적인 것들이 그 주요 요소이다. 이 잠재몽은 그대로 의식화되면 그 개인에게는 엄청난 충격과 죄책감을 줄 수 있기 때문에 대개는 꿈의 작업이라는 과정을 통하여 현재몽으로 바뀌게 된다. 잠재몽의 내용이 의식화되기에는 어려운 내용들이라면 현재몽(manifest dream)은 그 잠재몽의 내용을 꿈의 작업을 통해서 의식화해도 되는 내용, 즉 자아동조적인 내용으로 전치(displacement)되어 의식적으로 경험하는 꿈을 말한다. 현재몽은 깨어난 후 기억을 할 수도 있고 못하는 경우도 있다.

꿈은 무의식의 욕구들을 의식화시킴으로써 불안을 감소시키는 작용을 한다. 그래서 꿈을 방어기제라 볼 수 있다. 꿈의 작업이란 잠재몽을 현재몽으로 바꾸어 주는 무의식적인 정신작용을 말한다(조대경, 1985). 이 과정에는 압축, 전치, 상징화, 승화, 극화(dramatization) 등등의 여러 가지 방어기제가 사용되며 자아의 영역에서 이루어지는 과정이라고 보아야 한다. 또한, 꿈의 작업에는 위에서 말한 여러 가지의 방어기제가 동시에 작용하므로 현재몽의 내용을 분석하기란 극히 어려운 것이다.

정신분석학에서는 누구나 외디푸스적 욕망을 가지고 있다고 보고 있다. 이러한 외디푸스적 욕망은 초자아의 금지나 사회규범, 도덕 등에 의해서 평상시에는 억압되어 있으며 물론 본인도 의식하지 못한다. 이것이 잠재몽의 내용이라고 할 수 있고, 이 잠재몽의 내용이 그대로 의식화되면 그는 상당한 충격을 받을 것이며, 자신을 용서하지 못할 것이다. 그러나 꿈의 작업에서 중성화(neutralization)라는 과정을 통하여 무성(無性)적인 내용으로 바뀌고, 다시 이성의 부모와 쇼핑을 하거나 소풍을 가는 등의 내용으로 바뀌고 순화되어서 꿈을 꾸게 되는 것이다. 이렇게 해서 외디푸스적 욕망은 간접적으로 해소되는 것이며 긴장이 감소되는 것이다.

예를 들어 설명하면, 잠을 자다가 너무나 끔찍한 내용의 꿈을 꾸고는 깜짝 놀라 잠에서 깨어났다고 가정하자. 또한, 그 내용이 원색적인 근친상간의 내용이었다고 하자. 그러면 그 사람은 상당기간 괴로워하고 부끄러워하는 등 힘들어 할 것이다. 이런 경우는 꿈의 작업이라는 과정이 제대로 작용하지 않은 꿈이라고 보아야 한다. 다시 말하면, 꿈의 작업을 담당하는 자아가 제대로 기능을 못한 경우이다. 일반인도 전혀 일어나지 않는다고는 볼 수 없으며, 주로 자아가 아직 성숙하지 못한 유아(幼兒)의 사고나 꿈에서 그리고 자아의 기능이 약한 정신분열증 환자들의 사고나 꿈에서는 잠재몽이 그대로 의식화되는 것이다.

따라서 현재몽을 기억되는 꿈으로, 잠재몽을 기억되지 않는 꿈으로 구분 짓는 것은 무리가 있으며 검열과정인 꿈의 작업을 거쳤느냐 아니냐로 구분해야 할 것이다. 물론 사람에 따라서 초자아나 가치기준이 다르기 때문에 타인은 상상도 못

하는 내용의 꿈, 즉 잠재몽을 그는 현재몽으로 꿀 수 있다는 것도 염두에 두어야
할 것이다.

그 외에도 방어기제에는 이타주의(altruism), 유머(humor), 외재화(externali-
zation), 신체화(somatization), 성화(sexualization), 행동화(acting out), 차단
(blocking), 왜곡(distortion) 등이 있다.

제3장

유아기와 아동기의 사회체계

유아기와 아동기의 사회체계

1. 생활주기상의 중요성

유아 및 아동기는 개인의 성격의 기본을 결정짓는 중요한 시기이다. 성격의 발달은 개인이 타고나는 생물학적 및 심리적인 요인에 의해서 뿐만 아니라 개인을 둘러싼 환경과의 관계를 통해 많은 영향을 받으면서 이루어진다. 유아 및 아동기의 사회환경이란 그다지 폭넓은 영역은 아니지만, 그것이 개인에게 미치는 영향의 측면에서 볼 때, 이후 발달단계의 사회환경보다 훨씬 중요하다고 할 수 있다.

인간은 태어나서 다른 사람들과의 관계에 의하지 않고는 인간화될 수 없다. 유아기에 인간사회에서 생활하지 않고 늑대에 의해서 길러진 늑대소녀 카말라의 예[1]는 사회적 존재로서의 인간발달의 기본적 특징을 상징적으로

---

1) 1920년 인도 정글에서 두 늑대 소녀가 발견되었다. 이들은 대략 1살과 8살로 추정되는 여자아이들이었다. 이들을 키운 미도나 풀이라는 목사 부부에 의해 그들은 아말라와 카말라라고 불리워졌다. 이 아이들은 분명히 인간의 모습인데도 인간처럼 행동하지 않고 늑대처럼 네 다리로 기어다니고, 생고기를 좋아하고 먹을 때도 손으로 먹지 않고 직접 입으로 먹었다. 목사 부부는 이 소녀들을 인간답게 행동하도록 교육을 시켰지만 아말라는 1년도 채 못되어 사망했고, 카말라는 1929년 요독증에 걸려서 죽을 때까지 9년 동안 겨우 직립보행과 보통 사람처럼 먹는 법을 익혔다. 그리고 45단어의 말을 배웠다. 이처럼 아무리 인간의 유전자를 가지고 태어났어도 인간으로 교육받지 못하면 인간이 되지 못한다. 인간은 인간사회에서만 그 존재가 규정되는 것이다.

나타내고 있다. 유아는 어른으로부터 여러 모양의 활동을 배우거나 스스로의 학습에 따라서 인간사회를 생존해 가는 것에 적합한 행동양식을 습득해 간다. 이와 같은 발달적 측면을 사회화(socialization)라 부른다.

1) 사회화의 과정

아동은 사회와 관련하여 사회적 존재로서의 인격의 형성, 행동의 테두리인 사회적 규범 습득, 특히 폭넓은 문화의 전달을 받아간다. 사회화의 과정도 발달적으로 본다면 몇 개의 특징적 단계로 나눌 수 있는데, 名倉啓太郎(이정숙 외, 170 재인용)은 다음의 세 단계로 나누고 있다.

(1) 1단계 : 기본적 생활의 자립 단계

유아의 사회화 제일 첫 단계는 기본적 생활의 자립이다. 이 때문에 음식물 먹기, 옷을 입고 벗기, 세수 등의 소위 기본적 습관의 형성이 필요하다. 이 단계에서는 가정환경의 영향력이 크다.

(2) 2단계 : 문화적 행동의 공통성 획득 단계

이 단계는 사회에서 공통으로 요구되는 행동양식, 사회적 규범의 습득 등이 유아기 후반에서 시작한다. 이 단계가 되면 가정 이외의 환경의 영향이 점차로 강해진다.

(3) 3단계 : 통합적 단계

기존의 사회적 규범에 맹목적으로 동조해 온 아동도 이 단계에 접어들면 자기의 행동을 자율적으로 통제하게 된다.

인간의 일생은 사회화의 연속이고 미리 끝날 수 있는 것은 아니다. 환경과 사회가 변하고, 신체적 변화가 일어나 성인이 되더라도 사회화는 계속적으로 필요하다.

2) 가족체계와 사회화

인간은 태어남과 동시에 가족체계에 소속되며 가족구성원인 부모로부터 양육된다. 따라서 개인은 가정을 통해 최초로 사회화된다. 부모의 행동을 보면서 사회규범과 도덕을 배우게 되며 부모 및 가족성원들과의 관계를 통해 나 아닌 타인과의 관계를 학습하게 된다. 유아 및 아동기에 있어 이러한 가정의 양육환경은 개인의 인성 및 사회화에 지대한 영향을 미치기 때문에 특히 부모의 양육태도가 중요하다.

에릭슨(Erikson, 1963)은 영아가 해결해야 할 심리사회적 위기를 기본적 신뢰감 대 불신감이라고 주장하고, 이러한 과업은 영아가 어머니와 상호작용함으로써 결정된다고 하였다(Erikson, 1963, 윤진 · 김인경 옮김, 1988: 285-289). 영아기 동안 어머니가 아기의 욕구에 민감하게 반응하고 신속하고 규칙적이며 애정적인 보살핌을 제공해 주면, 영아는 신뢰감을 형성할 수 있다. 부모에 대한 신뢰감을 형성한 영아들은 타인을 신뢰하고 세상을 신뢰하는 동시에 자신을 신뢰한다. 자기신뢰는 자신을 유능하고 무엇이든지 할 수 있는 존재로 지각하는 것으로 자율성 발달의 기초가 된다. 신뢰감이 형성된 개인은 일생 동안 낙관적인 사고와 희망을 가지고 어려움에 도전할 가능성이 크다.

대조적으로 부모의 일관성 없는 양육방식과 영아에 대한 무관심은 영아 자신의 욕구가 충족될 것인지 아닌지 불확실하게 느끼도록 하고 영아의 심리적 안정을 방해한다. 어머니를 신뢰할 수 없는 영아들은 타인을 불신하고 세상을 불신하며 자기신뢰를 형성하지 못한다. 불신은 영아의 사회적 상호작용을 위축시킨다.

부모의 양육방식도 중요하지만 부모의 실제적인 행동방식도 대단히 중요하다. 부모가 다른 사람에 대해 친사회적인 방식으로 행동할 때 아동의 친사회적 행동도 증가한다. 또한, 반사회적 행동이라 할 수 있는 아동기의 공격성은 대부분 가족 내에서 일어난다. 독재적 부모의 강압적 행동은 부모-아동 사이의 적대적인 반응-연쇄를 불러일으킨다. 지극히 공격적인 아동은 독재적인 부모와 강압적 상호작용을 하는 가족배경을 가지고 있다(장휘숙, 1994: 427-432).

인생 초기인 영아기 동안의 사회적 관계는 영아와 부모 사이에 형성되는 애착을 통해 가장 먼저 시작되며, 부모의 양육태도를 비롯한 가정환경에 의해 아동은 성장, 변화된다고 볼 수 있다.

2. 주요 과업

1) 애착형성과 발달

애착(attachment)은 영아와 양육자 사이에 형성되는 애정적 유대관계로 보통 영아는 일차적 양육자인 어머니에게 애착을 형성한다. 보울비(Bowlby, 1958)는, 애착은 격리되어 양육되지 않는 모든 종(種)에서 나타나며 환경적인 변이에 의해 거의 영향을 받지 않는다고 제안한다.

따라서 인간의 애착행동은 동물의 각인행동(imprinting behavior)[2])에서 그 기원을 찾을 수 있다. 로렌쯔(Lorenz)는 이와 같은 각인 현상은 결정적 시기를 갖는다고 하였는데, 인간의 경우 애착의 형성이 용이한 민감기(sensitive period)가 있다. 애인스워스(Ainsworth, 1979)는 어머니와의 기본적인 애착은 보통 생후 7개월경에 형성되며 애착형성을 위한 민감기는 생후 1.5개월에서 부터 생후 2년까지 확대될 수 있다고 제안하였다. 2세 이후의 애착형성은 불가능한 것은 아니지만 대단히 어렵다는 것이다.

애착을 형성한 영아들은 애착대상에 대해 특징적인 행동을 나타낸다. 애착행동은 애착대상에게 접근, 따라감, 매달림, 미소, 울음 그리고 부름 등을 포함한다. 이와 같은 애착행동에 의해 애착대상과 상호작용이 이루어지며, 영아는 애착대상과 분리되거나 위협적인 사태에 직면하면 애착대상을 되돌아오게 하여 관심과 보호를 받으려고 노력한다.

(1) 애착형성의 단계와 요인

애인스워스(1979)는 애착발달을 네 단계로 나눈다.

① 제1단계(출생~3개월)

생후 첫 3개월 동안 영아는 울음, 발성, 미소, 응시 및 시각적 추적으로 양육자와 접촉을 시도하고 양육자를 그들 곁에 머무르게 하려고 노력한다. 이

---

2) 각인(imprinting)은 어린 새끼동물이 생후 초기의 특정한 시기에 어떤 대상에게 노출되면(보통은 어미), 그 대상에 대해 추종반응을 나타내고 비교적 영구적인 유대를 형성하는 현상을 의미한다. 갓 부화한 거위는 대단히 빠른 시간 내에 그의 어미와 유대를 형성하고 추종반응을 나타낸다. 그러나 로렌쯔(1971)에 의해 인공적으로 부화되어 로렌쯔의 보살핌을 받은 새끼거위들은 그들의 생물학적 어미를 무시하고 로렌쯔에 대해 추종반응을 나타내었다.

시기에 영아는 감각적 접촉에 의해 양육자의 독특한 특성을 인지한다.

② 제2단계(4~6개월)

영아의 신호와 지향반응은 몇 사람의 친숙한 성인에게 한정된다. 영아는 일차적인 양육자는 물론, 한두 사람의 다른 성인도 구별할 수 있다. 친숙한 사람이 나타나면 미소짓고 좋아하며 그가 떠나면 싫어하는 표정을 짓는다.

③ 제3단계(7개월~2세)

양육자에 대한 분명한 애착을 형성하며 다른 가족에 대해서도 애착행동을 나타낸다. 애착대상에게 능동적으로 접근하고 접촉을 시도한다.

④ 제4단계(2세 이후)

영아와 양육자는 협력자 관계를 형성할 수 있다. 아동의 인지능력의 증대와 함께 타인의 소망이나 목표를 탐지하고 예상할 수 있으며, 사회적 관계에 대한 기본 이해를 획득한다. 따라서 양육자의 외출시에는 따라가겠다고 떼를 쓰기도 하지만, 양육자가 돌아올 때까지 기다릴 수도 있다.

애착행동의 형성 요인을 보면, 우선 영아의 양육자에 대한 애착형성은 그들의 인지능력의 발달을 기초로 한다. 만약 영아가 친숙한 사람과 낯선 사람을 구별하고 기억할 수 없다면 애착형성은 불가능할 것이다(Hodapp & Mueller, 1982). 그러나 애착은 인지능력의 발달만으로 가능한 것은 아니다. 초기 학습이론가들은 어머니가 영아의 배고픈 욕구를 충족시켜주기 때문에 영아가 어머니에게 애착한다고 생각하였다. 그러나 새끼원숭이를 대상으로 한 실험(Harlow & Zimmerman, 1959)에 의하면 수유보다는 신체적 접촉이 애착형성의 중요한 요인이라는 것이 밝혀졌다.[3]

(2) 낯가림과 분리불안

낯가림(stranger anxiety)은 영아가 낯선 사람에 대해 불안반응을 나타내는 현상으로 대개 생후 5개월에서 15개월 사이에 나타나는 행동이다. 이러한 낯가림은 특정인에 대한 애착형성의 표시이며 영아의 탐색행동과 밀접한 관련이 있다.

분리불안(separation anxiety)은 영아가 애착대상 인물과 분리될 때 나타내는 불안반응이다. 정상적인 애착유대를 형성한 영아들은 어머니와 분리되면 슬퍼하고 불안해하며 증가된 울음반응을 나타낸다. 분리불안은 친숙한 정도 및 분리기간과 같은 많은 요인들의 영향을 받는다. 보통 낯가림보다 조금 늦은, 생후 9개월경에 나타나기 시작하여 15개월경에 절정에 달하며 그 이후에는 점차 감소된다.

연령증가와 함께 분리불안은 감소되며 친숙한 사람이나 물건의 존재는 영아의 불안을 약화시키거나 상쇄시킬 수 있다. 그러나 장기간의 분리는 영아의 행동적, 심리적 문제를 일으킬 수 있다. 장기간 동안 분리되면, 영아는 처음에는 어머니를 울며 찾는 저항행동을 하다가 절망감을 느끼게 된다. 이후

---

3) 갓 출생한 새끼원숭이들을 어미로부터 분리시켜 두 마리의 모조 어미 원숭이가 있는 우리에서 양육하였다. 두 마리의 모조 원숭이 중 한 마리는 철사로 만들었고 다른 한 마리는 부드러운 벨벳으로 만들었다. 새끼원숭이가 우유를 먹일 수 있도록 철사어미에게 우유병을 매달았을 때와 벨벳어미에게 우유병을 매달았을 때의 새끼 원숭이의 행동을 관찰하였다. 새끼 원숭이는 철사어미에게서 젖을 먹든, 벨벳어미에게서 젖을 먹든 하루 시간의 대부분을 벨벳어미 곁에서 보냈으며, 공포자극이 우리 속에 나타나면 벨벳어미에게 매달렸다. 새끼 원숭이에게 중요한 것은 배고픔의 해소가 아니라, 어미원숭이와의 부드러운 접촉이었다.

탈애착이 일어나서 다시 어머니와 재결합하게 되어도 영아는 어머니를 거부하고 더 이상 어머니와 상호작용을 하려고 하지 않는다. 생후 3개월에서 3년 사이의 분리는 영아의 애착형성에 방해되며, 이후의 대인관계에 부정적인 영향을 준다.

2) 성역할에 대한 인식

성역할(sex role)이란 특정문화에서 남성과 여성에게 적절하다고 규정하고 있는 행동으로 각 개인은 성장과정 동안 자신에게 적절한 성역할을 획득해야 한다. 아동전기의 아동들은 자신의 성에 적절한 행동을 하려고 노력하며 성역할에 대한 분명한 선호를 확립한다(Emmerich et. al., 1977; 단현국, 1988). 즉, 동성의 또래친구를 선호하고 성과 관련된 사회관계에 대한 관심을 나타낸다. 이 시기의 성역할에 대한 인식이 아동의 발달에 중요성을 갖는 것은, 어린이가 이해하는 성역할의 기준이 그 행동에 영향을 미치기 때문이다.

(1) 성에 대한 이해
성에 대한 이해는 다음과 같은 네 가지 요소를 포함한다.

① 소년이나 소녀와 같이 남녀를 구분하여 정확하게 명명한다. 2세 정도의 유아들은 남성과 여성이 다르다는 것을 알기 시작하며 3세에 이르면 완전한 이해가 가능하다.

② 성의 항상성을 이해한다. 만약 한 아동이 소년이라면 그는 남성으로 자랄 것이라는 것을 이해한다. 성의 항상성에 대한 이해는 3세경부터 발달한다. 4, 5세경에는 소년은 남성이 되고 소녀는 여성이 된다는 것을

알게 되며, 약 6, 7세경에 이르면 개인의 성은 상황의 변화나 개인적 소
망에도 불구하고 변화되지 않는다는 것을 인식한다.

③ 성의 안정성을 이해한다. 이성의 장난감을 가지고 놀거나 이성의 의복
을 입는다고 할지라도 개인의 성은 변화되지 않는다는 것을 인지한다.

④ 남녀의 생식기의 차이를 이해한다. 8, 9세 정도로 성장한 다음에 가능
하다.

(2) 성역할 고정관념

성역할 고정관념은 남성 또는 여성에게 속하는 것으로 생각되는 특성과 역
할의 총체로 정의된다. 즉, 성역할 고정관념은 사람들이 각 성에 대해 갖는
비교적 안정된 신념과 이미지로서 사실일 수도 있고 사실이 아닐 수도 있는
추상적이며 일반화된 것이다. 사람들은 자신이 알지 못하는 사이에 고정관념
을 수용하는 경향이 있다.

성역할 고정관념은 다른 사람들의 행동과 사회적 역할을 관찰한 결과로써
획득된다. 일반적으로 성역할 고정관념은 3, 4세경에 약하게 나타나다가 5, 6
세경에 가장 심해지고 초등학교 2학년경부터 감소하기 시작한다(Kohlberg,
1974: Williams et. al., 1975).

한번 형성된 고정관념은 그 강도가 약화되기는 하지만, 일생 동안 지속되
는 것이 보통이며, 성역할 고정관념은 자신과 타인을 분류하고 판단하는 기
준이 되기 때문에 문제가 된다.

(3) 성역할 정체감의 형성

성역할 정체감이란 개인이 그의 자아 속에 남성적 역할이나 여성적 역할과

연합된 특성을 수용하는 정도이며 개인에 따라 차이가 있다. 전통적으로 개인의 성역할 정체감은 남성성과 여성성으로 이분될 수 있다고 생각했으나 최근에 와서 이 범주에 속하지 않는 개인, 즉 양성적(androgynous) 차원의 개인과 혼돈차원의 성정체감을 가진 개인들이 있는 것으로 논의되고 있다.

개인의 성역할 정체감은 생물학적 구성에 의해 영향을 받기도 하지만, 아동의 성역할 정체감은 대부분 모방이나 동일시, 보상과 처벌 등의 학습과정을 통하여 획득된다. 부모들은 자녀의 성역할 행동의 동일시나 모방의 대상이 될 뿐만 아니라 자녀의 성역할 행동을 적극적으로 격려하고 제한하기도 한다. 즉, 부모는 성에 따라 적절한 행동을 자녀에게 제시할 뿐만 아니라 자녀가 성에 부적절한 행동을 하면 싫어하고 제한한다. 이와 같은 과정을 통해 부모는 아동들의 성역할 정체감 형성에 많은 영향을 미친다.

부모뿐만 아니라, 또래집단, 교사, TV나 대중매체도 아동의 성역할 정체감 형성에 많은 영향을 미친다. 유치원 아동들에 대한 관찰연구 결과, 또래집단은 전통적 성역할에 부합되는 행동을 강화하기 때문에 소녀의 여성적 행동과 소년의 남성적 행동을 보상하였다(Fagot, 1977).

성 유형화에 관한 이론은 크게 세 가지 유형으로 나눌 수 있다.

① 생물사회적 이론

개인이 지니고 있는 생물학적 성과 그에 대한 부모나 다른 사회적 대리인들의 반응에 의해 성역할 발달이 이루어진다고 설명하는 입장이다. 즉, 아동이 채택하는 성역할 정체감은 아동이 지니고 있는 생물학적 특성과 그에 대한 타인들의 반응에 의해 결정되므로 양자는 모두 개인의 성역할 발달에 중요한 역할을 한다.

② 동일시 이론

어린 아동들이 부모를 동일시한 결과로써 성역할 정체감을 확립한다고 주장하는 입장이다. 정신분석이론, 사회학습이론, 지각된 유사성이론 등이 여기에 해당된다.

정신분석이론의 프로이트는 자신의 심리성적 발달의 제3단계인 남근기에서 중요한 성역할 학습이 이루어진다고 하였다. 남근기에서 남아는 외디푸스 갈등을 경험하는데, 아버지로부터의 거세불안을 극복하기 위하여 아동은 아버지를 동일시하게 된다. 동일시는 부모에 대한 아동의 공포나 사랑 받으려는 욕구를 바탕으로 이루어지며 이러한 동일시의 결과로 아동은 성에 적절한 방식으로 행동할 수 있게 된다.

사회학습이론에서는 학습원리로 설명하는데, 아동의 행동에 나타나는 성역할의 차이는 자신의 주변에서 남녀가 각기 다르게 행동하는 것을 보고 그들의 행위를 배운 결과라고 본다. 아동전기 동안 아동은 획득과정을 통하여 부모의 행동을 내면화한다. 아동들은 여성모델과 남성모델을 동시에 갖지만, 양육자이며 힘있고 유사한 사람을 모방대상으로 선택할 가능성이 크다. 아동의 눈에는 부모가 모두 힘있는 양육자로 비치기 때문에 자신과 유사한 동성의 부모를 모델로 선택하기 쉽다.

지각된 유사성이론의 카간(Kagan, 1958; 장휘숙, 1998: 315-316 재인용)은 부모에 대한 아동의 성역할 동일시는 아동이 자신과 부모를 서로 유사하다고 지각하기 때문에 일어난다고 하였다. 부모에 대한 아동의 유사성 지각은 아동 스스로 신체적 혹은 심리적으로 유사하다고 느끼기도 하지만, 다른 사람들이 서로 닮았다고 이야기하는 것을 듣게 됨으로써 강화된다. 특히 조부모나 주위 사람들의 "너는 네 아버지(어머니)의 어릴 때와 똑같다"는 말은 아동의 동일시를 촉진시킨다. 5, 6세경의 아동들은 자신이 어머니나 아버지와 유사하다고 느끼고 부모와 같은 사람이 되려고 노력한다.

③ 인지발달이론

피아제(Piaget)의 이론을 바탕으로 콜버그(Kohlberg)에 의해 제기되었다. 성역할 발달은 인지발달의 부산물로 설명되는데, 아동들은 자신이 남성인지 여성인지를 생각한 다음, 자신의 행동을 수정함으로써 성역할 정체감을 획득한다는 입장이다. 성의 항상성과 안정성을 이해하지 못하던 아동이 구체적 조작기에 들어가는 7세 경에 이르면, 성은 변화되지 않는 특성이 있다는 것을 인식한다. 인지발달이 진행됨에 따라 아동의 성역할이나 성역할 정체감에 대한 이해는 변화한다. 양성 간의 신체적 차이를 바탕으로 각 성에 부과된 전형적인 역할은 구체적 조작기를 지나 형식적 조작기에 이르면 약화되고 더 양성적 시각의 성역할을 획득하게 된다.

3) 도덕성의 발달

도덕성(morality)이란 개인에 의해서 내면화된 사회적 행동의 문화적 규칙으로서의 양심이다(Kohlberg, 1964, 김재은, 1998: 311 재인용). 즉, 다른 사람의 표준을 자신의 것으로 삼는 과정을 내면화(internalization)라고 하는데, 내면화 과정을 통하여 아동의 도덕성 발달이 이루어진다.

아무리 작은 집단이라도 지키지 않으면 안 되는 규칙이 있다. 이 규칙을 지키지 않으면 집단에서 일탈하게 된다. 사회에는 법률 이외에도 지켜야 할 규칙이 무수히 많은데 이것이 도덕이며, 이 도덕에 따라가려고 하는 심성이 도덕성이다. 도덕성의 발달은 도덕적 태도 및 신념과 함께 도덕적 행동이 함께 수행되어야 하는데, 이러한 도덕성에는 선악에 관한 이해와 판단과 같은 인지적 측면, 그렇게 하려는 의욕과 실천이라는 행위적 측면, 행위에서 생겨나는 죄의식 등의 정서적 측면이 있다(김재은, 1998: 312).

아동을 사회화시키는 가장 중요한 목표 중의 하나는 스스로 옳고 그른 것을 구별하여 행동할 수 있도록 만드는 것이다. 아동전기의 아동들은 다른 사람의 규칙과 표준을 자신의 행동을 위한 잣대로 사용하기 시작하므로 올바른 행동에 대한 가치관을 확립하기 시작한다.

(1) 도덕성 발달에 영향을 미치는 요인

도덕성 발달에 영향을 미치는 요인으로는 개인의 연령, 성, 지능과 같은 개인적 요인과 환경과 상호작용하는 유기체로 보는 환경적 요인으로 살펴볼 수 있다. 환경적 요인으로는 먼저 가정의 물리적 환경과 심리적 환경을 들 수 있다. 물리적 환경으로는 사회계층(부모의 학력, 사회경제적 지위 등)과 도덕적 판단과의 긍정적 관계를 들 수 있으며, 심리적 환경으로는 부모의 양육태도 및 애정적인 가정 분위기를 들 수 있다. 또한, 가정 이외에 학교와 친구집단, 교사 등도 아동의 도덕성 발달에 많은 영향을 미친다. 아동후기로 접어들수록 가정에서 보내는 시간보다 학교를 비롯한 가정 바깥에서 보내는 시간이 많아지므로 가정보다 가정 외의 사회체계로부터 받는 영향은 더욱 커진다.

(2) 도덕성 발달이론

도덕성 발달에 관한 이론에는 정신분석이론(정서적 측면), 인지심리이론(판단적 측면), 학습이론(행동적 측면) 등의 대표적인 세 영역으로 구분된다.

① 정신분석이론

프로이트를 중심으로 한 정신분석이론가들은 남근기 동안 남아의 외디푸스 콤플렉스와 여아의 엘렉트라 콤플렉스를 해결하기 위하여 아동들은 동성 부모를 동일시하며 그 결과 초자아(super-ego)가 획득된다고 가정하였다. 이와 같이 동일시 과정을 중요하게 다루기 때문에 프로이트는 아동의 도덕성 발달을 위해 부모의 훈육이 중요한 역할을 한다고 주장한다. 즉, 부모의 훈육에 의해 아동의 성적, 공격적 충동이 통제되며 그 결과 초자아가 발달된다는 것이다.

또한, 여아의 초자아는 상대적으로 남아보다 더 약하게 형성되기 때문에 여성들이 더 낮은 도덕성을 소유한다고 제안하였다. 그 이유는 외디푸스 갈등을 해결하기 위한 남아의 동기는 거세불안에 의해 유발되기 때문에 강하고 극적인 반면 여아의 남근선망에 의해 유발되는 동기는 더 약하므로 여자의 초자아는 약하게 형성된다는 것이다.

부모들이 아동의 도덕성 발달을 위한 중요한 모델이기는 하지만, 아동이 성장한 이후에 지니게 되는 도덕적 태도와 행동을 전적으로 부모와의 동일시 결과로 해석하는 것은 무리가 있다(Hoffman, 1970).

② 인지심리이론

도덕성 발달을 살피는 이론은 도덕적 추론 능력의 발달에 관심을 갖는다. 피아제는 도덕성 발달의 단계를 다섯 단계로 나눈다(김재은, 1998: 314).

· 제1단계 : 습관의 단계(대략 4세 이전)
· 제2단계 : 성인의 기준에 동조(대략 5~7세 경)
· 제3단계 : 같은 동료들 간의 상호 적응(대략 8~9세)

· 제4단계 : 행동의 기저에 있는 동기 존중(대략 10~14세)
· 제5단계 : 규칙 · 원리 · 이상의 설정(대략 15세 이후)

콜버그(L. Kohlberg)는 피아제의 이론을 토대로 해서 도덕성 발달단계를 3수준 6단계로 설명한다.

수준 I. 전 인습적 수준(preconventional level), 이기적인 도덕적 추리(9세 이전)

　제1단계 : 벌과 복종에 의해 방향이 형성되는 도덕성, 즉 행위의 물리적 신체적 결과가 선악 판단의 기준이 된다.
　제2단계 : 욕구충족 수단으로서의 도덕성. 네가 혜택을 주니까 나도 이렇게 혜택을 준다는 식의 상호성을 가지고 있다.

수준 II. 인습적인 수준(conventional level), 역할 동조적인 도덕성(10세 이상의 아동, 청소년, 대다수의 성인)

　제3단계 : 대인관계의 조화로서의 도덕성. 다른 사람과 관계를 유지하고 다른 사람의 인정을 받는 '착한 아이' 타입의 도덕성 단계이다.
　제4단계 : 법과 질서를 준수하는 것으로써의 도덕성. 의무를 수행하고 권위를 존중하는 행동. 사회 질서를 지키는 것을 중요하게 생각한다.

수준 III. 후 인습적 수준(postconventional level), 자신이 인정하는 도덕적 원리를 토대로 한 도덕성(특별한 개인)

제5단계 : 사회계약 정신으로서의 도덕성

제6단계 : 보편적 도덕 원리에 대한 확신으로서의 도덕성

③ 학습이론

학습이론에서는 아동의 도덕성 발달은 보상과 처벌에 의해 이루어진다고 본다. 보상은 행동의 반복가능성을 증가시키는 반면, 처벌은 반복가능성을 감소시킨다. 사회학습이론가들에 의하면, 아동은 또한 타인의 행동을 관찰한 결과로써 도덕적 행동을 학습한다. 일반적으로 부모들이 도덕적 규칙과 조정의 모델이 되며 아동은 궁극적으로 그것들을 내면화한다. 내면화가 이루어지면 아동은 어떤 행동이 도덕적이고 어떤 행동이 금지된 것인가를 결정한다. 내면화된 도덕적 규칙에 어긋난 행동을 하게 되면 아동은 자기멸시를 경험하게 되기 때문에 도덕적 규칙에 따라 행동하려고 한다. 반두라(Bandura, A.)는 인간의 행동은 자신의 발달단계나 고유한 특성에 의해서보다는 자신이 처해 있는 장면과 그 장면에 대한 해석에 의해 결정된다고 본다. 그 결과 확고한 도덕적 원칙을 지니고 있는 사람이라고 할지라도 자기멸시를 회피할 수 있는 여러 가지 이유를 붙이면서 상황에 따라 도덕적 원칙에서 크게 벗어날 수 있다(장휘숙, 1998: 323-324).

4) 자기개념의 형성

자기개념(self-concept)이란 개인이 자신의 특성에 대해 가지고 있는 체제화된 내적, 개인적 생각이다. 일반적으로 자기개념은 자기상(self-image)과 자긍심(self-esteem)의 두 가지 요소를 포함한다. 좀더 구체적으로 보면 자기개념 속에는 자신의 신체적 특성과 성별, 행동경향성, 정서적 특성, 능력, 흥미

그리고 목표가 포함된다. 성장함에 따라 자기개념은 확대되고 상세해지며 복잡해진다.

개인의 자기개념과 실제생활에서 경험하는 개인적 행복이나 효과적인 기능 사이에 상관이 있다는 것은 널리 알려진 사실이다(Wylie, 1979). 심리적 문제로 도움을 요청하는 사람들은 낮은 자긍심과 자신에 대한 무가치감을 가지는 경우가 많다. 부정적인 자기개념을 갖는 아동들은 높은 불안 수준을 지니고 있고 학교생활에 잘 적응하지 못하며, 학업수행 능력도 떨어지고 쉽게 실패하고 좌절한다. 그러나 긍정적 자기개념을 갖는 아동들은 학업에서는 물론 사회적으로도 성공적이다.

(1) 자기개념의 결정요인

자기개념의 형성은 개인의 성공적인 과업 수행능력에 많은 영향을 미친다. 따라서 자기개념이 형성되는 아동기의 중요성이 높아지는데, 자기개념 형성에 영향을 미치는 주요 요인은 다음과 같다.

① 개인적 요인

연령에 따라 아동의 자기개념은 변화되며, 아동의 개인적 능력에 따라서도 변화된다. 또한, 성공적인 과제수행은 아동의 자기개념을 상승시켜 다른 과제에 도전할 가능성을 증가시킨다. 동일한 수준의 자기개념을 가진 아동들도 성공경험에 노출되느냐, 실패경험에 노출되느냐에 따라 그들의 자기개념은 변화된다. 성공경험은 아동의 자긍심을 증가시키고 실패 경험은 자긍심을 감소시킨다.

② 가족 요인

아동의 자긍심은 부모의 양육태도에 따라 영향을 받는다. 쿠퍼스미스 (Coopersmith, 1967)는 초등학교 5, 6학년 남학생을 대상으로 부모의 양육태도와 아동의 자긍심의 관계에 대해 연구하였다. 연구결과에 따르면, 자긍심이 높은 아동의 부모들은 부모로서의 권위를 가지며 자녀에 대해 깊은 애정과 관심으로 주의를 기울였으며 행동의 한계와 표준을 설정해 놓고 있었다. 부모들은 지나치게 거칠게 아동을 처벌하는 일이 없었으며 아동을 학대하거나 애정철회의 양육방식을 사용하지 않았다. 이러한 부모들은 아동의 의견을 존중하고 권리를 인정하였으며 조화로운 부부관계를 유지하는 특성을 지니고 있다.

자긍심이 낮은 아동의 부모들은 자녀에 대해 무관심하거나 적대감을 지니고 있었고 자녀들을 짐이나 두통거리로 생각하였다. 자녀의 행동통제를 위한 뚜렷한 지침이나 표준도 없이 일관성 없는 양육태도를 보이며, 보상이나 토론을 사용하는 일은 거의 없었다.

③ 친구 요인

아동기 후기가 되면 친구와 우정을 나누는 소중한 경험을 하게 된다. 이제까지 가족의 영향 하에 놓여 있던 아동이 학교라는 사회집단에 소속되면서 새로운 경험을 겪게 되는 것이다. 친구들과 어울리면서 삶에 관계되는 여러 가지 측면에 다양한 방식이 있다는 것을 알게 되며, 친구집단의 경험을 통하여 또래집단의 사회적 규범과 압력에 점점 더 민감해진다. 친구집단은 아동에게 행동의 지침을 제공해 주는데, 따라서 아동이 초등학교 학생이 되면 점점 더 행동에 대한 기준이 가족에서 친구들로 옮겨가게 된다. 그러므로 친구

로부터 받아들여지고 인정받는 것은 이 시기 아동의 자기개념 형성에 매우
중요한 역할을 한다.

5) 또래친구와의 관계 형성

인간은 영아시기인 생후 6개월이 되기 전에도 친구를 가지려는 자연적 경
향이 행동을 통하여 명백히 나타난다. 아동이 생의 초기에 교우관계를 갖지
못하거나 가정이라는 환경 속의 어른들에게 국한되면, 수줍음, 현실도피, 자
의식 등의 성격양상이 나타나게 된다. 그들이 자라면서 이런 성격양상은 변
화될 수도 있으나 성격의 기본 양상은 지속적인 경향이 있고 인생전반을 통
해 비사회적 특징들을 계속해서 나타내게 된다(Hurlock, 한순옥 역, 1982:
248).

초등학교에 입학하게 되는 아동기 후기에 접어들면 또래친구와의 관계 및
또래의 영향은 더욱 강화된다. 낮 시간의 대부분을 집 바깥에서 보내는 아동
들은 또래들과 집단을 이루고 서로 영향을 주고받는데 이 시기의 또래들은
아동의 부모들보다 더 강력한 사회화 대리인의 역할을 한다.

친구와의 경험은 여러 가지 측면에서 가족과의 경험과는 다르다. 가족구성
원은 자의에 의해서 선택되지 않으나 친구의 선택은 자유의사에 의하여 이루
어진다. 또한, 부모와 자녀, 형제와 같은 가족 관계는 지위 혹은 서열의 차이
가 존재하지만 친구와의 관계는 동등하다.

이 시기의 아동들은 친구들과 우정을 나누는 동시에, 친구들과 함께 일하
고 공부하며 게임과 스포츠를 즐긴다. 발달된 운동기술과 조망수용능력의 발
달은 단체경기(team play)를 가능하게 한다. 정해진 규칙이 있고 심판의 존재

를 필요로 하는 단체경기는 가장 발달된 놀이형태인데 집단놀이 이후에 나타난다. 아동들은 단체경기를 통하여 협동과 경쟁의 의미를 이해하고 역할분담의 원리를 학습하게 된다.

또래집단은 구성원들에게 집단의 규칙에 동조하기를 원하기 때문에 아동의 사회화에 중요한 역할을 한다. 친구로서 동조성이 높다는 것은 스스로의 생활 가운데 친구가 부모나 교사 이외의 중요한 인물로 되는 것을 의미하고 있다. 동조성(conformity)은 정상적이고 적응적이며 건강한 형태의 행동특징이기는 하지만 지나친 동조경향은 아동의 자율적인 판단과 행동을 방해하므로 심각한 문제를 불러일으킬 수 있다. 이러한 동조성은 초등학교 저학년에서 증가하기 시작하여 아동기 동안 가장 강하게 나타나고 청소년기 이후부터 감소하는 양상을 보이며, 여아들이 남아들보다 일관성 있게 더 많이 동조적이다.

아동의 동조경향성은 다음과 같은 몇 가지 요인들의 영향을 받는다(장휘숙, 1998).

① 상황이 모호하고 불확실할수록 아동은 더 쉽게 외부압력에 동조한다. 특히 인지적 문제에 대한 해답을 알 수 없을 때 아동은 다른 아동의 판단을 쉽게 수용하는 경향이 있다.

② 집단 내의 중간지위를 갖는 아동들이 높은 지위의 아동이나 낮은 지위의 아동들보다 더 쉽게 동조한다.

③ 압력을 제공하는 사람의 지위나 강제성이 크면 클수록, 아동들의 동조 가능성은 더 커진다.

④ 불안하고 의존적이며 자기신뢰가 부족한 아동들이 지나치게 동조하는 경향을 나타낸다.

6) 다양한 사회환경의 영향 : TV, 학교환경

아동의 성격 및 사회화에 영향을 미치는 사회환경은 다양한데, 그 중에서
도 TV의 영향과 학교환경에 대해서 살펴보도록 하자.

(1) TV의 영향

아동들은 대개 TV환경에 노출되어 있다. TV는 다양한 정보를 제공하는 효
과적인 교육매체인 동시에 오락의 근원으로써, 그것이 가지는 역기능 때문에
비판의 대상이 되고 있다. TV의 영향은 여러 수준에서 일어날 수 있는데, 먼
저 아동의 지식, 신념, 가치관 등에 영향을 미칠 수 있다. 사물에 대한 태도나
느낌을 바꿀 수 있으며 특정 행동 유형을 이끌거나 행동 유형을 바꾸게 할
수 있다. TV 시청시 아동은 운동, 실외 놀이, 독서, 심부름 등을 하지 않을 것
이며 만약 한다면 이러한 일들을 집중하여 수행하지는 못할 것이다. 또한,
TV는 활동 부족과 늦게까지 잠들지 못하게 하는 것 등으로 인해 신체적 발달
도 저해하는 것으로 지적되었다. 그렇다고 아동의 생활에서 TV를 제거해 버
린다 해도 TV 시청에 관련된 또래와의 대화 단절 등으로 해서 결국은 아동의
발달에 영향을 미치게 된다.

TV 시청이 아동에게 미치는 역기능으로 가장 대표적인 것은 폭력적이고
공격적인 성향을 강화시킨다는 점이다. TV의 폭력 장면은 우려할 정도로 보
편화되어 있어 무방비 상태의 아동들에게 많은 영향을 미치는데, 학계와 일
반 사회에서는 공격적 프로그램을 본 아동은 그렇지 않은 아동보다 더 공격
적이라는 결론을 내린다(Huesmann & Eron, 1986). TV의 폭력물은 아동에
게 공격적인 행동을 모방하게 할 뿐 아니라 공격성을 더 적절한 것으로 받아

들이는 가치관을 지니게도 한다.

폭력물의 효과는 각성 혹은 흥분, 억제 해소, 모방, 둔감화 그리고 카타르시스(즉 정화) 등이 있다. 각성은 비특정 생리적 반응을 일으키는데 폭력물을 볼 때 일어나는 흥분을 시청자는 분노로 해석하게 된다. 모방이론은 TV폭력물이 시청자로 하여금 등장 인물과 같게 행동하게 한다는 것이다. 둔감화 가설은 TV의 폭력물에 접하게 될수록 폭력물에 대한 정서적 반응이 줄어들고 실생활에 폭력물을 수용하는 태도가 증가한다는 것이다(조복희 편, 1995).

TV의 폭력 장면을 본 아동들은 3단계의 공격성을 갖는다(Newman & Newman, 김규수 외 역, 2002: 195 재인용). 첫째, 아동들은 자기들이 본 폭력 장면을 모방할 수 있다. 둘째, 아동들이 통제력을 상실할 정도로 폭력이 자극적이어서 더 폭력적이 된다. 셋째, TV의 폭력장면은 세상이 어떻게 이루어지는지에 대한 가치체계와 신념에 영향을 미친다. 폭력 장면을 많이 목격한 아동들은 폭력이 때와 장소를 가리지 않고 일어나는 것을 당연시한다.

(2) 학교환경

학교는 아동이 학습능력을 획득하고 사회적 및 정서적 발달을 이룰 수 있도록 돕는 역할을 한다. 학교에 있어 교사는 교육 프로그램의 중추이며 지도자, 훈육자, 대리적 부모 등 많은 역할을 수행한다. 이들은 아동의 강력한 모델이며 사회화 대리인이기 때문에 아동의 발달에 중요한 영향을 미친다. 교사의 가장 중요한 역할 중의 하나는 아동의 근면성 발달을 촉진시키는 것이다. 특히, 교사의 칭찬과 격려는 아동의 성공경험을 증대시키므로 근면성을 발달시킬 수 있다. 교사로부터 칭찬받고 과제수행을 완성하도록 격려받으며 보상을 받는 아동들은 자신감을 가지고 새로운 일에 도전할 수 있는데 반해,

교사로부터 비난받고 질책받는 아동들은 새로운 도전에 직면하지 못하고 위축되며 열등감이 생길 가능성이 크다.

학습된 무력감도 아동의 학습수행에 영향을 주는 중요한 요인이다. 반복된 실패에 의해 초래되는 학습된 무력감은, 실패는 극복될 수 없다는 태도를 갖게 하고 실패를 영속화시키는 원인이 된다. 아동에게 성공과 개인적 노력 사이의 관계를 인식하게 하고 실패했을 때에도 계속 노력하도록 도와주면, 아동의 내적 통제능력은 증대되고 학습된 무력감은 감소될 수 있다.

3. 주요 쟁점

유아 및 아동기는 혼자서 자신의 삶을 살아갈 수 없는 인생 초기단계로 양육자를 비롯한 많은 사회체계의 영향을 받으면서 인간으로서의 역할을 배우고 적응하는 단계라 할 수 있다. 이러한 사회체계상의 특성으로 인해 유아 및 아동의 사회화 과정에는 사회복지적 관점에서 보았을 때 주의를 기울여야 하는 부분들이 많다. 사회복지실천에서 많이 접하는 유아 및 아동기의 쟁점을 다음에서 살펴본다.

1) 반응성 애착장애

DSM-IV에 따르면, 유아기 또는 초기 아동기의 반응성 애착장애(Reactive attachment disorder of infancy or early childhood)의 필수 증상은 대부분의 상황에서, 심하게 손상되고 발달적으로 부적절한 사회적 관계를 형성하는 것으로 5세 이전에 시작되고 병적인 보살핌과 밀접한 관련이 있다. 병적인 보살핌이란 예를 들어, 아동의 기본적인 감정적 · 신체적 욕구의 지속적인 방치 혹은 양육자의 빈번한 교체 등을 말한다. 즉, 태어날 때는 정상적으로 태어났으나 어머니가 자녀에게 적극적인 관계의 형성을 시도하지 않아 후천적으로 자폐증과 같은 상태가 된 것을 의미한다.

유아 및 초기아동기에 있어 가정은 일차적인 사회체계로써 가정에서의 보살핌과 만족감은 이 시기의 가장 중요한 과업이다. 따라서 부모의 양육태도가 무엇보다 중요한데 잘못된 양육환경이 반응성 애착장애를 가져오는 것이다.

반응성 애착장애아는 부정적인 정서반응에 의해 사회적 놀이가 저해되어 대인관계에서 안정된 관계를 맺지 못하고 정서적으로 무관심하다. 그러므로 대인관계 및 사회성 발달을 위해 개별 또는 집단치료를 통해 정서 상태 및 능력에 알맞은 놀이를 적극적으로 시도하여 관계가 형성되도록 하여야 한다. 따라서 조기에 발견하여 적절한 지지적 환경이 주어지고 어머니와 아이가 함께 치료받으면 정상회복이 가능하지만 그렇지 못할 경우 증상이 지속된다.

사례 : 반응성 애착장애아

현아는 만 2년 11개월 된 여자아이로 말이 늦되고, 낯가림이 심하며 엄마 이외의 사람이 부르면 반응이 없거나 느리고 눈맞춤도 나쁘다. 정상분만하였으며 현아가 3개월 되었을 때 엄마가 동생을 임신하게 되었다. 현아는 돌 무렵 엄마, 아빠를 정확히 발음하였고 돌 전에 걸었으며, 까꿍, 도리도리 등의 놀이를 매우 좋아했다. 현아가 돌도 되기 전에 동생이 태어났고, 동생을 낳은 후 엄마가 현아에게 신경 쓸 여유가 없게 되자 엄마, 아빠 소리가 차츰 줄어들고 의사를 표현할 때도 말로 하기보다는 엄마의 손을 끌어다 하고, 눈맞춤도 잘 안 하려 하였고, 자기 이름을 부를 때 별로 반응을 보이지 않았다.

이런 상태가 계속되다가 자폐아들이 많이 있는 조기교실의 그룹지도반에 등록하여 교육을 받게 되었다. 이때 빤히 쳐다보는 눈맞춤도 생겨나고 엄마의 말에 반응을 보이는 등 전보다 좋아지는 면도 있었으나 고집을 심하게 피우거나 동생을 시샘하여 떼부리는 횟수가 잦아지고 상황에 맞지 않는 이상한 행동들이 많아졌다.

한국아동문제연구소(1991.10월 제2호), 박선환 외 공저, 2001: 223 재인용.

2) 아동학대

일반적으로 아동학대는 아동에게 해로운 행위를 가하는 학대(abuse)와 아동에게 주어야 할 것을 주지 않는 방임(neglect)을 포함한다. 학대의 유형에는 학대받은 부위에 따라 크게 신체적 학대, 정서적 학대, 성적 학대가 있으며, 방임에는 신체적 방임, 정서적 방임, 교육적 방임, 의료적 방임, 성적 방임 등이 있다(이소희 · 도미향 · 김민정, 1997: 16).

유아 및 아동에 대한 학대는 이들 대상에게 치명적인 영향을 미친다. 학대는 구타를 통한 신체적 상처뿐만 아니라 정도에 따라서는 사망에까지 이르게 하며, 이들이 받는 심리적 상처는 오랫동안 치유되지 않아 성격형성 및 사회성 발달에 악영향을 미친다. 그럼에도 불구하고 오늘날 아동 학대는 근절되지 않고 있는데, 아동학대 행위자 분포를 보면 아동의 부모에 의한 학대가 전체의 80%이상을 차지하는 것으로 나타났다(보건복지부, 2002년 5월: 26).

학대받은 아동 및 그 부모에 대한 사회복지적 개입방법을 살펴보면, 아동에 대한 개입, 학대자에 대한 개입, 가족에 대한 개입 등 크게 세 가지로 나눌 수 있다.

학대받은 아동에 대해서는 우선 폭력 상황으로부터의 긴급(일시)보호, 위탁양육 프로그램, 입양이나 그룹 홈(group home), 상담 및 각종 치료 등의 방법이 있다.

학대한 부모에 대한 개입으로는 부모교육과 정신치료나 상담의 방법이 있다. 부모교육은 아동 발달에 대한 이해 부족이나 잘못된 자녀 양육관 및 부적절한 양육 방식으로 학대하는 부모들을 위해 필요하다. 정신치료 및 상담은 개인이나 집단으로 이루어질 수 있는데, 집단상담의 경우 분노조절 프로그램 등이 효과적이다.

가족에 대한 개입으로는 학대로 인한 사회적, 법적 개입에 따른 가정 내 위기를 잘 대처하도록 하기 위한 위기개입, 가족상담이나 가족치료 프로그램, 가족지원 프로그램 등이 있다. 가족지원 프로그램에는 경제적 지원, 가정봉사원 파견, 가정방문 서비스 등이 포함된다.

3) 학교공포증

학교공포증(school phobia)이란 학교와 관련된 심각한 공포로 인해 학교에 가기를 싫어하는 것을 말한다. 보통 이 두려움에는, 이 두려움으로부터 가장 흔히 영향을 받는 위장장애와 같은 신체적 증상이 수반된다. 신체적 증상호소는 집에 머무는 것을 정당화시키는 보조도구로 사용되며, 아동이 학교에 출석치 않아도 된다고 안심시키면 종종 없어진다. 증상이 경미한 단계에서는 학교공포증은 일시적 증상에 불과할 수 있으나, 이것이 정착되면 심지어는 몇 년 동안 지속되기조차 하는, 아동기에서 가장 크게 무기력화시키는 장애들 중의 하나가 될 수 있다(이봉건 역, 1989: 386-387).

학교공포증은 초등학교 초기의 학교공포증과 후기의 학교공포증으로 나누어질 수 있다. 초기의 학교공포증은 어머니와 분리되는 것을 두려워하기 때문에(분리불안) 나타나는 증상으로 취학 직후나 저학년에서 빈번하게 발생한다. 일반적으로 아동들이 원하는 모든 것을 충족시켜 주는 과보호적인 어머니들이 학교공포증 자녀를 둘 가능성이 크다(Weiner, 1982). 즉, 아동이 어머니에게 의존하고 있으므로 아동은 등교함으로써 어머니와 떨어질 때 불안이 자연적으로 증가하게 된다. 동시에 아동의 어머니도 아동과 분리되는 것을 원치 않기 때문에 은연중에 학교에 대한 부정적 태도를 아동에게 전이시키고 학교에 가지 않는 것에 대해 강력하게 꾸짖지 않는다. 심지어 어머니는 자신이 원하는 대로 아동이 결석한 것에 대해 무의식적으로 보상을 줄 수도 있다. 아동이 어머니에게 의존하고 어머니가 아동에 의지하면서 상호의존적인 관계가 발전되면 아동이 학교에 가지 못하게 된다. 초기의 학교공포증은 취학 이전에 어머니와 아동이 점진적으로 분리되는 것을 연습함으로써 예방될 수 있다.

후기의 학교공포증은 수년 동안 학교에 다닌 경험이 있는 아동들 사이에서 발생한다. 이것은 점진적으로 진행되면서 시간이 지날수록 결석횟수가 증가된다. 이와 같은 아동들은 부모-자녀관계가 소원하고 다른 신경증적 행동을 수반하는 경향이 있다. 즉, 가정생활, 학교에서의 수행 및 또래관계와 관련된 문제들이 복잡하게 얽혀 학교공포증을 유발시키는 것으로 생각할 수 있다.

행동주의적 성격이론

스키너의 행동주의이론

1. 특징

1) 인간에 대한 관점

인간행동이 내적 충동보다 외적 자극에 의해 동기화 된다고 본다. 즉, 인간은 보상과 처벌에 따라 유지되는 기계적 존재로, 모든 인간행동은 법칙적으로 결정되고 예측 가능하므로 통제할 수 있다고 본다. 인간의 행동은 환경의 자극에 의해 동기화 되며, 행동에 따르는 강화에 의해 전적으로 결정된다고 보았는데, 이러한 스키너(Skinner)의 인간행동에 대한 기본가정을 ABC패러다임(A : antecedents 선행요인, B : behavior 행동, C : consequences 결과)이라고 한다.

2) 성격의 발달

스키너는 성격이란 각 개인이 지니고 있는 행동유형들의 집합이며 더 나아가 한 개인의 행동과 그에 따르는 강화 사이의 관계유형이라고 보고 있다. 자극·반응이라는 학습원칙은 누구에게나 동일하게 적용되지만, 그것을 경험하는 개인이 지닌 유전적 배경과 독특한 환경적 조건이 결합되어 개인 특유의 행동유형이 형성되기 때문에 모든 사람들의 행동발달유형은 각기 다르다고 보고 있다. 강화된 행동이 습관으로 되고 이 습관이 성격의 일부가 된다고 보는데, 강화된 행동은 일반화와 자극에 대한 변별능력이 적절하게 발달한 결과로 건전한 성격을 형성하게 된다.

2. 주요개념

1) 고전적 조건화와 반응적 행동

고전적 조건화는 파블로프(Pavlov)의 개 실험을 통한 고전적 조건반사 연구에서 그 유래를 찾을 수 있다. 개에게 고기를 주기 전에 매번 종을 울리면 그 개는 점차 종소리만 듣고도 침을 흘리게 된다. 즉, 무조건적 자극 없이도 중립자극으로 무조건적 반응을 유도하게 된 것이며 여기서의 개는 조건화된 것이다.

인간에게 있어 고전적 조건화는 연상적 학습을 설명해 주는데, 특정한 상징이한 이미지 혹은 정서적 반응과 결부될 때 그 상징은 새로운 의미를 갖게 된다. 즉, 물에 대한 공포 연상은 일생동안 물에 대한 체계적 회피를 가져올 수 있다.

반응적 행동은 구체적 자극에 따라 유발되는 구체적 행동을 말한다. 반응적 행동으로는 눈 깜박임, 타액분비 반응, 공포반응 등이 있는데, 이러한 일련의 과정을 반응적 조건화 또는 고전적 조건화라고 한다.

2) 조작적 조건화와 조작적 행동

조작적 조건화란 고전적 조건화와 달리 유기체가 원하는 결과를 얻기 위하여 실행하는 자발적이며 능동적인 반응이다. 조작적이라는 용어는 유기체가 원하는 결과를 얻기 위해 선택적으로 환경에 작용하는 것을 의미한다.

조작적 행동이란 환경을 조작해서 어떤 결과를 낳는 행동을 말하는데, 조작적 조건화에 따라 습득된 행동이다. 조작적 행동을 학습한 사람은 어떤 행동패턴을 발달하게 되는데, 일상생활에서 중요한 행동 대부분은 조작적 행동이다.

행동의 학습은 어떤 강화가 없으면 일어나지 않는다고 보는데, 스키너는 조작적 조건화의 개념을 활용하여 인간행동을 수정할 수 있는 다양한 행동적 기법을 개발하여 임상에 적용하였다.

3) 변별자극

특정한 반응이 보상받거나 혹은 보상받지 못할 것이라는 단서 혹은 신호로 작용하는 자극을 말한다. 즉, 어떤 행동이나 반응을 나타내면 바람직한 결과를 얻을 수 있을 것인지 알 수 있는 신호로, 인간은 변별자극으로 외적 세계를 예측하고 통제하는 것이 가능하다.

4) 강화와 벌, 소거

조작적 조건화에서는 행동이 그 결과, 즉 후속요인에 의해 통제된다고 본다. 특정 행동이 다시 일어나도록 가능성을 증가시키는 것을 강화라 한다. 강화에는 즐거운 결과를 부여하여 행동 재현을 가져오도록 하는 긍정적 강화(positive reinforcement)와 혐오스러운 결과를 제거함으로써 바람직한 행동 재현을 유도하는 부정적 강화(negative reinforcement)가 있다.

벌은 용납할 수 없는 행동을 억제하는 데 그 목적이 있으며, 혐오적 자극을 제시하거나 긍정적 강화물을 제거하여 특정 행동의 빈도를 감소시키는 결과를 가져오도록 하는 것이다. 그러나 벌은 벌을 가하는 사람에게 나쁜 감정이나 공격적인 태도를 가질 수 있으며 회피행동을 자극할 수도 있는 위험이 있으며 새로운 행동을 학습하는 데에는 부적절하다.

소거는 문제 행동의 빈도를 줄이기 위한 방법으로, 행동이 있은 후에 그에 따른 반응을 하지 않음으로써 강화를 중지하도록 하는 것이다. 이 시도로 행동의 발생 빈도는 줄거나 없어진다. 스키너는 긍정적 강화를 통해 바람직한 행동을 조건화하는 것이 가장 좋은 행동통제의 방법이라 하였다.

5) 행동형성

기대하는 반응이나 행동을 학습할 수 있도록, 목표로 삼는 바람직한 행동에 대해 강화하여 점진적으로 행동을 만들어 가는 과정을 말한다.

3. 사회복지실천에 미친 영향

① 사회복지실천의 초점을 인간 내적 갈등에서 외적 행동으로 이동시켰다.

② 인간행동 및 발달에 대해 환경의 중요성을 강조함에 따라 사회복지실천에서도 중요한 전환이 되었다.

③ 행동치료 기법의 활용으로 사회복지실천에서 유용한 개입기법으로 사용하게 되었다.

반두라의 사회학습이론

1. 특징

1) 인간에 대한 관점

인간의 행동 또는 성격의 결정요인으로 사회적 요소를 중요하게 생각하며, 대부분의 학습이 다른 사람의 행동을 관찰하고 모방한 결과 이루어진다고 본다. 스키너와 다른 점은 인간이 스스로 자신의 인지적 능력을 활용하여 사려 깊고 창조적인 사고를 함으로써 합리적 행동을 계획할 수 있는 능력이 있다고 하는, 즉 인지적 능력을 중시한 점이다.

2) 성격의 발달

인간이 일생동안 갖게 되는 습관의 대부분이 다른 사람을 관찰하고 모방함으로써 배우는 것이며, 이러한 사회학습의 경험이 성격을 형성한다고 본다. 아이들은 어른이 수행하는 도덕적 가치를 포함하여 모든 행동들을 관찰하고 모방하여 가족과 지역사회의 생활방식으로 사회화한다. 모방 이외에도 유전적 소질이나 보상과 벌도 성격에 영향을 미친다고 보았다.

인간의 행동은 많은 부분 자기강화에 따라 결정되며, 자기효율성도 성격발달에 중요한 영향을 미친다.

2. 주요개념

1) 모방

모방은 다른 사람이 행동한 것을 관찰하고 그 행동을 따라하는 것이다. 공격행동이나 이타행동, 불쾌감을 주는 행동을 주로 보고 학습하는 경향이 있다.

2) 인지

학습된 반응을 수행할 의지는 인지의 통제 아래 있기 때문에, 사회적 학습은 인지적 학습이라고 할 수 있다. 인간은 심상, 사고, 계획 등을 할 수 있는 생각하고 인식하는 존재이므로 장래를 계획하고 내적 표준에 근거해 자신의 행동을 조정하며 자신의 행동 결과를 예측할 수 있다.

3) 자기조정

자기조정(self-regulation)은 수행과정, 판단과정, 자기반응과정으로 이루어지는데, 많은 인간행동은 자기강화에 의해 조정된다. 즉, 인간행동은 외부환경이 보상하고 처벌하기 때문이 아니라 스스로 정한 내적표준에 따라 조정되는 것이다.

4) 자기강화와 자기효율성

자기강화(self-reinforcement)는 개인이 스스로 자신이 통제할 수 있는 보상을 주는 것으로, 각 개인이 수행 또는 성취의 기준을 설정하고 자신의 기대를 달성하거나 초과 혹은 수준에 못 미치는 경우 자신에게 보상이나 처벌을 내린다는 개념이다. 자기강화의 기준은 자아개념 형성에 주된 역할을 한다.

자기효율성(self-efficacy)은 자신이 어떤 행동을 잘 수행할 수 있다는 신념을 말하는데, 자기강화와 내적 행동평가기준에 의해 만들어지는 것이다.

5) 관찰학습

관찰학습은 인간이 단순한 환경적 자극에 대한 반응을 통하여 행동을 학습하는 것이 아니라 타인들의 행동을 관찰함으로써 학습한다는 것이다.

관찰학습은 4단계의 과정으로 이루어지는데, 주의집중과정ー보존과정ー운동재생과정ー동기화과정이다.

3. 사회복지실천에 미친 영향

① 사회복지사가 클라이언트 및 모든 사람들의 행동을 명확히 인지하고 이 행동이 서로 어떻게 연관되는지 파악하는 것을 가능하게 하였다.

② 사회학습이론은 어떤 행동이 있을 때와 없을 때 서로 어떻게 다른지 관찰하는 사정의 중요성을 강조하였다.

③ 임상모델링을 통해 관찰과 모방이 클라이언트의 문제행동을 제거하는 데 유용하다는 것이 입증되었다.

제4장

청소년기와 청년기의 심리체계

청소년기와 청년기의 심리체계

1. 생활주기상의 중요성

1) 청소년기

청소년기와 청년기에 직면하는 주요한 심리체계는 정체성 형성과 도덕성 발달 등 개인의 성장에 관여한다. 그리고 생물학적, 사회적 체계와 상호작용 하여 행동에 영향을 미친다.

통상 청소년기와 청년기에 경험하는 심리적인 사건을 이해하는 것은 그 사람의 행위와 기능을 평가하는 데에 중요하다. 청소년기와 청년기는 아동기에서 성인기로 전환하는 과도기이다. 신체적 성장과 더불어 이 시기에 직면하며 경험하는 주요한 심리적 성장과제는 이들의 장래를 좌우할 만큼 매우 중요하다.

인간의 생활주기에서 어떤 시기를 청소년기로 명확히 규정할 것인가 하는데에는 여전히 논란이 있다. 우리나라의 경우 법률적 측면의 규정을 보면 아동복지법에서는 아동을 18세 미만인 자로 규정하고 있으며, 청소년보호법에서는 청소년을 9~24세로 규정하고 있고, 20세가 되어야 각종 선거에서 투표권을 부여하고 있다. 그러나 학술적 측면에서는 청소년기에 대한 정확한 연

령구분이 이루어지지 않고 있는 실정이다. 미국의 경우 급속한 신체적 변화
와 인지적 발달을 경험하며, 독립적 정체감 확립과 더불어 성인 생활을 준비
하기 위한 다양한 과제에 몰두하는 시기로 12~22세까지로 보고 있다(Specht
and Craig, 1987).

우리나라의 경우 18세 미만을 미성년자로 규정하여 유해업소의 출입을 금
지하고 있다. 학업을 계속할 것인지 아니면 직업을 가질 것인지에 대한 결정
은 주로 고등학교를 졸업하는 19세 경에 이루어진다. 그리고 사회적 통념상
어린이(child), 아동이라고 인식하는 시기는 초등학교시절까지로 인정하며 중
학교부터는 어린이라기보다는 청소년이라는 인식이 더욱 강하고 대학생을 청
소년(adolescence)이라기보다는 청년(youth)으로 규정하는 경향이 강하다.
그러나 본 장에서는 신체적 변화가 점차 빨라짐과 동시에 인지적 발달이 조
기 성숙해지는 경향을 감안할 때 초등학교 5, 6학년 시기인 12세부터 청소년
기의 시작으로 보고 고등학교를 졸업하는 19세까지를 청소년기라고 규정하고
자 한다.

이러한 청소년기에는 신체적 성숙이 급격하게 이루어지며, 부모로부터의
심리적 이유(psychological weaning)가 이루어지면서 자아정체감이 형성되지
만 정서적 변화가 급격히 일어나는 질풍노도의 시기(storm and stress period)
또는 제2의 반항기이며, 사회적으로는 아직 주변인(marginal man)에 머물러
있는 특징적인 발달양상을 보인다(김동배 · 권중돈, 2001).

'청소년'기는 사람이 살아가는 동안 경험하는 일반적인 시기를 지칭하는 문
화적 개념인 반면에 '사춘기'는 인간이 성적으로 성숙하고 자식을 낳을 수 있
는 구체적인 시기를 지칭하는 생리적인 개념으로 사용된다(김규수 외, 2002:
220). 청소년기에 나타나는 가장 핵심적인 신체적인 발달은 성적으로 성숙하

는 사춘기(puberty)라는 현상으로 급속한 신체의 외형적 성장과 호르몬의 변화에 의한 생식능력 획득이다. 이렇듯 청소년기는 인간이 살아가는 생활주기에서 성장이 급등하면서 심리적으로 다양한 반응 양상을 보이는 중요한 시기이다.

가장 뚜렷한 양상은 신체적 성숙 과정에 따른 심리적 반응이다. 청소년기 동안에 개개인이 보이는 성숙의 차이는 이 시기의 부적응 문제와 관계가 많다(Davis & Palladino, 1997). 청소년기의 신체적 성숙 과정에서 나타나는 특징중의 하나가 자기비판(self-criticism)이다. 신체의 조기성숙과 미성숙을 찾아내고 강조하며 또 거기에 빠진다. 키의 성장과 근육의 발달 간의 부조화가 청소년으로 하여금 어딘가 어색한 신체적 모습을 갖게 하며 이것이 청소년의 자부심에 부정적인 영향을 미치기도 한다. 청소년은 또래와 같아지고자 한다. 모자라거나 너무 두드러진 것은 모두 비판과 압력의 대상이다. 청소년이 같아지려고 노력하는 것은 아마도 변화로 가득 찬 나이에 그 변화에 강제적으로 적응해야만 하기 때문일 수 있다.

신체상(body-image)과 매력에 대한 지각은 청소년 특히 소녀의 자존감 수준과 관련이 있다(Berk, 1999: Harter, 1990). 자신을 매력적이라고 생각하는 소녀가 더 자신감이 있고 자신에 대해 만족한다. 이 시기의 소녀들이 외모의 변화에 가장 신경 쓰는 것은 성장 급등에 따라 일어나는 체중의 증가이며, 체중 조절이나 날씬함에 대해 과도한 걱정을 한다.

많은 문화권에서 여자가 남자보다 훨씬 더 자신의 외모에 비판적이고 체중을 염려하는 데 시간을 보낸다(Lott, 1987). 섭식장애4)의 대다수는 여성이며

---

4) 섭식장애(eating disorders)는 섭식행위에 현저한 문제가 있는 질환으로 크게 거식증과 폭식증이 있다.

이들은 대부분 청소년기에 시작한다. 섭식장애 중 거식증5)과 폭식증6)은 가장 높은 빈도를 나타내며 이 증상은 대부분 여성들에게서 나타난다. 이는 그 사회의 문화가 여성의 외모를 얼마나 중요시하는가에 따라 그 심각성은 영향을 받을 것이다. 체중에 대한 관심은 청소년기와 여자아이에게 매우 중요하고 치명적일 가능성이 있다. 이러한 관심은 각 개인(미시체계)의 발달 측면에서 생리, 심리, 사회체계 간의 긴밀하게 상호작용하는 것을 분명하게 보여준다.

두 번째로 청소년기는 생활주기에서 인지적 발달이 활발히 진행되는 시기이다. 인지적 발달 과정은 육체적 성숙과 더불어 진행된다. 사고방식 면에서 보다 더 추상적이며 경험해 본 적이 없는 사건에 대해서도 인과관계를 추론할 수 있게 된다. 즉, 미래에 대해 생각하기 시작하고 예측해보며, 과거에 자신이 믿고 영향을 받았던 사실에 대해 의문을 제기하고 새로운 신념을 탐색하기도 하며, 성인들에 대한 비판을 시도하기도 한다.

피아제(Piaget, 1977)는 이와 같은 청소년기의 사고 수준을 형식적 조작사

---

5) 거식증의 정신의학적 정식 명칭은 신경성 식욕부진증(anorexia nervosa)이다. 가장 큰 특징은 극단적으로 음식을 거부하여 정상체중의 15퍼센트 이상이 감소하는 것이다. 이 병을 가지고 있는 여성들은 체중증가나 비만에 대한 극단적인 두려움을 계속 가지고 있기 때문에 저 체중임에도 불구하고 체중을 끊임없이 감소시키려고 하며 극단적인 경우에는 적정 체중의 30~40%까지 체중이 감소되는데(신장 160센티미터에 체중 30킬로그램), 이쯤 되면 건강이 매우 위험하기 때문에 입원치료가 필요하다. 그러나 대부분의 경우 환자 자신은 건강의 위험성에 대해 인정하려 하지 않으며 다른 사람의 도움을 절대적으로 거부한다. 다이어트를 하다가 무월경 상태가 3개월 이상 지속되면 이 병을 한번쯤 의심해 보아야 한다.

6) 폭식증의 정신의학적 정식 명칭은 신경성 폭식증(bulimia nervosa)으로 가장 큰 특징은 많은 양의 음식을 빠른 속도로 먹어치우고 배가 부름에도 불구하고 먹는 것을 멈출 수 없는 식사 조절력의 상실이다. 이것이 일반적인 과식과는 다른 가장 큰 특징이다. 그렇게 폭식을 하고 난 뒤에는 체중증가라는 결과가 두려워 구토를 하거나 하제, 이뇨제를 복용하거나 심한 운동과 다이어트를 반복한다. 이 같은 폭식과 구토 행동이 적어도 주 2회 이상, 3개월 이상 지속될 때 신경성 폭식증을 의심해 볼 수 있다.

고(formal operations thoughts)[7]라고 불렀다. 청소년의 사고는 외부 현실에 대해 유연하고, 비평적이고 추상적이며 인식이나 경험보다는 논리적 원리에 의해서 더 많이 지배를 받는다고 주장하였다. 형식적 조작사고는 자신의 사고가 옳은지 적절하지 못한 것인지에 대해 비판적으로 검토할 수 있고, 하나의 현상이 다른 현상에 미치는 영향에 대하여 가설을 세울 수 있는 능력을 포함한다(Pillari, 1988).

청소년기의 인지적 발달은 자신의 가치관이나 행동 양식이 자기가 속한 사회규범 때문이라는 것을 이해함으로써 다른 문화나 규범에 속한 사람 역시 그 사회의 규범에 따라 자신과 다른 방식으로 행동할 수 있다고 기대한다. 따라서 다른 사람에 대한 이해와 포용력이 확장된다. 이러한 과정은 여러 가지 환경적 요소에 의해 촉진되며 그 결과 청소년기의 특징인 자기중심적 사고의 감소를 통해 더욱 심리사회적 발달이 이루어진다.

세 번째는 가족으로부터의 독립을 준비하는 과정으로 청소년 후기 4년 동안은 사고와 행동에서 점점 더 자율적으로 되며 부모로부터 자립을 준비하기 시작한다. 이 시기 이전까지 이루어진 신체적 성숙과 심리사회적 발달은 이와 같은 부모로부터의 자립을 위해 준비하는 과정으로 볼 수 있다. 즉, 독자적인 생존을 위한 힘과 신체적 통합 능력이 어느 정도 완성되며, 문제해결이나 미래에 대한 계획을 세우는 것과 같은 활동을 혼자서 할 수 있을 정도로 인지적 성숙도 이루어지게 된다. 그 외에 개인적인 가치관의 내면화, 동료집단에의 참여 등을 통해 사회적 측면에서도 자주적으로 활동할 수 있을 만큼 성숙해진다. 따라서 이제는 부모에 대한 의존을 매듭지어야 할 시기가 왔다

---

7) 형식적 조작사고(formal operational thought)는 지각과 경험보다는 논리적 원리에 의해 지배를 받는 사고를 말한다.

고 할 수 있다.

청소년의 자율성 획득에는 가족 특히, 부모의 역할이 중요하다(Newman & Newman, 1987). 청소년이 자신의 정체감을 추구하기 위해 서는 가족체계라는 경계 내에서 청소년 개인 내부체계의 독자성을 표현할 기회를 가질 수 있어야 한다. 다시 말해서 청소년 자신의 내부체계에서 고유한 견해와 관념을 가지고자 하는 욕구를 부모체계가 받아주고 이해하여 준다고 느껴야 한다. 그러므로 자율성은 부모체계와 청소년 내부체계 간의 상호 관심과 정서적 지지 안에서 성취될 수 있는 것이다. 예를 들어 부모체계가 건강하고 안정되어 자녀체계를 어느 한편의 부모 내부체계로 연합하려고 하지 않고, 부모가 청소년 자녀로 하여금 집안 일의 결정에 같이 참여하도록 격려해주고 부모체계가 세워 놓은 한계에 대해서 충분히 설명하여 주는 그러한 상황이라면 이 시기의 청소년들은 자연스럽게 자율성을 경험하게 된다.

따라서 성숙한 부모체계를 통하여 빈번한 대화와 함께 어느 정도의 통제를 합리적으로 하는 부모의 경우에 자주적인 자녀를 갖게 될 가능성이 높다(이인정 · 최해경, 1997). 너무 제한적이거나 너무 관용적인 부모체계는 청소년이 부모로부터 자신의 가치 체계를 분화할 능력을 방해한다. 자립은 부모체계에 대한 거부나 소외, 또는 부모체계로부터의 분리와 다른 것으로 부모체계와 자녀체계가 서로 상대방의 고유성을 받아들이는 자주적인 심리 상태인 것으로 청소년의 심리체계에서 개인 내부체계와 가족체계 간의 긍정적 상호작용의 결과인 것이다. 부모체계로부터 자율성을 획득한 청소년 내부체계는 부모체계에 전적으로 흡수되거나 부모의 사랑으로부터 전적으로 소외되지 않으면서 자신 내부체계와 부모체계 간의 상이성과 유사성을 확인하고 그것을 받아들일 준비가 이루어지는 것이다.

2) 청년기

청소년기와 청년기는 중복되는 기간으로 인해 이를 구분하는 기준은 학자들마다 다양하다. 학자에 따라서는 청년기를 청소년 후기로 구분하는 경우도 있으나 본 장에서는 청소년기를 고등학교 시기인 19세까지로 규정하였으므로 고등학교를 졸업하는 19세 이후부터를 청년기(youth)로 규정하고자 한다. 그리고 이러한 청년기는 직업을 갖고 결혼하여 부모로부터 완전한 독립을 성취하는 시기까지로 보고자 한다. 우리나라의 평균 초혼 연령은 남자 29.3세, 여자 26.5세인 것으로 나타났다(통계청, 2000). 그러나 여성들의 결혼 연령이 점차 늦어지는 것을 감안하여 29세까지 규정하여, 청년기를 19~29세까지로 구분하고자 한다.

청년기 전의 모든 시기는 준비하는 시기라고 볼 수 있으며, 청년기 이후는 이제까지 준비해 온 것을 실현하고 구체화시키는 시기이다. 청년기는 신체적, 지적 측면에서 가장 정점에 있는 시기라고 할 수 있다. 사회적 측면에서는 다른 사람을 사랑하고 보살피는 능력이 심화되는 시기이다. 즉, 이전의 시기에 자아정체감을 형성한 사람은 이제 타인과의 상호관계에 집중할 수 있게 된다. 이러한 맥락에서 청년기에 경험하는 가장 큰 변화는 직업준비 등을 포함한 다양한 역할탐색과 선택을 하고 부모로부터 독립하여 자율적으로 생활을 하는 결혼을 하는 것이다.

고울드(Gould, 1978)에 의하면 22~28세에 청년들은 지속적인 부모의 도움에 대한 환상과 기대에서 벗어나 자신의 삶에 대해 전적인 책임을 받아들여야 하며 그러기 위해서 자신의 생활 기술이 발달되어야 하고 사고가 비판적,

분석적, 논리적, 목표지향적이 되어야 한다.

또한, 28~34세 동안에 삶이란 단순하고 지배할 수 있는 것이라는 편향적 환상에서 벗어나 삶이 생각했던 것처럼 단순하지 않다는 것을 인정하고 자신의 한계를 의식하며 노력에 입각한 능력의 개발에 정진함으로써 성장을 추구해야 한다고 하였다.

특히 한국사회에서 19세에서 29세까지의 청년기는 청소년과 공유되는 독특한 발달과업을 갖는 경우도 있으면서 이 시기 동안 정체감의 발달과 성적(性的) 성장, 이성교제와 배우자 선택, 결혼에 대한 적응과 기존의 가족을 떠나 새로운 가정을 이룩하고, 직업선택을 위한 준비와 결정 및 인생설계 등 많은 중요한 사건들이 일어난다. 이 시기 동안 바람직한 사회화가 이루어지고 성공적인 성인기(중년기)로 이동하기 위해서는 청년기의 심리체계와 다양한 사회환경 체계와의 상호작용이 제대로 이루어져야 한다. 이러한 차원에서 청년기의 심리체계 내용을 이해하는 것은 중요한 일이다.

2. 발달과업

1) 청소년기

(1) 자아정체감 확립

청소년기에는 자신의 본질적인 인격에 대해 많은 의문을 가지게 된다. 따라서 이 시기의 가장 중요한 발달 과업 중의 하나가 자아정체감 확립이다. 에릭슨(E. Erikson, 1968)은 8단계로 이루어진 심리발달이론에서 청소년기의 주요 발달과업이 자아정체감 형성이라고 지적하였다(표4-1 참고). 따라서 에릭슨은 이 시기에 제시되는 의문들―나는 누구인가? 무엇을 할 것인가? 나는 미래에 어떻게 될 것인가?―이 자아정체감을 형성하기 위한 과정이라고 하였다.

① 자아정체감 형성

자아정체감의 정의를 학자들마다 다르게 정의하는데 조복희(1988) 등은 확고한 자아정체감을 지닌 사람은 개별성, 통합성, 지속성을 경험한다고 하였고, 곽형식(2000) 등은 자아정체감(ego identity)은 자신의 독특성에 대해 비교적 안정된 느낌을 갖는 것으로, 행동이나 사고 혹은 정서의 변화에도 불구하고 변화하지 않는 부분이 무엇이며 자신이 누구인가를 아는 것이라 하였다. 여기서 개별성은 가치나 동기, 관심을 타인과 공유하더라도 자신은 타인과 구별되는 고유한 존재라는 인식을 말하며, 통합성은 자신의 욕구, 태도, 동기, 행동 양식 등이 전체적으로 통합되어 있다는 느낌이다. 또 지속성은 과거, 현재 그리고 미래로 시간이 경과해도 자신은 동일한 사람이라는 인식을 가리킨다.

이러한 정체감 발달은 평생의 과정이다. 초기 정체감의 형성은 아동기의 동일시 경험에서부터 시작된다고 볼 수 있다. 즉, 부모나 선생님, 친구들의 감정, 태도, 가치관, 행동을 자신의 것으로 받아들여 그것을 자기만의 독특한 총체로 통합함에 따라 정체감이 형성되어 간다. 그러므로 정체감 형성은 부분적으로 어린 시절의 부모에 대한 의존으로부터의 정서적인 분리를 포함한다. 쿨리(Cooly, 1902)는 정체감 형성에 영향을 미치는 과정의 하나로 '낙인과정'을 피력하였고 이를 '경상자기(looking-glass self)'라고 불렀다(최순남, 2002, 재인용). 이는 사람은 다른 사람이 자신에게 어떻게 관계하느냐에 따라

표4-1 에릭슨의 심리사회발달이론 8단계

단계	생애 단계	심리사회적 위기	중요한 관계	과　　　정
1	유아기 (출생~ 18개월)	기본적 신뢰 대 기본적 불신 (희망)	어머니	18개월까지의 유아에게는 다른 사람을 신뢰하기를 배우는 것이 가장 중요한 위기이다. 신뢰감을 발달하기 위해 유아는 어떤 사람이나 사물에 의존할 수 있다는 점을 이해해야 한다. 부모가 그러한 학습에 주요한 변수를 제공한다. 예를 들어 따뜻하고 사랑 어린 돌봄과 지속해서 변함 없이 섭취할 수 있었던 유아는 언제나 이런 것을 공급받을 수 있을 거라는 믿음을 갖는다. 그리고 이러한 믿음은 성장하면서 친구, 애인, 또는 국가에 대한 믿음으로 이어간다
2	초기 아동기 (18개월 ~ 3세)	자발성 대 수치와 의심 (의지력)	부모	이 위기는 18개월에서 3세까지 아동기의 특징이다. 이 시기는 독립적으로 무엇을 성취하고자 애쓰며 스스로 먹고, 화장실을 사용하는 등 자발성의 확대를 통한 자존감과 자신감을 얻는다. 반면 이 시기에 줄곧 억눌리고, 규제 받고, 처벌받기만 한다면, 아동은 수치심과 죄의식을 가질 것이다. 즉, 자신감 대신 자신을 의심하는 것이다.
3	유희기 (3세 ~ 6세)	주도성 대 죄의식 (목적)	가족	3세에서 6세까지의 아동은 주도성 대 죄의식의 위기에 부딪친다. 이 시기의 아동에게 있어서 세상은 호기심과 놀라움의 대상이고 아동은 혼자서 세상을 탐험하는 탐험가 같이 활동이 왕성하다. 아이들은 왕성한 상상력을 갖고 열심히 배우고자 한다. 이 시기에 탐구하고 학습하는 데서 주도성을 발휘할 수 있도록 격려 받은 아이는 성장하면서 이러한 주도성을 활용한다. 주도성의 경험은 나중에 새로운 인간관계를 시작하고 직업 목표를 추구하고, 여가활동에서의 관심을 키우는 데 자신감을 가지는 배경이 된다. 반면, 통제와 처벌을 받고 호되게 다루어진 이 시기의 아동은 자신이 무슨 잘못을 저지른 것처럼 죄의식의 감정을 경험한다. 탐구하고 경험하기를 원하지만 허용되지 않는다. 그리하여 주도성을 배우는 대신 자신이 많은 것을 시도하고 싶은 자신의 욕망에 대하여 죄책감을 느끼게 된다. 이러한 죄책감은 아이가 자신의 사고와 행위를 주도하기보다는 수동적으로 지시를 따르는 무력감을 키우고 순종적인 사람이 되게 할지도 모른다.

단계	생애 단계	심리사회적 위기	중요한 관계	과　　　　정
4	학령기 (6세~1 2세)	근면성 대 열등감 (능력)	이웃, 학교	이 위기는 6세에서 12세까지의 학령기 아동이 경험하는 특징이다. 이 시기의 아동은 유치원이나 학교 생활이 생활의 중심이 되고 생산적이고 성공적이기를 기대받는다. 따라서 이 시기에 학습기술과 내용을 숙달하는 것은 중요하며 이것은 근면을 통해 이루어진다. 또한, 이 시기에 또래와의 비교는 열등감 형성에 영향을 미치는 중요한 요소이며 학교에서 또래관계 실패를 경험한 아동은 열등감을 가질 가능성이 크다.
5	청소년 기	정체성 대 역할혼란 (충성심)	또래집단, 외부집단, 지도력을 가진 인물	청소년기는 자신이 누구인지를 탐구하고 자신의 정체성을 형성하는 시기이다. 이는 자신이 수행하는 다양한 역할, 즉 누구의 자녀, 누구의 형 또는 동생, 학생, 종교인, 강한 사람, 지도자 등을 검토하고 이 역할들을 자신을 인식하는 정체성으로 통합한다. 특히 이 시기는 아동기에서 성인기로 옮겨가는 전환기이므로 어떤 사람들은 자신의 다양한 역할을 통합하지 못하고 상충하는 역할들에 적응하는데 어려움을 겪고 방황하기도 한다. 이것이 바로 역할혼란이다. 이런 경우 자신의 정체성은 혼돈스럽고 불확실하다.
6	청년기 (초기 성인기)	친밀성 대 고립 (사랑)	배우자, 우정, 파트너, 성(性), 경쟁, 협동상대자	청년기는 친밀성을 추구하는 것이 특징으로, 이는 성적인 관계를 형성하는 것 이상을 말한다. 친밀감은 자신의 정체성을 희생하는 것을 두려워하지 않고 타인과 공유하거나 줄 수 있는 능력을 말한다. 친밀감을 획득하지 못한 사람은 고립감에 시달릴 것이다. 많은 경우 이러한 사람들은 이전의 심리사회발달의 위기를 극복하지 못하였을 가능성이 크다.

단계	생애 단계	심리사회적 위기	중요한 관계	과　　정
7	성인기 (중년기)	생산성 대 침체 (배려)	자녀, 지역사회, 분화된 노동과 공유하는 집안일	성인기는 생산성 대 침체의 위기를 겪는다. 이 시기동안 사람들은 자신 다음 세대를 지원하고 그들을 위하여 지원하고 인도하는 데 관심을 갖는다. 생산성은 반드시 자신의 자녀를 낳는 것 이상의 인생궤적 너머의 미래에 대한 진정한 관심을 내포한다. 후세를 돕는 데 창조적이고 생산적이고자 하는 욕구이다. 이러한 생산성을 결여한 성인은 자아 도취적이다. 그는 타인보다는 자신의 관심과 욕구에만 우선 주목한다. 그 결과는 허무하고 자신의 인생에 대한 침체를 경험하게 된다. 이러한 경우 성인기에서 심각한 위기라고 할 수 있는 생에 대한 비관적인 자조와 우울을 나타내게 된다.
8	성숙기 (노년기)	통합 대 절망 (지혜)	인류, 동족, 나의 인생(삶)	통합 대 절망은 성숙기, 즉 노년기 위기의 특징이다. 이 시기에 사람들은 인생을 돌아보고 음미하는 경향이 있다. 통합은 자신의 과거를 생산적이고 보람 있었던 삶으로 회고하는 충족감이다. 이러한 사람은 평안함을 누리고 인생을 머지 않아 종결한다는 사실을 수용한다. 반면에 절망은 자신의 삶이 무의미하고 초라했다는 느낌을 가질 때 오는 것이며 인생위기에 성공적으로 대처하지 못하고 후회하는 경향을 보이며 자조하며 정서적 불안감을 경험한다.

자아개념이 영향을 받으면서 발달한다는 것이다.

　정체성과 관련하여 낙인은 우리 인생에 주요한 영향력을 지닌다. 부모가 자녀에게 자주 바보라고 부르면, 그 아동은 낮은 자기개념을 발달하게 되고, 많은 영역(특히 학문적인)에서 실패할 것으로 기대하여 학교 공부나 다른 사람과의 경쟁적인 상호작용에서 노력을 적게 기울이고 결국 실패하기 쉽다.

청소년들은 자기의 행동에 대해 자주적인 선택을 하기 위하여 부모의 가치와 규범을 점점 더 나름대로 재평가하게 된다. 따라서 정체감 형성의 과정은 아동기에 그 뿌리를 두고 청소년기를 거쳐 성인기까지 지속되지만 특히 청소년기 후기에 가장 중요한 이슈로 등장하게 된다. 자아정체감을 형성한 사람은 신념, 가치관, 정치적 견해, 직업 등에서 스스로 의사결정을 할 수 있다.

정체성 발달은 평생의 과정이기 때문에 스스로를 실패자라고 여기는 사람들조차 긍정적인 변화는 가능하다. 우리가 미래를 결정할 때 과거의 경험보다 내가 과연 미래에 무엇을 원하는가가 훨씬 중요한 것임을 명심해야 한다. 과거는 결정되었고 바뀔 수 없지만 현재와 미래는 바꿀 수 있다. 과거가 고통스럽고 상처뿐이더라도 현재와 미래 역시 그렇게 되리란 법은 없기 때문이다.

② 에릭슨의 발달과업 : 정체성 대 역할혼란

청소년 시기는 에릭슨(Erikson)의 심리발달이론 8단계 중 5단계의 정체성 대 역할혼란에 해당된다. 에릭슨의 심리사회이론은 인간은 발달단계에서 특정한 위기를 겪는다는 것을 가정한다. 사람은 각 단계마다 위기에 적절히 적응하면서 다음 단계의 위기에 적응할 수 있는 준비를 하며, 위기와 관련 있는 문제들은 전 생애 동안 지속해서 발생한다(Zastrow & Kirst- Ashman, 1987).

예를 들면, 신뢰와 불신 간의 갈등은 유아기에 특히 중요하다. 그러나 아동기나 성인기에도 사람은 다른 사람을 믿을 것인지 믿지 않을 것인지 고심한다. 각 위기를 완벽히 해결하는 것은 불가능하며 중요한 것은 초기 단계의 위기를 어느 정도 극복했느냐가 이후 단계의 위기를 해결하는 데 영향을 미친다는 것이다. 따라서 각 단계마다의 위기를 최대한 극복하려고 노력하는 것이 중요하다고 하겠다.

청소년기는 생식의 성숙과 빠른 신체성장으로 자신이 곧 성인이 될 것임을 감지한다. 따라서 성인으로서의 자신의 미래 역할에 대하여 질문하기 시작한다. 동시에 자아정체감 형성을 위해서는 자신의 신념, 가치관 등에 대한 고통스러운 의문제시가 선행되어야 하며 일종의 위기를 경험한다. 자신이 경험한 많은 요소들을 모아서 통합된 명확한 자기정의를 내리는 것은 어려운 일이므로 정체감을 형성하는 과정에서 누구나 일시적인 혼동이나 우울증을 경험할 수 있다.

에릭슨에 따르면, 이 시기의 일차적 위험은 정체감 혼란에 있음을 강조한다. 이 혼란은 다양한 방식으로 표현될 수 있다. 그 중 한 가지는 책임 있고 성인처럼 행동하기를 미루는 것이다. 또 다른 방식은 어설프게 계획한 행동에 자신을 몰입하는 것이다. 또 다른 것은 성인기의 책임을 회피하려고 어린아이의 유치함으로 퇴행하는 것이다. 청소년들은 정체성 혼란을 경험하면서 방어기제를 사용할 수 있는데, 이것은 자기아집을 갖고 서로 다른 것을 관용하지 않는 고립, 철퇴, 회피 등의 특성을 표출하게 한다. 사랑에 빠지는 것은 정체성 규명의 한 노력으로 보인다. 다른 사람과 친밀한 관계에서 자신의 사고와 감정을 열어 보이면서 청소년은 자신의 정체성에 대해 보다 잘 알게 되는 것이다. 청소년은 자신의 생각이나 느낌에 대해 사랑하는 사람의 반응을 보면서 가치와 믿음을 시험해보고, 자신을 보다 명료하게 인식한다.

아울러 청소년과 청년기는 자신의 미래 정체성에 많은 가능성이 있는 역할을 실험한다(Zastrow & Kirst-Ashman, 1987). 예를 들어, 학생은 직업적 관심을 시험하고자 어떤 교과목을 수강한다. 또 다양한 임시직을 경험한다. 이성과의 관계를 시험하려고 교제도 해본다. 이 시기에 약물(술, 담배, 마리화나, 코카인 등)을 해볼 수도 있다. 많은 사람이 자신의 종교적 믿음에 혼돈을 겪고, 다양한 방식으로 자신에게 맞는 종교적 도덕적 신념을 개발하고자 한다. 또한, 여러 가지 조직에 가입하거나 탈퇴하는 경향이 있다. 다양한 관심과 취미를 시험한다. 불법이 아닌 이상(그리고 건강을 심각하게 위협하지 않는 한) 우리 문화에서는 십대와 청년들이 자신의 정체감을 발달하기 위해 다양한 방식으로 실험하는 것을 허용할 필요가 있다.

에릭슨(1959)은 최종의 정체감을 성취하기 이전에 일정 기간 자유 시험기가 있음을 말하였고, 이를 묘사하기 위해 '심리사회적 유예(psychosocial moratorium)'라는 용어를 사용하였다. 일반적으로 우리 사회는 청소년과 청년들에게 일상적으로 기대하는 역할을 수행하도록 자유롭게 해준다. 이상적으로 이 심리사회적 유예는 젊은이들에게 가치, 믿음, 역할 등을 시험해볼 자유를 허락하며, 각자의 장점을 극대화하여 사회로부터 긍정적인 인정을 획득함으로써 사회에 최상으로 적용할 수 있게 한다. 그러므로 정체감 대 역할 혼란의 위기는 과거의 소속, 현재의 가치, 미래의 목표 등을 하나의 일관성 있는 자아개념으로 통합하면서 잘 해결할 수 있게 한다. 정체감이란 일련의 질문, 재평가와 시험의 단계를 거쳐야만 성취할 수 있다. 정체감의 문제를 해결하고자 젊은이들은 감정적으로 어려움을 겪거나, 과도하게 몰입하거나, 또 반항, 방황의 길을 경험할지도 모른다.

③ 마르시아(Marcia)의 자아정체감 범주

마르시아(1980, 1991)는 에릭슨의 이론을 바탕으로 인간이 정체성 위기에 대처하는 4가지 주요 방식을 제시하여 청소년의 정체감 형성에 대한 이해와 통찰력을 제공해주고 있다. 마르시아는 정체감 형성과정에서 주요한 위기를 경험하였는가와 어떤 유형의 역할에 관여하였는가 그리고 일련의 특정 가치

와 믿음에 헌신하여 따르는가를 기준으로 하여 정체감의 수준을 분류하였다
(표4-2).

정체성 범주	위기 경험	직업 관여	특정 가치와 믿음의 형태
정체감 성취	+	+	개별화된 가치
유실	−	+	부모의 가치
유예	+	−	실험 단계
혼란	+/−	−	부재(不在)

표4-2. 마르시아의 자아정체감 범주와 4가지 방식

정체감 성취(identity achievement)단계에 도달하기 위해서는 자신의 가치
와 신념 등에 대한 고통스러운 격렬한 결정과정이 선행되어야 하므로 위기의
경험을 겪어야 한다. 따라서 많은 노력으로 각자 개별화된 형태의 가치를 발
달시키고 직업을 결정한다.

정체감 유실(identity foreclosure)에 속하는 사람은 정체감에 대한 위기 경
험을 전혀 하지 않은 사람들이다. 이들은 가족을 비롯해서 자기에게 중요한
다른 사람들의 요구에 따라 자신의 정체감에 대해 미숙한 결정을 내리는 것
을 말한다. 예를 들면, 청소년기 후기에 자신의 부모가 원하는 대로 장래에
무엇이 되고자 하는지에 대해 일찍 결정을 내려버리는 사람들이 있다. 이들
은 정체감 형성에 관련된 방황과 위기를 경험하지 않은 채 미리 결정을 내린
후에 자신의 발달되는 성격이나 능력에 관련해서 이러한 결정이 과연 잘한
것인가에 대해 의문을 갖지 않는다. 자아정체감 형성을 위해서는 자신의 신
념, 가치관 등에 대한 고통스러운 의문제시가 선행되어야 하므로 이와 같이

위기의 경험이 없는 정체감 유실은 문제가 있다고 할 수 있다.

정체감 유예(identity moratorium) 범주에 있는 사람은 정체감 위기를 겪고 있는 상태이며 이에 따른 상당한 불안을 경험한다. 이들은 이러한 문제를 해결하려고 지속적이고 격렬한 투쟁을 경험한다. 자신이 믿어야 하고 행동하여야 하는 것에 대해 강하게 갈등한다. 그리하여 미래의 정체감에 대한 가능성을 내포하는 여러 가지 역할들에 대해 실험하기도 한다. 이러한 측면에서 보면 대학은 청소년들을 유예상태에 머물면서 역할에 대한 실험과, 그 결과 정체감을 형성하도록 인도하는 기관이라고 할 수 있다. 청소년기 후기는 특정한 역할에 대한 전념을 요구하는 사회적 의무가 거의 없기 때문에 정체감 위기 해결의 준비를 위하여 원하는 대로 많은 역할을 해볼 기회가 주어진다고 할 수 있다. 에릭슨은 심리사회적 유예라는 개념을 최종적인 정체감이 성취될 때까지 자유롭게 실험하는 기간을 일컫기 위하여 사용하였다. 유예상태에 있는 사람들은 대부분 정체감 성취로 넘어가지만 어떤 사람들은 정체감 혼란으로 빠지는 경우도 있다.

정체감 혼란(identity diffusion)은 정체감 유실이나 부정적인 정체감 형성보다 더 문제가 있다. 즉, 앞의 두 경우에는 그래도 확고한 정체감이 있으나 정체감 혼란의 경우는 자신에 대한 어떤 견해와 방향성도 확고하지 않은 상태이다. 이들은 정체감 위기를 겪을지라도 이를 결코 해결하지 못한다. 동시에 이러한 상태에 있는 사람들은 자신이 담당하는 여러 가지 역할을 통합하지 못한다. 그 이유는 대립되는 가치체계에 직면해 있거나, 또는 중요한 결정을 내려야 하는 상황에서 자기능력에 대한 자신감의 결여와 낮은 자긍심 그리고 해결 능력이 부족하기 때문이다. 어떤 이유이든 이러한 정체감 혼란의 상태가 자신이 성공적으로 채택하지 못하는 자기의 역할들에 대해 불안, 적의, 무관심을 일으키는 것이다(Newman & Newman, 1991: 443-444). 직업이나 결혼 등에 대해서 마치 표류하는 것처럼 자기가 진심으로 하고 싶은 것이 무엇인지도 모르겠고, 또 일단 선택한 것들도 다 무의미하게 느껴지며 만족하지 못하는 상태라고 말할 수 있다. 한 마디로 역할 혼란은 다양한 역할이나 포부 등의 구심점이 될 수 있는 만족할 만한 자아정체감을 전혀 가질 수 없는 것을 말한다.

자아정체감의 성취는 청소년 후기와 그 이후 발달에 결정적인 역할을 한다고 볼 수 있기 때문에 청소년으로 하여금 과거의 경험을 통해 새로운 대안을 찾고 평가하도록 도와주어야 한다. 동시에 위기가 존재한다는 것을 인정하고 미래의 희망과 적절히 연결시켜 만족감을 얻는 방향으로 통합시키도록 피드백(feed back)을 주고 이끌어 주어야 할 것이다.

(2) 안정된 정서적 발달

정서는 모든 인간행동의 근원으로써 행동표현의 방법과 방향을 규정하고, 모든 심리적 현상과 정신 생활에 영향을 미친다. 청소년기에는 정서가 매우 강하고 변화가 심하며, 극단적인 정서경험을 한다. 이러한 정서적 특성 때문에 청소년기를 질풍노도의 시기라고 부른다. 이러한 청소년기의 극단적 정서 변화는 성적 성숙과 많은 관련성을 지니고 있다.

청소년은 2차적 성적 특징의 발달과 그로 인한 성적 충동으로 인하여 성적 색채가 강한 정서를 경험하게 되며, 성 의식이 높아짐에 따라 성적 수치심이 강해지고 이성에 대한 호기심이 있으면서도 이를 거부하거나 반대로 허세적인 반항적 행동을 하게 되는 경우가 많다(김동배·권중돈, 2001). 청소년기 전기는 감정이 격하고 기복이 심한 시기이다. 그러므로 낙관적, 비관적 감정이 교차하기도 하고 자부심과 수치심을 강하게 경험하기도 한다. 또한, 부모나 형제, 그리고 친구들과 공유할 수 없는 감정의 경험을 통해서 고립감을 느끼기도 한다. 다양한 감정 중에서 강한 수치심, 죄의식, 우울, 분노, 수줍음 등은 문제행동이 될 수 있다. 이렇게 강하고 변화가 심한 감정상태가 청소년기 전기의 특징이기 때문에, 이 시기의 주요한 과제는 자신의 감정에 좀더 관대해지는 것이다(Newman & Newman, 1991). 이것은 자신의 격한 감정을 받아들이고 이러한 감정상태에 대해 과민하게 반응하지 않는 것을 말한다.

가령 감정의 표현이나 수용에 엄격한 청소년들은 자신의 강한 감정상태에 대해 부끄러움을 느끼고 표현을 지나치게 억제하여, 이것이 나아가서 사회적 고립이나 부적응적 행동을 가져올 수도 있다. 반면에 충동적이고 감정을 일으키는 자극에 즉각적인 반응을 보이는 청소년들이 있는데 이러한 반응은 흔히 비행에 관련되는 결과를 가져온다. 실제로 많은 미국 청소년들이 청소년기 전기에 비행을 한 경험이 있으나 대부분 경미한 수준의 것들이다(Becker, 1974). 이와 같이 충동에 대해 통제력이 약한 것은 대부분의 청소년들에게 일시적인 현상이다. 이것은 비행에 따르는 두려움이나 죄의식이 더 이상의 지속적인 비행을 방지하는 일종의 벌로 작용하기 때문이다. 그러나 어떤 청소년들은 비행을 반복함에 따라 스스로 통제하는 능력이 약화되어 비행이 증가하거나 강력해진다(이인정·최해경, 1997).

이렇듯 청소년들은 이러한 급격한 정서변화에 반응하는 양상이 서로 다르다. 어떤 청소년은 부정적 정서경험을 지나치게 억압하면 우울증이나 신경성 식욕부진에 걸리기도 하는 반면 정서에 대한 통제가 이루어지지 않고 지나치게 충동적으로 반응함으로써 비행행동을 보이기도 한다. 따라서 청소년기에는 자신의 정서변화에 대한 인내심을 길러야 하며, 타인의 반응에 지나치게 민감한 반응을 보이지 않도록 노력하여야 한다.

2) 청년기

발달과업(developmental task)이란 매 발달단계에서 개인이 환경에 적응하기 위하여 요구되는 기술이나 능력을 의미한다. 만약 한 단계에서 발달과업의 성취가 만족스럽지 못하면 다음 단계의 발달이 지장을 받게 되기 때문에 발달과업의 성취여부는 삶의 성공적 적응 여부를 평가하는 기준의 역할을 한다.

허비거스트(Havighurst, 1952)는 청년기의 발달과업을 다음과 같이 제시하였다. 첫째, 자기의 체격을 인정하고 자신의 성 역할을 수용한다. 둘째, 동성이나 이성의 친구와 새로운 관계를 형성한다. 셋째, 부모와 다른 성인들로부터 정서적으로 독립한다. 넷째, 경제적 독립의 필요성을 느낀다. 다섯째, 직업을 선택하고 준비한다. 여섯째, 유능한 시민이 갖추어야 할 지적 기능과 개념을 획득한다. 일곱째, 사회적으로 책임 있는 행동을 원하고 이를 실천한다. 여덟째, 결혼과 가정생활을 준비한다. 아홉째, 적절한 과학적 세계관에 맞추어 가치체계를 형성한다.

레빈슨(Levinson, 1978)은 청년기에 다음과 같은 발달과제를 성취해야 한다고 설명하였다. 첫째, 아직 현실에 기반을 두지 못하고 다소 과장된 목표로 구성되어 있는 희망을 명확하게 정의하는 것이다. 둘째, 청년의 목표를 인정해주고, 기술이나 지혜를 가르쳐 주며, 청년이 자신의 경력에서 전진하도록 영향력을 발휘한 지도자(mentor)를 발견하는 것이다. 셋째, 직업을 선택하고 나아가서 경력을 쌓고 발전시켜야 한다. 넷째, 친밀한 관계를 형성하는 것이다.

본 장에서는 청년기의 발달과업 중 심리체계와 관련된 내용 중 에릭슨의

친밀감 형성, 자율성 발달, 파울러의 영적 발달 네 가지를 중심으로 기술하고
자 한다.

(1) 친밀감 형성

청년기 동안에 경험하는 타인과의 친밀감(intimacy)은 자신의 정체감을 잃
을지도 모른다는 두려움 없이 타인과 개방적이고 지지적이며 조화로운 관계
를 형성하는 자신의 성향이자 능력이다. 이러한 친밀감을 형성하기 위해서는
감정이입능력, 자기통제 능력 그리고 타인의 장 · 단점을 수용하는 능력을 갖
추어야 한다.

에릭슨은 표4-1에서 제시한 심리발달이론에서 청년기의 주요 발달과업이
친밀감 형성이라고 지적하였다. 친밀감은 전 단계에서 비슷한 정체감이 있는
사람들끼리의 만남을 통해 더욱 형성된다. 이 시기에 친밀감을 발달시키지
못하면 고립감의 위기를 갖는다.

따라서 타인과의 관계에서 친밀감을 형성하는 것은 매우 중요한 과업이다.
에릭슨은 바로 전 단계인 청소년기에 긍정적인 자아정체감을 확립한 사람은
보다 쉽게 타인과의 친밀한 관계를 형성하지만, 그렇지 못한 사람은 자기 자
신에 대해 자신감을 갖지 못하므로 타인과의 사회적 관계에서 고립감을 느끼
게 되어 자기 자신에게만 몰두하게 된다고 했다. 따라서 이 시기를 친밀감 또
는 고립감(intimacy vs isolation)이 형성되는 시기라고 했다. 친밀감 대 고립
의 갈등을 성공적으로 해결하면 사랑의 능력이 생긴다. 사랑은 자신을 타인
에게 관여시키고, 이 관여를 유지하는 능력으로 다른 사람에 대한 보호나 존
경 또는 책임으로 나타난다. 나아가 이것은 이성교제와 배우자 선택으로 이
어진다.

(2) 자율성 발달

청년기는 청소년기와는 달리 부모에의 의존도가 상당히 약화되는 시기이다. 대학진학, 군입대 또는 취업 등으로 부모와 심리적, 지리적으로 분리되어 생활하는 경우가 많아진다. 청년기에 부모로부터 독립하여 자립적 생활을 영위하기 위해서는 먼저 사회적으로 요구되는 기술을 습득하여야 한다. 즉, 신변처리와 같은 일상생활능력, 성숙한 신체 관리, 인간관계 능력, 자율적 판단을 내리고 이에 따라 행동할 수 있는 능력의 발달이 선행되어야만 부모나 가족으로부터 독립하여 생활할 수 있게 된다. 이와 같이 청년기의 진정한 독립은 의존과 부모와 분리되는 것에 대한 불안의 극복, 경제적 확실성 그리고 자율적 의사결정능력의 보유 등과 같은 신체, 심리, 사회적 영역 모두에서 분리가 가능할 때 이루어진다.

그러나 청년기에 부모로부터 분리, 독립하여 자율성을 찾는 과정에서 대부분의 청년들은 양가감정(ambivalence)을 갖게 된다. 즉, 부모로부터의 독립과 자율성에 대한 갈망과 함께 부모로부터 분리되는 것에 대한 불안감과 의존감을 동시에 갖는다. 청년들은 이러한 부모와의 분리에서 오는 불안감을 극복하기 위하여 동년배집단의 지원에 의존하고 집단의 규범과 기준에 동조하기도 하지만, 진정한 자율성을 확보하기 위해서는 동년배집단으로부터도 분리되어야 한다(김동배 · 권중돈, 2001).

따라서 부모가 청년의 분리와 독립에 대해 어떠한 태도를 보이는가는 매우 중요하다. 부모가 이러한 청년의 양가감정을 최소화하고 자율성 획득을 지원하기 위해서는 자녀들에게 부과하던 금지나 제한을 줄이고, 가족의사결정에 자녀의 참여를 격려하고, 자녀를 독립된 개인으로 인정해 주어야 한다. 이와는 반대로 어떤 부모는 청년기에 자녀가 집을 떠나는 것을 금지하고, 지속적으로 보호하려 하거나 자녀의 행동에 많은 제한을 가하기도 한다. 이럴 경우 청년들은 부모로부터 분리되지 못하고 영원히 부모의 자녀(mama boy, papa girl)로 남아 있거나, 부모와 적대적 관계를 형성하고 빈번한 갈등을 경험하기도 한다.

(3) 영적 발달과 역량강화

청년기는 생에 대한 비판적 사고가 증가하는 시기이다. 사람들은 가치와 사상의 갈등에 직면하고 개별화한 믿음의 체계를 확립하고자 애쓴다. 제임스 파울러(James Fowler, 1996)는 영적 발달(spiritual development)로서의 신앙은 이 시기에 믿음, 가치, 의미의 형성에 바탕을 이루는 통합적이고 중심적인 과정으로 작용하며 이것은 사람의 삶에 방향을 주고 다른 사람과 자신을 연결하고 보다 광범위하고 의미 있는 준거틀을 제공하며 인생의 난관에 맞서게끔 돕는다고 하였다.

'영성(spiritual)'은 "자기보다 큰 어떤 것에 연결되었다는 느낌을 나타내는 관점과 행위"이다. 이러한 영성은 소유하고자 하는 세상의 물질적인 것에 관심을 뛰어넘어 물리적 환경을 초월한 영역으로 의식을 확장한다. 청년기에서 이루어야 하는 다양한 발달과업은 결코 단순하지 않고 많은 사색과 고통을 동반한다. 이러한 차원에서 영성은 인간에게 고통을 견뎌내는 힘과 인생 행로에서 무엇을 취할지 결정하도록 안내한다. 청년기에서 영성의 발달과 역량강화는 험난한 사회환경 속에서 인간행동의 성숙된 형태를 위한 발달과제로 인식할 필요가 여기에 있다.

카올리와 드레조우츠(Cowley & Drezotes, 1994)는 "사람의 가장 심연의 믿음에 대한 이해 없이" 즉, 영성을 이해하지 못하면서, 어떻게 사회복지사가 사람들의 다양한 가치와 확신에 대한 존중을 나타내는 "사회복지의 핵심 가치"를 형성할 수 있는지 의문을 제기하며 영성의 의미에 대한 인식을 강조하였다. 서마바이키언(Sermabeikian, 1994)은 영성은 클라이언트의 '대처능력(coping)'으로 병기고에 보관돼 있는 하나의 무기이기 때문에 영성을 정확하게 이해해야 함을 강조하였다. 동시에 사회복지실천의 목적은 클라이언트 자신의 기본 욕구를 충족하고 정신건강을 유지하는 효과적인 전략을 개발하도록 클라이언트를 돕는 것이라고 역설하였다.

3. 주요 쟁점

1) 청소년기

대부분의 청소년들이 성인기로의 전환을 성공적으로 하지만 사회복지사들은 종종 이러한 전환에서 매우 어려움을 겪는 문제청소년들을 대하게 된다. 사회복지사는 기본적으로 사회환경 내의 인간행동의 역동성을 이해하고 청소년기의 발달과제와 주요 쟁점들 간의 상호관계를 이해할 수 있어야 한다. 앞서 살펴본 정체감 형성과 관련한 두 이론은 '정상적인' 인생의 위기와 사건을 더욱 정확하게 통찰할 수 있는 준거틀을 제시해 주고 있다. 여기에서는 주요 쟁점으로 정체감 형성, 부모자식 간의 갈등, 동성애, 자살에 대하여 사회복지적 관점에서 통찰을 제공하고자 한다.

청소년기의 중요한 발달과업은 자아정체감의 형성이다. 사회복지기관에서 청소년들의 자아정체감 형성을 지원하기 위해서는 자아발견, 자아성장, 자기 주장훈련, 인간관계수련 등과 같은 청소년의 자아발견과 원만한 대인관계 형성을 지원할 수 있는 집단상담프로그램을 개발하여 실시할 필요가 있다. 이러한 직접적 자아발달 프로그램 이외에도 진로지도, 청소년 자원봉사활동 프로그램, 호형호제 프로그램, 미리 가본 직장 프로그램, 문화예술활동 프로그램 등과 같은 다양한 수련프로그램을 실시하여, 청소년들이 다양한 사회경험을 통해 자신의 개성과 자질을 발견할 수 있도록 원조할 필요가 있다.

부모와 자식 간의 갈등은 청소년기에서 보편적인 일로 이해할 수 있다. 부모는 보호, 관찰자의 역할로 통제력을 지키려고 하고 청소년은 자신을 개인으로 규정하고 독립하고자 애쓴다. 가정 내에서의 이러한 문제가 확대, 심화되어 청소년기 전기에 주로 나타나는 청소년비행은 대개 가정과 우리 사회가 그 시작에 적절하게 대처하지 못할 경우 비행의 경력은 이어지게 된다. 이들은 실제로 범죄를 저지른 경우도 있고 무단결석이나 폭력, 가출과 같은 행동을 하기도 한다. 사회복지사는 이러한 청소년기의 갈등을 매우 자연스러운 현상으로 보고 클라이언트 자신의 느낌이나 행동에 대해 통찰력을 가질 수 있도록 도울 수 있다. 통제로 인한 갈등은 확인하고 논의할 수 있다. 부모의 구속과 청소년의 반항은 함께 검토하고 논의할 수 있는 문제이며 새로운 행동을 선택할 수 있도록 할 수 있다. 사회복지사들은 비행청소년들을 돕고 사회재적응시키는 프로그램에 지속적으로 참여해 왔다. 가족상담소나 청소년기관을 통해 상담서비스를 제공하기도 하고 복지관이나 학교에서 반사회적 행동을 한 청소년들로 집단을 구성하여 지도하기도 하며, 감별소나 보호관찰소 등에서 교정사회복지사로 활동하기도 한다.

정체감과 관련하여 최근 청소년기의 또 하나의 주요 쟁점은 동성애 청소년이다. 자신의 성에 대한 정체감과 성 역할에 대한 개념은 사춘기 이전부터 발달되어 오나 청소년기에는 성에 대한 새로운 관심과 더불어 성적 충동을 자신의 성격에 통합하게 되는 것이 중요한 변화이다. 이와 같이 청소년 후기에 성 정체감이 확고해지는 과정을 성적 사회화(sexual socialization)라고 한다. 우리 문화에서 동성애 청소년은 이성애 또래보다 정체성 발달에서 훨씬 더 극단적인 장벽의 어려움을 겪는다. 아마도 가장 큰 어려움은 동성애 혐오에서 오는 일상적인 억압일 것이다. 캐플란과 새퍼스타인(Kaplan & Saperstein, 1985)은 동성애 젊은이가 겪는 고립감을 강조한다. 그들이 커밍아웃(coming-out)8)을 해서 자신이 동성애자임을 밝히면 그들은 배척되고 품위를 상실한다. 그러나 그 반대로 조심스럽게 철저히 자신의 진정한 감정과 정체성을 숨긴다면, 우울증, 알코올이나 약물남용 같은 도피적인 행위, 그리고 가출, 무단결석 같은 반항적인 행동을 할 위험이 있다. 캐플란과 새퍼스틴(1985)은 사회복지사가 동성애 청소년이 직면하는 문제에 특별히 민감할 필요가 있음을 주장하였다. 사회복지사는 동성애 혐오적인 자신의 태도를 평가할 필요가 있다. 사회복지사는 동성애 클라이언트에게 돌봄, 공감, 비심판적인 관점을 키우기 위해 노력해야 한다. 그리하여 상담을 통해 지지받을 수 있도록 하며 클라이언트의 감정을 명확하게 인식할 수 있도록 도와주어야 한다.

청소년기는 심리적 격동기로써 다양한 정신장애를 일으킬 가능성이 높다. 청소년기에 자주 발병하는 정신장애로는 정신분열증, 불안장애, 공포증, 우울증, 자살, 물질남용 등이 있을 수 있다. 특히 우리나라의 경우 지나친 입시경쟁으로 인하여 고3 증후군으로 대표되는 시험불안은 거의 대부분의 청소년이

---

8) 커밍아웃은 "자신의 성적 성향(성적 정체성)"을 타인에게 알리는 동시에 동성애자의 자기확인 과정을 의미한다.

경험하고 있는 심리적 증상이다. 따라서 사회복지기관에서는 청소년들의 정
신건강과 건전한 심리적 발달을 지원하기 위하여 청소년을 대상으로 한 개별
상담과 스트레스 예방 및 관리방법, 약물교육 및 치료 프로그램, 청소년 가족
을 위한 가족치료 프로그램 등의 임상 프로그램을 개발하여 실시하고, 필요
에 따라서는 정신과나 정신병원에 입원을 의뢰하여야 할 것이다(김동배 · 권
중돈, 2001).

　청소년기의 가장 위기적 상황이라고 할 수 있는 자살은 청소년 사망의 주
요 원인으로 사고(10만 명 당 40.3명), 살인(19.6명)에 이어 세 번째(11명)를
차지하고 있고 사고에 의한 사망이 자살일 가능성이 있기 때문에 실제로는
더욱 높을 것으로 추정하고 있다(National Center for Health Statistics, 1973).
이렇듯 자살률은 청소년기에 급증하고 아동기에 최저, 노년기에 최고이다
(Berk, 1999). 자살의 징후를 보이거나 행동에 옮기는 청소년은 3가지 주요
영역, 즉 스트레스, 가족문제, 그리고 심리적 문제(우울증 등)를 경험한다
(Kirk, 1993; Lefrancois, 1999; Santrock, 1999). 첫째, 오늘날 많은 청소년들
은 과중한 압박과 불안을 견뎌야 한다. 가정 불화로 가정의 정상적 기능 상
실, 부모의 별거와 이혼 및 사망, 신체적인 학대나 가정폭력, 약물남용, 우울
증, 심각한 대인관계 붕괴, 또래들과의 비교에서 느끼는 상대적 열등감 문제,
이성친구에게서 '버림' 받음, 원치 않은 임신, 명문대학에 들어가기 위한 성적
문제, 졸업 후 취업문제, '과잉성취' 등 다양한 사건으로 스트레스는 증가하고
청소년들은 자살을 꿈꾼다. 자살하려는 청소년은 자신의 모든 대처능력을 상
실하고 포기해 버린다. 둘째, 가족문제로 가정의 위기와 해체도 청소년자살의
원인이 된다. 내용은 의사소통의 문제, 부모의 약물남용, 부모의 정신질환, 또
는 신체적 성적 학대 등이며 소년 자살의 2대 요인이 불안한 가족관계와 우

울증이다(Lefrancois, 1999). 불안정한 가정환경은 남녀 모두에게 자살의 동기가 되는 고독감과 고립감을 가지게 만든다. 셋째, 심리적 문제로 우울증을 포함한 낮은 자긍심이다. 청소년이 정체성을 형성하고 부모에게 독립하려고 할 때 무력감을 느끼는 것은 당연한 것이다. 동시에 청소년은 부모와 학교규칙을 따라야만 하며 또래와의 규범을 좇아야 하는 압력에도 시달린다. 사회가치는 계속 변하고, 또래의 압력은 엄청나며 인생을 제대로 경험할 기회를 갖지 못하고 그래서 충동적으로 행동한다. 어떤 사소한 사건도 위기가 될 수 있다. 자살에 실패한 청소년 중에서 10% 정도만 자살을 재시도(Hawton, 1982)한다고 밝힌 통계를 감안하면 대부분의 자살 기도가 일정한 성향없이 격정적으로 감행된다는 것을 알 수 있다. 그러나 자살 기도 청소년의 대략 절반 정도만이 전문적인 치료를 받고 있기 때문에(Keinhorst, Wolters, Diekstra & Otte, 1987), 아직도 상당수가 자신이 당면한 절박한 위기를 혼자 힘으로 감당해야 하는 것이 현재의 상황이다. 이러한 현실을 감안할 때 청소년이 부담없이 다가갈 수 있는 시설이나 자살 상담전화 같은 위기 서비스(crisis services), 특히 청소년의 욕구와 구체적으로 부합시킬 수 있는 내용의 서비스를 적극 개발하여야 한다. 사회복지사의 원조는 구체적으로 두 가지 차원에서 개입하는 것이 가능하다. 첫째는 직면한 위기에 대처하는 것이다. 자살기도의 징후가 있는 사람은 말 그대로 생존하기 위한 즉각적인 지원과 지지가 필요하다. 둘째 차원은 스트레스를 상승시켰던 또 다른 문제에 주목하는 것이다(김규수 외, 2002). 이것은 자살위기와 직접적으로 관련이 없더라도 장기간의 사회복지적 상담에서 다루어야 할 주제이다. 사회복지사는 잠재적으로 자살하려는 사람에 효과적으로 대처하는 자살징후에 대한 전문적 반응과 상담에 숙달되어 있어야 한다. 그리고 고립되어 자살상황에 있는 사람에게 사용 가능한 자원을 얻도록 의뢰한다. 즉, 개인의 자원으로는 가족이나 친구, 청소년이 신뢰하고 의지할 수 있는 목사나 의사가 있고, 사회자원으로는 응급상황 시 찾을 수 있는 경찰이나 병원응급실, 정신건강전문가 등이 있다. 지역사회자원을 활용하는 것은 사회복지사의 역할에 매우 중요한 요소이다. 적절한 서비스가 존재하지 않으면 도움이 필요한 사람을 의뢰할 수 없기 때문이다. 자살방지특별위원회, 위기전화, 학교의 또래지원프로그램, 청소년이 쉽게 다가갈 수 있도록 지역사회 전문가들을 양성하는 훈련 프로그램들이 지역사회체계의 내용이 될 수 있을 것이다. 사회복지사는 사용할 수 있는 자원이 없다면 새로운 프로그램을 주창하거나 사회복지사가 속해 있는 기관이나 다른 기관에 서비스를 확대할 필요가 있다. 이러한 지역사회체계는 여러 가지 방식으로 자살예방을 다룰 수 있기 때문이다.

2) 청년기

청년기의 심리체계 중 사회복지적 관점에서의 쟁점은 청년 개인의 자율성 확립과 자기주장 능력, 친밀성 형성 능력 등이다. 사회복지사들은 보통 이러한 면에서 숙련(mastery)을 성공적으로 하지만 숙련과 중년기 전환과정에서 어려움을 겪는 청년들을 대하게 된다.

사회복지사는 청년기 시기의 사회환경 내의 이들 행동의 역동성을 이해하고 청년기의 발달과제와 주요 쟁점들 간의 상호관계를 이해할 수 있어야 한다. 앞서 살펴본 친밀감 형성 그리고 영적 발달과 관련한 이론은 이 시기의 환경과 행동 간의 관련성을 좀더 정확하게 통찰할 수 있는 준거틀을 제시해 주고 있다. 주요 쟁점으로 자율성 확립, 자기주장 능력, 친밀감 형성에 대하여 사회복지적 관점에서 통찰을 제공하고자 한다.

　청년기의 심리적 발달영역과 관련하여 사회복지적 관점에서 특별히 관심을 기울여야 할 부분은 자율성 발달이다. 우리나라의 경우 자녀가 취업을 하거나 대학에 진학하게 되면 대부분의 부모들은 이전과는 달리 이러한 자녀를 성인으로 생각하고 이들의 자율적 행동을 신뢰하거나 묵과하는 경향이 많다. 특히 가족과 동거하는 것이 아니라 집과 떨어진 지방에 있는 대학에서 자취나 하숙을 하는 경우에는 부모로부터 아무런 간섭을 받지 않게 되어 자신의 독립적이고 자율적인 결정에 의존해야 한다(김동배·권중돈, 2001). 이럴 경우 적절한 자율성 발달은 동료집단 간의 긍정적 행동선택에 영향을 미친다. 그러나 그렇지 못할 경우 이들은 자율성을 성취하기 위한 진지한 노력을 기울이기보다는 동료에게 의존하거나 지적 탐구, 군 입대 문제, 전공 관련 직업에 대한 예견(vision)과 선택, 이와 관련된 준비사항 등에서 자율적 판단의 어려움을 겪기도 하며 시간관리를 자율적으로 못하여 탐닉적 여가활동에 몰입하는 과정에서의 갈등으로 심리적 어려움을 겪는 경우가 종종 발생하고 있다. 사회복지사들은 이들의 자율성 확보를 위한 개별 상담서비스는 물론 다양한 집단프로그램(자긍심 향상 프로그램, 인간관계 능력 향상 프로그램, 사회성 향상 프로그램, 스트레스 및 시간관리 프로그램 등)을 통하여 도움을 줄 수 있다.

　적당한 자기주장 능력은 청소년기에서부터 청년기까지 획득해야 할 중요한 기술이다. 자기주장능력은 개인의 정체감과 타인을 향한 도덕적 관점을 형성하는 핵심부분이다. '자기주장(self-assertiveness)'은 직설적이지만 무례하지 않은 행동을 말한다. 행동은 언어적일 수도 있고 비언어적일 수도 있다. 자기주장은 자신의 권리와 타인의 권리 모두를 고려하는 것이다. 많은 청소년과 청년은 새로운 상황, 특히 사회적 압력이라는 상황에 반응하는 방법을 결정해야 하기 때문에 주장훈련은 특별한 가치가 있다. 특히 대인관계 상황이나 직장 내에서 더 큰 통제력을 얻을 수 있으며 타인과의 불편하고 적대적인 상호작용을 피할 수 있다. 이전보다 타인들이 자신을 더 잘 이해한다고 느낄 것이다. 그 결과 자기개념을 강화할 수 있다. 인간행동을 평가할 때 왜 사람들이 그렇게 행동하는지 이해하고자 노력해야 한다. 주장성 관점에서 인간행동을 관찰하는 것은 누가 자신의 욕구를 충족시키고 있고 누가 그렇지 못한지에 초점을 맞출 수 있도록 돕는다. 그것은 누가 다른 사람을 부적절하게 강압하고 있으며 누가 부당하게 억압당하고 있는지를 알게끔 해준다. 사회복지적 관점에서 자기주장을 강조하는 이유는 클라이언트와의 협력에서도 이것이 중요하기 때문이다. 사회복지사로서 클라이언트와 효과적으로 의사소통하고 과업을 완수하기 위하여 자신의 전문적이고 개인적인 권리를 인식해야 한다. 동시에 클라이언트의 권리와 욕구 또한 인식하고 존중하며 인정해야 한다. 스스로의 권리와 클라이언트의 권리 모두를 고려하는 것이 바로 자기주장이다. 동시에 주장성은 클라이언트에게도 중요하다. 사회복지사는 개입과정 일부로 인간행동을 평가해야 할 뿐 아니라 긍정적인 변화를 계획하고 성취하기 위해 클라이언트와 협력해야 한다. 클라이언트가 자신의 행동과 그 행동이 타인에게 미치는 영향을 이해하는 데 있어서 주장성 관점을 갖는 것은 개인의 심리체계의 역동성을 이해하는 데 도움이 될 수 있다. 교육자로서 사회복지사는 클라이언트의 대인관계 효과성을 강화하기 위해 자기주장 원칙을 가르칠 수 있다.

친밀성 과업을 성취한 청년은 타인과 아이디어나 계획을 의논하고, 개인적 감정표현도 서로 허용하고, 자신과 타인을 가치있고 유능한 존재로 인식하게 된다. 그러나 청소년기와 청년기에 자아정체감을 확립하지 못한 청년은 고립감을 형성할 가능성이 높으며, 군입대, 취업준비, 연인 간의 흥미와 취미의 상이성 등과 같은 상황적 요인도 고립감 형성에 기여한다(김태련·장휘숙, 1994). 친밀감 능력은 청년기에 있어서 보다 높은 수준의 사회화 기능과 이성에 대한 적응 기능, 인격도야의 기능 그리고 오락의 기능, 배우자 선택의 기능에 가장 직접적으로 영향을 미치는 중요한 개인적 심리체계이다. 사회복지적 관점에서 개인의 심리체계인 친밀감은 청년기 동안의 중요한 생활사건인 이성 간의 교제와 결혼이라는 환경체계에 영향을 미친다. 사회복지사는 자신이 지각하지 못하거나 또는 어렴풋이 지각하는 자신만의 친밀감 형성 능력 부재의 원인에 대해 고민하는 개인을 상담할 수도 있을 것이다. 또한, 개인적으로 참여하기가 힘든 경우 집단적으로 자신의 친밀감 형성 강화를 위하여 친밀감 강화 프로그램에 참여하는 개인을 만날 수도 있을 것이다.

배우자의 선택에 있어서 청년기의 심리체계는 일생 중 가장 큰 개인적 역량이 투입된다. 즉, 자율성, 자기주장성, 친밀성이라는 청년기의 심리체계가 상호작용을 일으키며 영향을 미친다. 청년기의 이성교제와 배우자 선택은 결혼을 이루기 위한 바로 전 단계로서 개인의 행복뿐만 아니라 가족의 성공적 발달 여부를 결정해주는 매우 중요한 과정이다. 이성교제에 대한 개인의 심리체계는 사회의 문화적 배경이나 시대의 영향을 받으며 또 같은 시대, 같은 사회라도 그가 속해 있는 가정의 가족체계, 특히 부모의 부부체계나 부모의 태도, 형제체계 등에 크게 영향을 받는다. 이성교제를 함으로써 무엇보다 중요한 의의는 자기자신을 상대방에게 투사하여 다시 알아보는 자기의식, 자기평가의 중요한 계기가 된다는 것이다. 특히 청년기의 이성교제는 사춘기의 단순한 호기심에 의한 이성교제가 아니라 평생의 동반자를 탐색하고 결정하는, 결혼을 전제로 하는 이성교제가 되기 때문에 더욱 큰 의의를 갖는다. 대체적으로 결혼생활의 행복 여부는 배우자 선택을 어떻게 하느냐에 좌우되는 수가 많다. 그러므로 청년들은 배우자 선택의 중요성을 깨닫고 자신에게 가장 적합한 선택 기준을 찾아야 하는데 이 과정에는 이해와 훈련이 필요하며, 행복한 결혼을 위해서는 현명한 배우자 선택이 필수조건이라 할 수 있다. 배우자 선택을 성공적으로 할 수 있다면 결혼생활을 통해 얻을 수 있는 만족감을 증가시킬 수 있을 것이다. 이 세상에 존재하는 수많은 이성 중에서 결혼 상대자를 만나 결혼을 하는 과정은 가히 운명적이라고 할 만큼 신비스러운 일이다. 루이스는 이와 같은 배우자를 선택하는 과정은 간단하다고 생각되기도 하지만 실제로는 매우 복잡하고 다양하다. 이러한 배우자 선택에 개입되는 요인과 과정에 대한 연구결과와 배우자를 선택하는 심리적 과정을 단계별로 제시하기도 하였다(Lewis, 1973). 사회복지적 관점에서는 청년기의 이성교제와 배우자 선택에 대한 정보제공과 집단교육 프로그램에 관심을 가져왔다. 자신의 이성관에 대한 내성적 고찰과 결혼관 정립에 필요한 집단 프로그램도 개발하여 실시해 왔다. '나를 찾아 떠나는 여행' '미리 본 커플(Couple) 교실' 프로그램, 예비부부교실 프로그램 등은 개인의 심리체계가 이성교제나 결혼관에 어떤 모습으로 투영되고 있는지를 통찰하게 함으로써 좀더 신중하고 성숙된 청년기 과업을 수행할 수 있도록 돕는다.

루이스의 배우자를 선택하는 심리적 과정 6단계

루이스(Lewis, 1973)는 배우자를 선택하는 심리적 과정을 중시하여 결혼에 이르는 6단계를 다음과 같이 제시하였다.

1단계 - 유사성(similarity)의 단계 : 상대방의 사회적 배경, 가치관, 성격 등이 유사함을 지각하는 단계이다.

2단계 - 라포(rapport)의 단계 : 서로 상대방에 대해 긍정적인 평가를 하고 호감과 친밀감을 느낀다.

3단계 - 자기개방(self-disclosure)의 단계 : 상대방에 대한 신뢰감이 증진되면서 서로 자유롭고 솔직한 자기표현을 할 수 있는 관계로 발전한다.

4단계 - 역할탐색(role taking)의 단계 : 밀접한 관계 속에서 자신의 역할을 구축해 가고 상대방의 역할에 대한 기대를 형성하게 된다. 아울러 상대방의 성격과 능력에 대한 구체적 파악을 기대하는 역할의 수행능력을 평가하게 된다.

5단계 - 역할조화(role fit)의 단계 : 서로에 대한 역할기대와 역할수행을 조정하여 상호보완적인 조화를 이루어 가는 단계이다. 상대방의 기대에 맞추어 자신의 역할을 조정해나가는 동시에 상대방의 역할에 대한 자신의 무리한 기대를 변화시켜 가는 과정이 이 단계에서 이루어진다.

6단계 - 상호결정의 단계 : 서로의 역할을 수용하여 확정하고 한 쌍의 동반자로서의 정체감과 일체감을 느낀다. 이 단계에서 결혼을 통해 주위 사람들로부터 공식적인 부부로 인정받게 된다.

인지발달단계

인지이론은 인간에 대한 낙관적인 관점을 가지고 인간의 경험과 사회적 상호작용의 결과로 인간의 인지능력이 발달한다. 인간은 자신이 받은 유전, 개인의 경험, 교육 등이 조화를 이뤄 논리적인 인지발달을 하게 된다.

인간의 인지발달단계를 설명하면 다음 〈표〉와 같이 설명할 수 있으며, 이러한 성취연령은 개인별로 차이가 있으며 모든 아동이 순차적인 발달단계를 지나며 단계를 뛰어넘을 수는 없다. 그리고 다음 단계로 이동하는 과도기에는 두 단계의 인지적 특성이 함께 나타날 수 있다.

단계	시기	연령	특징	주요과업	주요개념 획득
1	감각 운동기	0~ 2세	· 직접적인 신체감각과 경험을 통해 환경의 이해 · 자신과 외부대상을 구별하지 못함 · 6개의 하위단계로 다시 구분하여짐	자기와 환경의 구분	대상영속성(어떤 대상이 시야에서 사라지더라도 계속 존재한다고 믿는 것)
2	전 조작기	2~ 7세	· 언어습득으로 상징적 개념 활용 · 자기중심적이며 물활론적 관점 소유	언어사용	분류(대상을 일정한 특징에 따라 다양한 범주로 나누는 능력)/연속성(일정한 특징에 따라 대상을 배열하는 능력)/보존(수, 질량, 액체의 부피 등이 형태나 위치가 변하여도 동일하다는 인식)
3	구체적 조작기	7~ 11세	· 다양한 변수를 고려하여 상황과 사건을 파악 · 다른 사람의 관점에서 사물을 이해하고 공감 · 관점의 초점이 생각이 아니라 사물임	현실인지 도덕판단	동일성(원래의 양에 가감하지 않으면 같은 양)/보상성(컵모양이 길고 넓어지면 차이가 있으나 같은 양)/역조작(액체를 원래 용기에 다시 부을 수 있기 때문에 같은 양)
4	형식적 조작기	11~ 16세	· 사물에 존재하는 방식과 기능하는 방식에 대해 추상적 사고 · 다양한 관점에서 가설-연역적인 추론 가능	교과학습	추상적인 합리화(구체적인 사물이 아닌 추상적인 사고를 자신과 타인과 다름을 인지함)

제5장

청소년기와 청년기의 사회체계

제5장
청소년기와 청년기의 사회체계

1. 생활주기상의 중요성

1) 청소년기

청소년기와 청년기를 구분하는 기준은 학자들마다 다양하다. 본 장에서는 청소년기를 중학생과 고등학생으로 그리고 청년기를 20대 후반까지로 한정하고 청소년기와 청년기의 사회체계와 관련한 생활주기상의 중요성과 이 시기에 수행해야 할 주요과업, 그리고 사회복지의 관점에서 관심을 가져야 할 주요 쟁점들에 관하여 살펴보기로 한다.

청소년(adolescence)이라는 용어는 라틴어의 성장하다(to grow up) 또는 성숙해지다(to come to maturity)란 의미에서 유래한다(Nielsen, 1991). 청소년이라는 용어가 내포하는 의미에서 알 수 있듯이 이 시기는 차후의 삶에서 요구되는 신체적, 정신적, 심리적, 사회적 성장에 많은 비중이 주어지는 시기이다.

특히 오늘날 사회가 고도로 산업화되면서 개인이 산업사회에 적응하는 데는 많은 기술과 지식이 요구되며, 이러한 측면은 상대적으로 청소년기를 길게 하는 요인이 된다. 청소년기가 길어진다는 것은 청소년들이 사회역할 구조에 적극적으로 참여하지 못하고 오랜 기간을 주변인으로 머무르게 된다는 것을 의미한다. 이처럼 청소년기가 길어진다는 것은 청소년의 소외감, 무역할, 자율성의 제약, 좌절, 불만을 낳는 원인이 될 수 있다.

청소년기의 사회적 발달의 특성(최선화 외, 2000: 15)은 다양한 측면에서 고찰될 수 있다.

첫째, 청소년은 부모로부터 분리개별화하고자 한다. 분리개별화란 청소년이 부모와 정서적인 유대를 지속하면서 자신을 부모와 다른 독특한 한사람의 인격체로 인식하고 경험해 가는 심리적인 과정이다. 이로 인해 청소년의 주요 애착대상(attachment object)은 부모에서 친구로 이동하며, 부모와 상이한 가치관이나 생각들을 하게 되고, 그것을 내면화하게 된다. 이러한 분리개별화 노력은 성인으로 독립하는 데 절대적으로 필요한 요소이다. 그러나 부모들이 이러한 과정을 자연스러운 성장과정으로 인정하지 않고 부모에 대한 도전이나 반항으로 인식한다면, 부모와 자녀 간의 갈등은 증폭될 가능성이 크다.

둘째, 동성이나 친구 등 또래집단에 몰입한다. 청소년 이전 시기부터 또래 관계는 유지되어 오지만 청소년기에 들어서면 그 이전과 구별되게 또래 상호 간에 심리·정서적으로 관여하는 정도가 매우 깊어지고 친밀해진다. 이처럼 비슷한 발달단계에서 비슷한 경험을 하고 있는 또래와의 관계는 청소년으로 하여금 자신의 정체감을 형성하고 유지하는 데 필요한 심리사회적 지지를 제공한다. 따라서 청소년이 이러한 지지를 제대로 받지 못하게 된다면 부정적인 자아상의 확립은 물론 사회적 거부와 배척의 감정을 가지게 된다.

셋째, 청소년들은 많은 위기와 혼란에 직면해 있다. 프로이트와 에릭슨 이외에도 많은 학자들은 청소년기를 엄청난 위기와 혼란을 경험하는 시기로 규

정하고 있다. 진화론을 통하여 청소년기의 발달단계를 정립한 홀(Hall, 1904)
은 청소년기를 '질풍노도의 시기'로 규정한 바 있다. 그의 연구 이래로 많은
연구들에서 청소년기가 사회적 발달상에 있어 매우 힘든 시기라는 것을 밝히
고 있다. 최근의 실증적인 연구들에서도 청소년의 20%는 매우 심한 질풍노도
의 경험을 하고 있으며, 다수의 청소년은 이 시기에 발달을 더디게 할 정도의
스트레스를 받는 것으로 나타났다(사회복지대백과사전, 1999: 42).

2) 청년기

청년기는 10대의 청소년기를 벗어나 독립된 생활을 성취하기 위한 준비기
로 적합한 성 역할의 습득, 직업선택과 관련된 발달과업을 수행해야 하는 중
요한 전환의 시기이다(곽영식 외, 2000).

청년기는 사회적 발달측면에서 볼 때 다른 사람을 사랑하고 보살피는 능력
이 심화되고 내면화되는 시기이며, 바람직한 사회화가 이루어지고 성공적인
성인기를 준비하는 시기이다. 따라서 청소년기에 자아정체감을 충분히 확보
한 개인은 청년기를 통하여 타인과의 건전한 상호관계에 집중할 수 있는 능
력과 기회를 가지게 된다.

인간의 신체적 성숙은 청년기에 거의 완성되기 때문에 이 시기에는 인생
전반에 걸쳐 거의 최상의 신체적 상태를 유지한다. 즉, 청년기는 전 인생에
있어서 활기, 힘, 건강이 최고 수준을 유지하는 시기이며, 근육과 내부 기관
의 기능 역시 최고조에 도달한다. 또한, 청년기는 신체적, 지적인 측면에서
가장 정점에 있는 시기라 할 수 있다. 또한, 청년기는 이전 단계에서 형성된
자아정체감을 통해 타인과의 상호관계에 집중하는 시기이다(이인정 외,

1995).

청년기의 주요 특징은 부모와 분리하여 독자적인 삶을 영위하는 것이다. 이를 위해서 청년은 독자적인 삶을 경영하는 데 필요한 다양한 기술을 습득해야 한다. 즉, 신변처리, 의사결정, 일상생활 능력과 관련된 기술을 습득하고 있어야 한다. 만일 청년에게서 이러한 기술이 부족하다면 독자적인 삶을 영위하는 데 문제가 따를 것이며, 그는 독립적인 삶을 회피하려고 할지도 모른다. 청년기에 이르러 진정한 독립을 이루는 것은 매우 중요하며, 이는 분리에 대한 불안의 극복, 경제적 확실성, 의사결정 능력, 건강한 신체기능이 동반될 때 비로소 가능해진다.

청년기 이후의 발달은 새로운 신체적 기능이나 인지적 능력에 의해 주도된 청소년기와는 달리 사회적 · 문화적 요소에 의해 많은 영향을 받는다. 따라서 청년들은 직업과 가족을 보살피는 데 전념하며, 직장에서 인정받고 전문가가 되기 위하여 전념한다. 또한, 청년기의 성공적인 발달에는 무엇보다 훌륭한 지도자의 모델링이 요구된다.

고울드(1978)에 따르면 청년기의 발달은 어린아이 같은 환상과 그릇된 가정을 버리고 자기 신뢰와 자기 수용을 선택하는 과정이다. 또한, 청년들은 지속적인 부모의 원조에 대한 환상과 기대에서 벗어나 자신의 삶에 대해 전적인 책임을 받아들여야 하며, 그러기 위해서는 자신의 생활기술이 발달되어야 하고, 사고가 분석적이고 비판적일 수 있어야 한다.

청년기의 주요 사회적 특징은 이성과의 애정관계를 지속하고 경제적 안정의 도모와 사회적 실존감 획득에 도움을 주는 직업에 몰두하는 것이다. 프로이트가 지적한 대로 건강한 사람의 상징인 '사랑'과 '일'은 청년기에 수행해야할 주요한 과업이다. 또한, 원활하게 일하고 사랑하는 것은 청년기 이전에 형성된 효율적인 지적 능력과 자아기능을 담보로 하며, 만일 청년이 그 이전의 시기에 이러한 능력을 제대로 구비하지 못하였다면 청년기는 상당한 위기에 직면하게 될 것이다.

청년기를 에릭슨(Erickson)은 친밀감 대 고립감의 시기라고 명했다(최순남, 2001: 157-158). 그에 따르면 청년들은 구혼, 결혼을 통해 그리고 정력적으로 일함으로써 정착을 지향한다. 또한, 그는 이시기를 성적 친밀감은 물론 사회적 친밀감을 동시에 추구하는 시기로 보았다. 이러한 친밀감은 청년으로 하여금 한 이성을 사랑하고 결혼하여 부모의 역할을 원만히 수행하게 하는 데 기여한다. 청년기에 부과되는 전통적인 주요역할은 남성의 경우 직업활동을 추구하는 것이며, 여성은 출산과 양육, 가사일에 전념하는 것이다. 청년들은 가족을 부양하기 위한 수단으로 직업에 충실하지만 사회적 승인을 얻기 위해서 더욱 노력한다. 대부분의 남성과 일부 여성에 있어 청년기는 직업을 공고하게 하는 시기이다.

2. 사회체계와 주요과업

1) 청소년기

(1) 의존에서 독립으로의 이동

청소년기는 그동안 익숙하던 의존과 보호의 욕구에서 벗어나 독립을 추구하려는 강한 욕구를 형성한다. 이러한 독립의 욕구는 차후 성인으로서의 독립된 삶을 영위해 나가는 데 요구되는 바람직한 성격적 자질이 된다. 따라서 이 시기의 청소년들은 가정에서 독립하여 생활하고 싶은 욕구를 느끼며, 성인으로 취급받고 싶어하고, 스스로 결정을 내릴 수 있는 존재라고 생각한다. 이러한 욕구들로 인해 청소년들은 성인으로부터 주어지는 지시적인 처우에 반항으로 대응하기도 하며, 경우에 따라서는 비밀스럽게 행동하거나 부모와의 대화를 거부하기도 한다.

평소 지나치게 허용적이거나 자녀의 행동에 무관심한 부모를 둔 청소년의 경우는 독립을 성취하는 데 많은 어려움을 겪을 수 있다. 이러한 청소년들은 성장과정에서 독립적인 경험이 부족하기 때문에 성장에 대해 불안해하거나 주변으로부터의 독립적 요구에 대해 심한 부담감을 가질 수 있는 것이다.

이 시기의 청소년은 아동기에 비해 점점 더 독립적일 것을 요구받는다. 따라서 청소년은 스스로 학업을 관리하고 대인관계의 폭을 설정해야 하며, 이성관계의 빈도를 조절해야 할 뿐만 아니라 일상의 스케줄을 관리해야 하는 과제를 안게 된다. 청소년에게 있어 독립과 관련된 삶의 능력은 한 순간에 형성되기보다 수많은 시행착오를 통해 이루어진다. 또한, 이러한 독립과 관련된 욕구가 현실에서 충족되기 어려울 경우 청소년은 과거에 익숙했던 의존과 보호의 시절로 퇴행하기도 한다.

어떤 부모의 경우는 자녀에게서 보이는 독립적 행동에 대해 불쾌감과 저항을 보이기도 한다. 청소년은 부모의 이러한 양육태도를 독립을 포기하라는 메시지로 이해하고 자신의 독립지향적인 행동에 대해 죄의식을 가질 수도 있다. 이러한 부모의 태도는 아주 은연 중에 일어나기 때문에 의식하지 못하는 경우가 많다.

청소년기의 독립은 이를 지지할 수 있는 부모의 태도뿐만 아니라, 또래와 함께 이루어지는 독립의 경험에 의해 결정되기도 한다. 사회나 가정에서의 독립은 궁극적으로 부모라는 대상(object)을 대치할 수 있는 또 하나의 대상을 요구하며, 또래는 부모 대상을 대치하는 기능을 한다. 만일 독립에 대한 욕구가 또래와의 관계에서 저지되거나 또래와의 관계에서 충분하게 실습되지 못하게 될 경우 독립은 그만큼 어려워질 수밖에 없다.

청소년기에 있어서 독립은 아동기의 특징인 의존을 탈피하여 성숙된 개인으로서의 삶을 가능하게 해주며, 만일 청소년이 이 시기에 독립을 추구하는 데 있어서 어려움을 겪게 된다면 차후의 삶에서 많은 어려움에 직면할 수 있다.

(2) 건강한 또래집단의 형성

청소년기의 주요 특징은 일차적 양육자인 부모의 보호로부터 벗어나 독자적인 영역을 구축하려는 시도를 한다는 것이다. 따라서 청소년은 그동안의 주요 대상이었던 부모에 대한 관심이 현격히 줄게 되며, 이를 대신할 새로운 대상을 발견하려는 강렬한 시도를 한다.

많은 연구들에서 지적하고 있듯이 가족과의 유대가 약하거나 정서적 갈등이 많은 청소년일수록 또래에 집착하게 된다. 청소년이 또래에 집착하는 것은 새로운 대상을 추구하려는 강렬한 시도로 볼 수 있다. 또한, 청소년들이 또래를 중시하는 것은 불확실한 자기정체성을 확립하는 데 또래와의 상호작용이나 모델링 등이 요구되기 때문이다. 따라서 청소년기에는 우정이 가족 간의 애정보다 더 중요시되며, 가족들과 보내는 시간보다 또래와 어울리는 데 더 많은 시간을 할애하려는 경향이 있다. 또한, 청소년은 자신이 속한 또래집단 속에서의 위치와 자기이미지를 동일시하는 경향이 있으며, 또래집단에서 이탈되지 않기 위해 그들로부터 인정받을 만한 일이라면 그 일의 성격과 관계없이 추구하려는 특징이 있다.

건강한 또래집단은 청소년기의 발달에서 중요하게 다루어지는 자기정체성 확립에 도움을 준다. 청소년들은 또래를 통하여 다양한 사회적 규범을 내면화하며, 충동을 조절하는 방법을 배우고, 문제해결에 대한 다양한 방법을 학습한다. 이처럼 또래집단은 청소년 발달에 있어 매우 중요한 비중을 차지한다.

청소년들이 건강한 또래와 어울릴 가능성만큼이나 바람직하지 못한 또래와 어울릴 가능성 또한 매우 높다. 특히 가족역기능이 많은 가정에서 자랐거나 자아발달이 미약한 청소년일수록 그리고 내적 규범이 약하고, 학력수준이 떨어지는 학교에 재학하는 청소년일수록 일탈적인 또래집단과 어울릴 가능성이 크다.

일탈적인 또래집단은 대개 사회 부적응적인 규범을 준수하거나 또는 쉽게 충동을 발산하는 하위문화를 가지고 있기 때문에, 반항적이고 충동조절이 어려운 청소년들은 이러한 하위문화에 노출됨으로써 쉽게 일탈로 빠지게 된다. 청소년들이 바람직하지 못한 또래집단에 소속되는 것은 소속 또래집단으로부터 바람직하지 못한 하위문화적 규범을 습득하게 되는 문제 외에도 상급학교에 진학하는 데 요구되는 학업성취의 기회를 박탈당하는 결과를 초래한다. 따라서 청소년의 바람직한 발달을 조장하기 위해서는 청소년이 건강한 하위문화에 지속적으로 노출되도록 할 필요가 있다.

(3) 직업에 대한 준비

청소년기는 곧 시작될 성인기를 안정되게 보낼 수 있는 다양한 노력을 전개하는 시기이다. 특히 이 시기는 사회발달적으로 볼 때 성인의 사회적 역할의 상징이라고 할 수 있는 직업을 준비하는 데 많은 노력을 쏟는 시기이다. 직업은 성인의 삶의 형태를 결정하는 중요한 요소이기 때문에 만일 청소년이 직업에 대한 준비를 게을리 할 경우, 그 이후의 삶은 불안정해질 가능성이 높다.

청소년의 직업 선택은 여러 요인에 의해 영향을 받는다. 그 중에서도 특히 개인적인 능력, 관심과 취미, 자신에 대한 부모의 기대 등은 청소년의 직업선택에 많은 영향을 미친다. 청소년의 직업선택과 관련해서 오닐(O'Neil, 1980: 571-580) 등은 ① 어린 시절의 경험과 역할모델로서의 직업과 관련된 가족요인, ② 학교교육, 또래집단과의 경험, 대중매체 등의 사회적 요인, ③ 적절한 기회와 같은 상황적 요인, ④ 출신계층, 성차별, 직업수요 등의 사회경제적 요인, ⑤ 자기 자신에 대한 기대, 직업에 대한 태도, 성취욕구와 같은 개인적 요인과 자신감의 결여, 실패에 대한 두려움, 자기주장 능력의 결여, 역할 갈등과 같은 심리적 요인이 직업선택에 영향을 미친다고 보았다.

청소년들이 상급학교로 진학하는 것은 직업선택의 가능성을 결정하는 중요한 요인이 된다. 특히 우리나라의 경우는 개인의 적성이나 경험에 의해 직업을 선택하기보다는 상급학교의 특성에 의해 직업을 선택하는 경우가 많다. 따라서 청소년이 원하는 상급학교에 진학하지 못하게 될 경우 직업 선택의 폭은 그 만큼 감소하게 되며, 이는 직업과 관련하여 청소년들에게 심각한 심리, 사회적 부담을 안기는 요인이 될 수 있다.

2) 청년기

(1) 직업선택

청년기의 사회발달적 특징은 독립적인 생활을 영위하는 데 필요한 직업활동을 수행하는 것이다. 청년기에는 직업선택에 따라 성인의 삶의 방식이 결정될 것이라고 믿기 때문에 직업선택에 많은 신중을 기한다. 또한, 청년기에

제기되는 스트레스의 상당부분이 직업과 관련된다는 연구결과를 보더라도 청
년기에 직업이 차지하는 비중은 대단히 크다.

성에 따라 직업을 선택하는 기준은 다양하다. 남성에게 있어서 직업은 자
신의 배우자를 선택하거나 가족을 부양하는 성숙의 지표가 되는데, 최근 이
러한 경향은 여성에게서도 뚜렷이 나타나고 있다. 또한, 남성들은 직업을 자
신의 정체감 형성의 중심부에 두려는 경향이 강하지만, 여성은 때때로 직업
을 어머니 역할에 대한 대체물로 간주하려는 경향이 있다(Moore, 1969).

대부분의 사람들은 직업을 생존에 필수적인 것으로 간주하지만 어떤 사람
은 창의력을 발휘하거나 자부심을 획득하기 위한 기회로 활용하기도 한다
(Specht & Craig, 1987: 185). 직업에 대한 이러한 인식은 삶의 질 향상과 더
불어 점차 다양해질 것으로 예상된다.

청년기의 직업선택에 영향을 미치는 요인은 가족적 요인, 사회관습적 요인,
상황적 요인, 사회경제적 요인, 개인적 요인, 심리사회적 요인 등 매우 다양
하다(O'Neil et. al., 1980: 571-580). 직업을 선택하는 데는 직업과 관련한 정
확한 정보가 있어야 한다. 직업이 요구하는 지식과 직업을 구하는 절차, 직업
의 속성 등에 관해 정확한 정보를 가지는 것은 효과적인 직업결정에 있어서
매우 중요하다.

다음은 청년기의 직업선택과 관련하여 중요하게 고려되어야 할 요인이다
(Newman & Newman, 1987: 438-440).

첫째, 선택하려는 직업에서 요구하는 전문성의 정도가 어느 정도이며 스스
로에게 이러한 전문성을 획득할 수 있는 잠재력이 있는지를 고려해야 한다.

둘째, 자신의 업무성과를 어떤 기준으로 어떻게 평가하는지, 그리고 자신
에게 주어지는 업무의 자율성이 어느 정도인지를 파악해야 한다.

셋째, 선택하려는 직업은 어느 정도의 위험요소를 안고 있는지, 또한 어떠한 희생을 요구하는지를 파악해야 한다.

넷째, 선택하려는 직업이 안고 있는 인간관계의 질을 평가하고, 이것이 자신의 사회적 욕구를 충족시켜 줄 것인지를 고려해야 한다.

청년기에 있어 자신에 맞는 직업을 선택하기 위해서는 자신의 흥미, 능력, 자아기대와 직업이 어느 정도 일치해야 한다. 청년기에 있어 직업은 개인의 생계수단이자 자아실현의 도구일 뿐만 아니라 스트레스를 일으키는 요인이 되기도 한다. 또한, 직업은 청년기의 신분을 측정하는 중요한 기준이 되기 때문에 효율적이지 못한 직업수행은 개인에게 매우 심각한 심리적, 사회적 타격을 가할 것이다.

따라서 효율적인 청년기 발달을 도모하기 위해서는 개인의 잠재력을 최대한 활용할 수 있고, 자아정체성과도 부합되며, 자아실현의 요구에 부합할 수 있는 직업을 선택하는 것이 바람직하다.

(2) 결혼

청년기의 주요한 발달적 과제는 결혼을 통해 가족을 이루는 것이다. 이성을 충분히 이해하고 수용하며, 사랑할 수 있는 능력을 함양하여 결혼한다는 것은 인생 전반에 걸쳐 친밀감과 성숙한 사회적 관계를 성취하는 데 가장 중심이 되는 과업이라고 할 수 있다(곽형식, 2000: 290-291).

결혼은 제2의 탄생이라고도 한다. 이는 결혼과 더불어 새로운 인생이 시작됨을 의미하는 것이다. 또한, 결혼은 부부 상호 간의 성적인 욕구의 발산을 통해 자손을 얻는 생물학적인 목적과 상호 의존적이며 공감을 유지하는 심리적 합의체일 뿐만 아니라, 성인으로서의 사회적 역할을 수행하게 하는 사회적 공동체의 기본 단위이다.

결혼은 남녀의 합의에 의한 생물학적, 심리적, 사회적 결합이며, 바람직한 결혼생활을 유지하기 위해서는 부부 상호 간의 요구와 의무의 균형 속에서 책임감 있는 역할을 수행할 능력을 갖추어야 한다.

가족 형성의 기초가 되는 결혼은 단순한 남녀의 결합이라는 의미를 뛰어넘어 복잡한 심리·사회적 기전이 작동되는 과정이다. 최근 이혼율이 급증하고 있으며, 배우자로 인해 스트레스를 받는 성인들이 증가하고 있는 현실은 결혼이 반드시 행복으로 가는 지름길이 아니라는 것을 알려준다.

결혼관계에서 행, 불행을 인식하는 것은 주관적인 것이며, 결혼에 대한 정서적인 인식의 상당 부분은 배우자 선택동기와 관련이 있다. 개인차가 있겠지만 배우자 선택 기준은 상호작용이 가능한 사람, 개인적 친밀성과 가족 배경, 상대방에 대한 매력 등이다(김동배, 1998, 137).

많은 경우에서 자신의 열등감을 극복하기 위한 수단으로 배우자를 선택하는 경우도 있다(최순남, 2001: 160). 만일 이런 경우 선택한 배우자에서 자신의 열등감의 해결이 어렵다는 것을 알게 된다면 힘든 결혼생활이 될 가능성이 크다. 예를 들면, 불안하고 자신감이 없는 여성이 일견 볼 때 용감해 보이고 진취적으로 보이는 남성을 배우자로 선택하였지만, 결혼생활 과정에서 그녀가 기대했던 모습을 남편에게서 발견하기 어렵다면, 그 여성은 신경질적이고 요구적으로 남편을 대할 것이다.

이와 관련하여 루빈(Rubin, 1973)은 배우자 선택기준으로 근접성이론을 제안하였다. 즉, 학교나 직장, 교회 등과 같이 가까운 관계 속에 있는 사람을 배우자로 삼게 될 가능성이 크다는 것이다. 그 외에도 배우자 선택을 설명하는 이론은 다음과 같다(Zastrow & Kirst-Ashman, 1987). 첫째, 이상형 배우자 이론이다. 개인이 바라는 특성과 특질을 이상적으로 갖추고 있는 인물을 배우자로 선택하는 것이다. 둘째, 가치의 일치이론이다. 자신의 가치와 의식적이든 무의식적이든 일치하는 사람을 배우자로 선택한다. 셋째, 동형배우이론이다. 자신과 유사한 인종적 경제적 사회적 특징을 지닌 상대를 선택한다. 넷째, 보완적 욕구이론이다. 우리 스스로 갖고 싶은 성질을 지닌 파트너를 선택하거나 우리가 원하는 유형의 사람이 되기를 도와줄 수 있는 누군가를 선택한다. 다섯째, 조화이론이다. 나를 이해하고 받아들이고 유사한 인생철학을 지니고 있어서 원활한 의사소통 할 수 있다고 느끼는 상대를 배우자로 선택한다.

결혼 초기의 부부는 상호 간 상대적으로 많은 헌신과 배려를 요구한다. 성관계, 음식기호, 욕실사용, 여가활용 방법, 원가족과의 관계 등은 결혼 초기에 부부 간에 상호협의해야 할 사항이며, 원만한 부부관계는 이런 상이한 욕구와 문화를 상호 간 절충하는 노력을 전제로 한다. 결혼 2년에서 4년 내에 이혼율이 높은 것은 이러한 문제를 슬기롭게 극복하지 못한 결과일 수 있다.

결혼초기의 원만한 부부관계는 부부 간에 이루어지는 상호작용의 질에 의해 결정되는 경우가 많다(김동배, 1998: 138, 재인용). 따라서 신혼부부는 원만한 부부관계를 유지하고 발전시키는 데 따른 다양한 기술을 습득하여야 한다.

살펴본 바와 같이 청년기에 있어서 배우자 선택은 부부관계의 형태를 결정하는 중요한 변수이며, 원활하지 못한 배우자 선택은 부부 개인들의 불행일 뿐만 아니라 자녀 양육에도 매우 부정적인 영향을 미치며, 직업활동을 어렵게 하는 요인이 된다.

3. 주요 쟁점

1) 청소년기

(1) 청소년 비행

청소년 비행은 청소년기에 나타나는 대표적인 부적응 문제로 사회사업의 주요 관심 영역이다. 청소년 비행을 열거해보면 유흥가 배회의 단순한 문제에서부터 절도, 폭력, 약물남용, 성폭행에 이르기까지 다양하다. 우리나라에서의 소년범죄 발생은 매년 16만 건이 넘게 보고되고 있는 바와 같이 나날이 늘고 있으며, 범죄의 본질 또한 대담해지거나 성인의 일탈문제와 흡사해지고 있다.

청소년 비행의 원인을 규명하려는 이론적 입장은 인간행동을 설명하는 방법만큼이나 다양하기 때문에 학자에 따라 그 초점을 달리하는 다양한 이론들이 제기되고 있다. 청소년의 일탈 및 비행행동에 대한 연구는 크게 비행행위 당시의 주변상황이나 사회경제적 환경을 중시하는 환경생태학적 연구(Gove, 1982)와 가족성원 간의 의사소통이나 상호관계를 중시하는 가족역동적 연구(Brandt, 1988) 등이 있고, 체질이나 유전, 염색체 이상에 관심을 가지는 생물학적 연구(Schiavi, 1984) 등에 이르기까지 다양하다(양점도, 1994).

청소년 비행의 치료적 접근을 모색함에 있어서 단일모델의 적용은 치료결과에 있어서도 제한적인 성과를 낳을 수밖에 없다. 이러한 한계점을 극복하고자 등장한 것이 생리정신사회모델(biopsychosocial model)이다. 이 접근은 다전문직(multidisciplinary)들이 청소년 비행에 대한 이해와 치료적 접근을 꾀하는 데 있어서 팀웍 접근에 대한 효과성 및 효율성을 높여 주는 것으로 나타났다(Robert, et. al., 1991: 424-455).

본 장에서는 청소년 비행에 영향을 미치는 여러 요인들 중에서 사회학적인 측면과 관련된 이론, 즉 긴장이론(strain theory), 하위문화이론(subcultural theory), 통제이론(control theory), 낙인이론(stigma theory)과 청소년 비행에 미치는 텔레비전과 인터넷의 영향을 고찰해 보고자 한다.

① 긴장이론

머튼(Merton, 1968: 53-68)에 의해 체계화된 이론으로 목적과 그것을 달성할 수 있는 수단 사이의 불일치 혹은 괴리가 문제행동을 유발한다고 본다. 머튼에 의하면 사회에서의 문화적 목표, 예를 들면 물질적인 부는 모든 계층에게 다 받아들여지는 문화적 목표이다. 즉, 문화적 가치의 차원에서 볼 때 동질적인 사회에서는 모든 사람의 문화목표가 동일하다는 것이다. 그러나 이러한 문화목표를 성취할 수 있는 합법적이며 제도화된 수단은 모든 계층에 동일하게 배분된 것이 아니라, 계층별로 상이하다. 그러므로 제도화된 수단이 가장 적게 배분된 계층에서는 그들이 이미 수용한 문화목표를 달성할 수 있는 기회가 적어 많은 좌절을 경험하게 되며, 이러한 문화목표에 접근이 용이하지 않은 제도화된 수단은 물론, 비제도화된 수단마저 이용하게 된다. 따라서 범죄나 비행, 일탈행동은 비합법적인 방법으로 문화적 목표를 달성하려는 과정에서 발생하는 산물로 이해될 수 있다.

문화목표와 제도화된 수단 간의 사회적 괴리를 머튼은 '아노미'라 칭하고, 어떤 특수한 계층의 사람들에게는 사회적인 구조가 긴장(strain)을 유발하여 비행을 저지르게 한다고 보았다. 긴장이론가들은 청소년의 일탈된 행동은 합법적인 문화수단을 달성하기 위한 돌파구로 이해한다.

긴장이론에 의하면 청소년들은 그들에게 수용된 문화적 목표, 즉 외모, 학업성적, 힘의 인정, 물질적인 풍요, 인정과 수용의 욕구 등이 충족되지 않을 때 긍정적이거나 부정적인 방법으로 그들의 목표를 달성하고자 애쓰며, 이 과정에서 부정적인 방법이 동원될 경우 일탈이나 비행으로 나타날 수 있다고 한다.

② 하위문화이론

비행이나 일탈행동은 나쁜 친구들 무리에서 전염된다는 이론이다. 청소년들의 가치관이나 규범은 그들이 속한 집단 내의 그것들에 의해 강하게 영향을 받기 때문에, 일탈적인 동료무리에 속해 있는 청소년들은 일탈적인 행동을 드러내면서까지 그리고 집단 내에서 자신에게 부여된 기대나 규범을 준수하면서까지 그 무리로부터 인정받으려 한다(Sutherland, 1978).

야브론스키(Yablonsky, 1962)는 갱을 위협스런 환경과의 동맹 또는 용해로 보았으며, 갱을 지속적인 하나의 형태로 개념화하기보다는 개인의 필요에 의해 일시적으로 연합(association)하는 것으로 보았다. 이런 맥락에서 볼 때 일탈집단은 청소년의 좌절된 개인적 욕구를 충족시키는 수단이 되며, 좌절이 큰 청소년일수록 일탈집단에 강한 매력을 느끼게 된다.

세리프(Sherief, 1964)에 따르면 갱단의 비행은 그가 속한 집단의 규범을 반영한 것에 불과하며, 청소년의 행동을 이해하려면 그가 속한 환경을 고려하는 것이 중요하다. 그러나 하위문화이론은 비행집단에 노출되어 있는 청소년 중에 누가 비행집단에 가입하게 되고, 누가 가입하지 않는지에 대한 답을 제시하는 데 한계가 있다(Joseph, et. al., 1991).

③ 통제이론

긴장이론은 사회적인 구조가 긴장을 유발하며, 그 결과 일탈된 행동을 저지른다고 본 반면, 통제이론을 주장한 허쉬(Hirschi, 1969)는 비행을 저지르도록 강요하는 긴장은 없으며, 오히려 비행을 저지르지 못하게 하는 요인만 있다고 보았다. 통제이론에 따르면 인간은 누구나 비행을 저지를 수 있는 요인을 가지고 있다고 전제하고 일탈된 행동을 하고 싶은 충동을 통제하는 요인이 무엇인지에 관심을 두었다.

통제이론은 가족의 기능을 중시했으며 연구의 초점을 일탈집단이나 사회계층에만 한정하고 있지 않을 뿐만 아니라, 개인이 가진 기질적인 측면과 성격적인 요인이 일탈적 행동에 대한 충동을 통제하는 데 관련이 있다고 보았으며, 비행의 원인을 성격적인 결함으로만 간주하지 않는다(Robert et. al., 1991: 424-445).

베리어(Barier 등, 1965)는 가족에 대한 긍정적인 견해, 학교에서의 성공에 대한 갈망, 일탈자로 범주화되는 것에 대한 두려움, 미래 성공을 위해 현실을 억제하고자 하는 열정 등을 일탈행동의 통제요인으로 보았다. 그러한 측면들은 가족과 학교, 높은 사회규범과 개인을 연결시키는 요인으로 작용한다. 따라서 사회규범의 위반에 따른 처벌의 두려움이 큰 개인일수록 일탈의 가능성은 그만큼 줄게 된다.

이와 관련하여 존슨(Johnson, 1979)은 일탈행동의 통제에 영향을 끼치는 요인으로 사회계층, 부모-청소년 관계, 학교경험, 미래에 대한 염려, 일탈단체 가입여부, 일탈에 대한 가치, 위협적인 처벌에 관한 두려움 등에 주목하고, 이중에서도 일탈집단의 가입여부와 일탈에 대한 가치관 등을 일탈행동을 통제하는 데 특히 중요한 영향을 미치는 변수로 보았다. 그의 연구에 따르면 일탈청소년은 그동안 중요한 대상으로 기능했던 부모를 대신할 새로운 대상을 추구하는 과정에서 일탈청소년 집단을 선택할 가능성이 크다. 즉, 일탈청소년들은 자신과 처지가 비슷한 또래와 어울려야 할 필요성에 의해 일탈집단을 선택하며, 이러한 필요성에 따라 비행집단과 상호원조 체계를 구축하게 되며, 자신들의 불안전한 방어욕구를 유지하는 데 도움이 되는 일탈집단을 내면화함으로써 비행 하위문화를 발전시키게 된다.

청소년의 공격적인 행동을 통제하는 가족적 요인에 관한 올시어스(Olseeus, 1980)의 연구에 의하면 청소년이 성장하는 과정에서 보이는 성급하고 무례하거나 공격적인 행동에 대해 부모가 허용적이고 느슨한 태도를 보이거나 필요이상의 처벌적인 양육으로 일관했다면, 차후 그 청소년은 공격적인 성향을 띨 가능성이 높다. 그는 양육자가 아동을 거부하거나 무관심하게 대할 경우 아동은 환경에 대하여 공격적이거나 적대적인 반응을 보일 가능성이 높다고 주장함으로써 청소년이 보이는 공격성의 통제요인으로 부모의 양육태도를 중시했다. 그러나 그의 연구는 양육태도와 기질적인 변수 중 어느 것이 공격성에 많은 영향을 미치는가를 설명하는 데 한계가 있다(Robert, et. al., 1991).

④ 낙인이론

낙인이론은 비행의 과정을 다룬 대표적인 사회학 이론이다. 낙인이론은 기존의 일탈, 비행이론들과는 상대적인 입장을 취하고 있다.

낙인이론가인 베커(Becker, 1974)는 어떠한 행위가 범죄인가 아닌가는 그 행위에 내재된 속성에 따라 정의되는 것이 아니라, 사람들이 그 행동을 어떻게 낙인찍느냐에 따라 규정되며, 비행청소년이란 비행청소년이라는 낙인을 성공적으로 수용한 자들이라 정의했다.

낙인이론가들은 비행행위 자체에 관심을 두기보다는 비행을 계속하는 사람들에 초점을 맞추고, 비행이라고 낙인찍힌 행위를 계속함으로써 오는 사회적인 불이익을 감수하면서까지 왜 비행행위를 계속하게 되는가에 관심을 가졌다.

베커(1974)는 일탈자라는 낙인은 하나의 사회적 지위와 같은 역할을 하게 된다고 주장하고, 일탈자라는 사회적 지위를 가지게 되면 처음에는 이를 부정하다가 점차 사회적인 반응에 의하여 스스로 일탈자라는 자기개념을 가지게 된다고 보았다. 또한, 그에 따르면 일차적 일탈은 다양한 원인에 의해 일어날 수 있으나, 이차적 일탈에 가장 중요한 요인은 다름 아닌 일탈자라는 낙인을 수용하는 것과 관련이 있다.

낙인이론에 따르면 청소년은 다양한 원인에 의해 비행을 저지르게 되고, 이에 따른 사회적 제 반응에 의해 스스로 비행자의 역할을 받아들이고 나면, 차후에는 쉽게 비행을 반복하는 경향이 있다.

⑤ TV나 인터넷의 영향

청소년들은 성장기간 중 상당시간을 TV나 컴퓨터 앞에서 보낸다. 최근 TV나 인터넷이 청소년 비행의 발달에 중요한 비중을 차지한다는 연구들이 쏟아지고 있다(Joseph, 1991).

벨슨(Belson, 1978)은 실험집단과 통제집단의 비교를 통해, TV에서 방영되는 폭력적인 장면이 청소년의 공격성에 많은 영향을 미친다는 것을 검증하였다. 그는 최근에 방영된 공격적인 TV내용을 시청한 학생집단은 그렇지 않은 집단에 비해 폭력적인 장면을 쉽게 모방하는 경향이 있음에 주목하였다.

에론(Eron, 1980)은 공격성향의 TV내용이 청소년의 공격성에 미치는 영향에 대하여 다음 4가지의 기제로 설명하였다.

첫째, 관찰을 통한 학습―공격적인 TV장면을 쉽게 모방하고 흉내낸다.

둘째, 시청 내용에 대한 정당성 부여―내적으로 공격성이 내재되어 있는 청소년들이 파괴적인 내용의 TV프로그램을 시청할 경우 공격성에 대한 내적인 억제의 필요성이 감소하게 된다.

셋째, 시청을 통한 흥분―공격성향의 TV내용은 어린 시청자들에게 신체적 각성을 유발시키며 이는 공격적인 행동을 부추기는 요인이 된다.

넷째, 가치관 형성에 미치는 영향―공격적인 내용을 시청함으로써 이 세상에는 폭력이 만연하다고 믿을 수 있으며, 따라서 불신감과 의심을 많이 가지게 되는 성격구조가 형성될 수 있다.

TV와 공격성의 상관관계에 대해서는 아직도 논란이 있지만 상당수의 연구에서 나름대로의 상관관계를 밝히고 있다. 조셉(Joseph, 1991)은 청소년이 TV와 컴퓨터에 많은 시간을 보내는 것은 부모의 양육태도, 즉 청소년에 대한 무관심과 느슨한 양육의 증거가 될 수 있다고 보고, 청소년의 TV시청이나 컴퓨터의 몰입은 부모의 그릇된 양육태도를 유추할 수 있는 증거가 된다고 주장했다. 최근 널리 보급되고 있는 컴퓨터의 음란물 역시 TV만큼이나 청소년의 공격성에 많은 영향을 미칠 것으로 보인다. 이 분야는 차후 많은 연구가 기대되는 영역이다.

청소년 비행의 원인이 되는 사회환경적인 요인을 탐색함에 있어서 사회환경적인 변수는 청소년 비행에 영향을 미치는 개인적인 취약성, 즉 개인이 가진 기질적인 변수와 성격적인 변수들과 함께 탐색되는 것이 바람직하다.

(2) 집단따돌림

① 문제의 개요

집단따돌림이란 두 명 이상이 집단을 이루어 특정인을 그가 속한 집단에서 소외시키거나 구성원으로서의 역할 수행에 제약을 가하며, 인격적으로 무시 또는 음해하는 신체적, 언어적 행위의 일체를 지칭한다(구본용, 1997). 이러한 집단따돌림은 일명 "왕따"라고 불리며, 최근 학교폭력과 관련하여 심각한 사회문제가 되고 있다.

집단따돌림을 당하는 청소년은 심리적, 정서적으로 매우 큰 충격을 받게 되며, 이러한 충격은 일생을 두고 치유하기 어려운 상처가 될 수도 있다. 이러한 집단따돌림 현상은 청소년의 심리적, 지적, 정서적 성장을 주목적으로 하는 학교에서 아주 은밀하면서도 공공연하게 이루어진다는 점에서 문제의 심각성이 있다.

집단따돌림을 당한 청소년은 등교거부, 불안신경증, 자살사고와 같은 신경증적인 증상을 보일 가능성이 높다. 이러한 정신적 충격은 상당한 시일 동안 사라지지 않은 채 개인의 성장 발달을 가로막는 요인으로 작용한다. 집단따돌림은 대화거부, 약점잡기, 모함, 공개적 비난, 시비 걸기, 위협, 바보 만들기, 의도적 괴롭힘으로 구체화되며, 따돌림을 받는 청소년의 자아기능이 낮을수록 이에 대한 효과적인 대응이 어렵다(이시형, 1998).

집단따돌림은 초등학생부터 고등학생까지 다양한 연령에서 나타난다. 그 중에서도 중학생에서 그 빈도가 가장 높은 것으로 조사되었다. 특히 1998년 한국교육개발원에서 발표한 보고서에 따르면 중학생의 26%가 집단 따돌림을 경험한 것으로 나타났다. 이 보고서에 근거해볼 때 집단따돌림은 일부 청소년만의 문제가 아니라, 비교적 보편적인 문제로 이해하는 것이 바람직하다.

집단따돌림을 당하는 청소년의 공통된 특성은 다음과 같다(구본용, 1997).

첫째, 교우관계를 어렵게 하는 특성이 있는데 사회적 불안, 비만과 같은 왜곡된 신체적 이미지와, 낮은 자긍심을 가지는 경향이 많다.

둘째, 교우관계를 지속하는 데 어려움을 주는 요인으로 부적절한 대인관계의 기술을 가지고 있거나, 자기개방을 잘 못하고, 타인에 대한 불신감과 심한 자기열등감을 가지는 경향이 많다.

② 집단따돌림의 원인

집단따돌림의 원인을 심리·사회적 원인에서 고찰해보면 다음과 같다(구본용, 1978). 첫째, 청소년들의 심리·사회적인 정체감이 확립되는 과정에서 만연되는 좌절감이다. 사람들에게 본질적으로 가장 위협스러운 것은 자신의 존재의미를 위협 당하는 것이다. 스스로의 존재의미를 확신할 수 없는 청소년의 경우 심한 적대감을 가지며, 이러한 적대감은 분노를 표출할 희생양을 필요로 한다.

둘째, 왜곡된 방식의 우월감 추구이다. 우월감은 실존감 만큼이나 개인의 생존에 필요한 정신적 에너지이며, 따돌림을 가하는 청소년은 특정 개인을 집단 속에서 따돌림으로써 보다 안정되게 우월감을 추구하고자 한다.

셋째, 이기적인 자기중심화 경향의 확대로 인한 타인 수용능력의 결핍이다. 특히 자기중심화 경향은 오늘날의 핵가족에서 양산되기 쉬운 청소년의 성격 특징이다. 이러한 자기중심화 경향은 지나친 경쟁심리를 조장하고 상대를 적대시할 가능성을 높이며, 집단따돌림을 유발시키는 요인으로 작용할 가능성이 높다.

넷째, 도덕교육의 부재이다. 청소년기의 주요과제는 사회관계를 유지하고 자신의 내적 충동을 통제할 수 있는 수준의 도덕적 능력을 확립하는 것이다. 이러한 도덕적 능력은 탈 중심화를 발달시키는 원동력이 된다. 청소년들의 부족한 도덕관념은 사회규율보다 집단 속에서 합의한 규율이 더 중요한 기준이 된다는 그릇된 판단을 낳게 하는 요인이 되기도 한다. 집단따돌림 현상은 청소년들에게 인간행위의 보편적인 윤리원칙을 가르치지 못한 결과일 수 있다.

다섯째, 가족갈등의 희생양이 된다. 가족 구성원 간의 지나친 갈등은 청소년의 내적 긴장을 유발시킨다. 내적 긴장이 클수록 공격성이 증가하게 되며, 이러한 공격성은 집단 내의 보편적인 공격성 표출 방식인 집단따돌림으로 나타난다.

③ 집단따돌림의 해결방안

집단따돌림의 원인이 다양한 만큼 해결방안 역시 다각적으로 모색되어야 한다. 앞서 원인 고찰에서 살펴보았듯이 집단따돌림의 원인은 가족적 요인, 사회적 요인, 학교적 요인 등 다양한 요인들이 상호작용하여 표출되는 사회문제이므로, 개입방안 역시 이러한 측면들을 모두 포괄하는 것이 바람직하다.

그간 우리나라는 다양한 방법으로 학교폭력이나 집단따돌림과 같은 학교문제를 해결하고자 하였으나 그 효과성은 매우 미진한 편이다. 이는 그간의 문제해결 방식이 포괄적이지 못하고 단편적인 접근에 머무는 것과 관련이 있다. 집단따돌림을 효과적으로 해결하기 위해서는 학교, 지역사회, 가족을 체계적으로 포괄하는 학교사회사업의 실천이 중요한 대안으로 제시될 수 있다. 학교문제의 해결과 관련하여 학교사회사업의 필요성은 상당부문 인정되고 있지만, 학교사회사업은 기득권 세력의 이익에 막혀 그 실시가 요원한 상황이다. 집단

따돌림에 대한 예방과 지도방안을 살펴보면 다음과 같다(최선화, 1999: 358)

첫째, 학부모들은 자녀가 학교에서 따돌림당할 가능성에 대해 관심을 가져야 한다. 삼성생명 사회정신건강연구소의 1997년 조사결과에 따르면, 전체 중·고등학생의 98.3%가 따돌림당하는 아이는 그럴 만한 이유가 있다고 응답하였다. 따라서 학부모는 따돌림당하는 청소년의 특성을 파악하고, 그 청소년이 따돌림당하지 않도록 다양한 성장경험을 제공하는 데 관심을 가져야 한다.

둘째, 또래집단 치료(peer-group therapy)를 통한 부족한 대인관계 기술을 가르치는 것을 포함하여 자신감의 회복, 자기개방 훈련, 효율적인 의사소통 훈련을 체계적으로 시행할 필요가 있다.

셋째, 확인된 피해자에 대한 면담과 상담을 통하여 집단 따돌림으로 인한 심리적 상처를 효과적으로 해결할 수 있는 다양한 노력을 전개해야 한다.

넷째, 담임교사의 경우 담당하고 있는 학급 분위기를 면밀하게 파악하여 특정학생이 따돌림당하지 않아도 되는 학급분위기의 조성에 주력할 필요가 있다. 특히 공동체의식을 강화하는 다양한 교육프로그램을 개발하는 일에 많은 관심을 가지는 것이 바람직하다.

(3) 청소년 가출

① 문제의 개요

가출의 개념은 가출원인, 가출목적에 따라 매우 상이하게 정의되고 있다. 미국 사회복지대백과사전에는 "가출청소년이란 연령이 10세 이상 17세 이하로 부모나 보호자의 동의 없이 적어도 하룻밤 이상을 집 밖에서 지낸 청소년"으로 정의하고 있다. 안창규(1995) 등은 가출을 어떠한 관점으로 보느냐에 따라 이들에 대한 처우 내지 문제해결 방안이 결정되므로, 가출에 대한 개념 정의시 가출 청소년의 무목적성, 충동성을 강조하는 입장은 자칫 잘못 유도된 대안적 방어책들을 유효한 수단으로 간주하게 할 위험성이 있다고 보았다. 그에 따르면 가출청소년은 "자신 및 주변의 문제에 직면하여 이의 해결 혹은 대안을 추구하고자 (비)의도적으로 가정에서 (떠밀려)나온, 그리고 도움이 요청되는 18세 미만의 청소년"이라고 정의하는 것이 바람직하다고 한다.

청소년 가출은 청소년의 폭력, 자살, 성폭행, 약물남용, 그리고 윤락행위 등과 밀접하게 관련된다는 점에서 가출청소년 자신에게는 물론 그들의 장래를 걱정하는 부모나 사회에 큰 문제가 되고 있다. 특히 청소년 범죄의 상당수가 부모의 통제를 벗어난 청소년에 의하여 저질러지고 있다는 것을 감안할 때 청소년 가출은 청소년의 비행을 심화시키는 출발점이 된다(이상오, 1997: 37).

가출은 가출한 청소년의 인생 전반을 그르치게 할 가능성이 높을 뿐만 아니라 그의 신체적 · 심리적 · 사회적 · 직업적 발전 가능성을 차단하고 파괴함으로써 그들의 장래까지도 치명적인 영향을 미칠 수 있다. 또한, 가출이 부정적인 가족환경에 대한 생존전략적 차원에서 이루어졌다고 할지라도, 가출은 일반적으로 사회적 역기능의 일탈행위로 간주되어야 한다(남영옥, 1998: 2).

가출청소년의 수는 해마다 증가하는 추세에 있다. YMCA보고(1996)에 따르면 청소년 조사 대상자의 77.4%가 가출충동을 느낀 적이 있으며, 14.8%의 청소년은 이미 가출한 경험이 있으며, 절대 가출을 해서는 안 된다고 응답한 청소년은 17.4%뿐이었다.

② 청소년 가출의 원인

청소년 가출과 관련하여 1960년대는 가난에서 벗어나 생존과 성공을 위하여 무작정 도시로 상경하는 탈출형 가출 혹은 도시 동경형 가출이 많았던 반면, 1980년대의 가출은 단순가출, 성격결함으로 인한 가출, 또래집단의 충동과 가정파탄으로 인한 가출에 이르기까지 그 원인이 좀더 다양해지고 있다 (김향초, 1980).

청소년 가출의 원인을 구명하려는 시도는 가출문제의 예방 및 효과적 해결을 위한 진행과제로써 정신의학, 심리학, 사회학, 사회복지학 등 관련 분야에서 활발히 진행되어 오고 있다.

안창규(1995) 등은 청소년 가출의 원인을 가정의 구조적·기능적 결함, 학대, 잘못된 양육태도 등과 같은 가정적 요인, 학교에 대한 싫증, 교사와의 관계상의 문제, 이성·동성 간의 문제와 같은 학교적 요인으로 분류하였다.

이와 관련하여 엄명용(1996)은 ① 결손가정, ② 생활 속의 스트레스 경험, ③ 가족이나 주변환경에 대한 불만, ④ 어려움이나 불만족의 책임을 남에게로 돌림, ⑤ 부정적이고 폐쇄적인 가정 분위기, ⑥ 자율성의 결여를 청소년 가출의 주요 원인으로 제시하였다.

표갑수(1980)에 따르면 청소년 가출의 동기는 가족불화나 가족갈등(32.5%), 사춘기의 심리적 충동(26.8%), 친구의 유혹(15.0%), 빈곤(9.3%), 학교생활 부적응(8.3%)으로 조사되었다. 한편, 일시보호시설 수용 가출청소년의 70.2%는 가족요인을 중요한 가출동기로 꼽았다. 이러한 가족요인을 세분화해보면 계부 또는 계모의 방임과 학대가 26.1%, 부모의 불화가 20.6%, 부나 모 또는 부모의 사망이 12.5%, 부나 모의 가출이 9.6%로 나타났다(최경석, 1992).

청소년 가출을 설명하는 가족적 요인에 대한 성공회 쉼터의 연구자료를 보면 부모-자녀 간 의사소통의 부재, 억압된 양육태도, 납득할 수 없는 구타나

유기, 방임 등 적절치 못한 보호로 인해 야기되는 가족 내에서의 스트레스적 사건들은 청소년을 가출하게 하는 중요한 동기가 된다.

청소년 가출과 관련된 다른 형태의 가족적 요인으로 청소년들은 "부모들이 이유를 듣지 않고 무작정 야단칠 때" 가출의 욕구를 가장 많이 느끼며, 그 다음으로 "하고 싶은 일을 하지 못하게 할 때", "나의 존재를 알아주지 않을 때", "부모님이 싸울 때", "과잉보호나 간섭할 때" 등의 순으로 가출욕구를 느끼고 있었다(남영옥, 1998).

전반적으로 볼 때 청소년 가출의 요인은 청소년 개인의 결함보다는 가족 및 사회적 요인이 주요한 원인으로 작용하고 있으며, 그 중에서도 가족의 문제가 절대적인 비중을 차지한다고 볼 수 있다. 따라서 청소년 가출을 합리적으로 해결하기 위해서는 지역사회 환경의 정화, 청소년 정서함양프로그램이 활성화되어야 하며, 생태체계학적인 관점에서 문제해결을 시도하는 학교사회사업을 조속히 시행해야 할 것이다. 뿐만 아니라 청소년가출의 주요한 요인이 되고 있는 가족을 체계적으로 원조할 수 있는 가족복지 프로그램이 다양하게 실시되어야 한다.

(4) 약물남용

① 문제의 개요

최근 늘고 있는 약물남용의 문제는 청소년의 심리적, 사회적 건강을 위협하는 주 요인이 되고 있다. 청소년 약물남용의 최근 경향은 약물남용 청소년의 수가 급격히 늘고 있을 뿐만 아니라, 남용되는 약물의 범위가 다양화되고 연령이 점차 낮아지는 추세에 있다. 청소년기는 발달상 약물사용에 대한 강한 충동을 느끼는 시기여서, 이러한 요인은 청소년의 약물사용을 증가시키는 요인이다.

일반적으로 약물남용이란 향정신성 약물의 비의학적 사용을 의미한다. 즉, 행동, 지각 그리고 감정을 인위적으로 변화시키고자 자의에 의한 향정신성 물질의 불법적, 비의학적 사용을 약물남용이라고 한다(주왕기, 1989: 278).

고등학생을 대상으로 이루어진 약물남용의 실태(한국마약퇴치운동본부, 1999: 75)를 보면 고등학생들은 음주 78.7%, 흡연 29.9%, 각성제 17.7%, 수면제 3.3%, 대마초 0.7%, 본드·신나 1.6%등 약물남용의 경험을 가지고 있었다. 약물남용 청소년의 약물사용 유형에 관한 표갑수(1993)의 연구에 의하면 우리나라 청소년의 약물남용 실태는 알코올(71.3%), 흡연(60.4%), 진통제,(39.2%) 본드(29.2%), 수면제(16.0%), 각성제(12.6%), 환각제(10.4%), 대마초(10.1%), 신경안정제(8.8%), 진해제(5.4%), 항히스타민제(2.0%), 코카인(1.8%), 필로폰(1.5%) 순으로 나타났다.

청소년의 약물사용 단계(한국마약퇴치운동본부, 1999)는 다음과 같다. 1단계(실험적 사용단계)는 약물이 감정을 변화시킨다는 사실을 경험을 통해 알게 되는 단계이다. 2단계(사회적 사용단계)는 지역사회에서 약물로 인한 감정 변화 양상을 노출하는 단계이며, 3단계(지속적인 사용단계)는 약물에 몰두, 내성, 심신의 의존이 형성되는 시기이며, 마지막 4단계(중독단계)는 약물을 강박적으로 사용하고 심신의 피폐상태를 경험하는 단계이다.

② 약물남용을 설명하는 사회학적 이론

사회학습이론

사회학습이론은 서들랜드(Sutherland)의 접촉차이이론을 심리학의 행동주의 원칙과 섞어 놓은 몇몇 사회학자에 의해 확장되었다. 사회학습이론은 행동이 보상과 처벌 또는 강화에 의해 형성된다고 주장하는 이론이다. 사회학습이론에 따르면 향정신성 물질의 사용 및 남용은 약물사용이 보상되는 집단에 차별적으로 노출되는 것과 관련이 있다. 집단은 모델의 모방, 특정약물의 사용, 또는 절제에 대한 사회적 강화가 일어나는 사회적 환경을 제공한다.

약물사용에 대한 규정은 모방을 통해 학습되고, 이 규정은 관련된 집단 구성원에 의해 사회적으로 강화된다(Akers et.al., 1979: 636-655). 이와 같이 약물사용은 약물의 강화적 효과와 사회적 강화, 모델에의 노출, 약물사용 동료와의 관련을 통한 규정의 결합에 어느 정도 지탱되느냐와 약물의 나쁜 영향 또는 동료, 부모, 법의 부정적 제재를 통하여 어느 정도 억제되느냐에 달려 있다.

따라서 사회학습이론의 제안에 따르면 약물이 사용 또는 회피되는 정도는 그 행동이 대안 행동에 비해 어느 정도 차별적으로 강화되었느냐와 그 행동이 어느 정도 바람직한 것이라고 규정되느냐에 달려 있다.

사회통제이론

약물남용과 관련한 사회통제이론은 개인이 약물을 사용하지 않는 이유, 즉 개인의 약물사용을 통제하는 이유에 관심을 가진다. 사회통제이론(Hirschi, 1969)에 따르면 약물사용을 우호적으로 규정하는 집단에 노출되는 정도가 약물을 사용하게 하는 중요한 요인이 된다고 가정한다. 또한, 이 이론에 따르면 개인이 약물을 사용하는 주 이유는 약물사용과 관련된 사회통제가 부족하기 때문이다.

이 이론은 개인에게 있어 관습적 사회제도와의 연결이 미약하게 되면 사회의 규범으로부터 풀려나게 되고, 이럴 경우 약물을 쉽게 사용할 가능성이 높아진다고 본다. 즉, 우리가 관습적으로 사회에 더 많이 애착되어 있을수록 그 사회의 가치와 규범을 위반하는 행동을 할 가능성이 낮아진다고 본다.

사회통제이론에 따르면 관습적 타자(부모, 교사, 목사, 교용주)와 제도(가족, 학교, 종교, 일)를 따르거나 이에 더 많이 관련되어 있을수록 그리고 가족적, 종교적, 교육적 활동과 같은 관습적 활동에 몰입해 있는 정도가 강한 개인일수록 약물의 사용 가능성은 낮아진다.

선택적 상호작용이론/사회화이론

'선택적 상호작용'이라는 용어는 잠재적 약물사용자들이 무작위적으로 약물사용자의 사회적 서클에 '떨어지는' 것이 아니라 자신의 가치와 활동이 현 사용자의 그것과 호환가능하기 때문에 특정 개인 및 서클(하위문화집단)에 이끌린다는 것이다. 심지어 그는 그 이전부터 약물을 사용할 준비가 되어 있었는지 모른다. 이는 그의 가치가 약물하위문화의 그것과 이미 어느 정도의 일관성을 갖추고 있기 때문이다. 그 결과 사람은 이 가치를 공유하고, 약물사용 가능성이 높거나, 현재 사용중인 친구에게 이끌릴 가능성이 높다(Goode, 1972: 247).

존슨(Johnson, 1973: 195)의 연구에 의하면 마리화나를 사용하는 친구가 있으면 마리화나를 사용하는 경향이 있고, 마리화나를 사용하는 친구가 없으면 마리화나를 사용하지 않는 경향이 있다. 또한, 마리화나를 사용하는 친구가 많을수록 마리화나를 정기적으로 사용하고 마리화나를 사고 팔며, 습관성 약물을 사용할 가능성이 높아진다. 이는 마리화나와 관련된 하위문화에 노출될수록 그만큼 마리화나의 사용에 사회화되고, 그 가치에 더 많이 영향을 받으며, 그 활동에 더 많이 참여하게 된다는 것을 의미한다.

동료집단의 상호작용과 사회화는 청소년의 약물사용에 영향을 미치는 가장 강력한 요인으로 작용한다. 약물사용 청소년은 약물사용이 가능한 동료를 선택하도록 사전에 사회화되며, 이러한 특징은 약물사용이 가능한 동료를 선택하는 데 영향을 미친다. 또한, 약물을 사용하는 동료와의 유대와 공유되는 가치가 강하면 강할수록 약물사용의 위험성은 커지며, 이는 약물사용의 사회화를 강화시키는 요인이 된다.

2) 청년기

청년기의 주요과업은 직업을 갖고 이성교제를 통해 배우자를 구하며, 독립된 성인으로서의 다양한 역할을 수행하는 것이다. 본 장에서는 그 동안 청년기의 주요 위기상황의 하나였지만 사회사업의 주목을 받지 못한 군인 부적응의 문제에 대해 살펴보고자 한다.

우리나라의 건강한 장정이라면 예외 없이 군복무를 필해야 하는 의무를 지닌다. 이들은 자발적으로 군복무를 하는 것이 아니라 헌법에 명시된 국방의 의무를 수행할 목적으로 군대에 근무하게 된다. 또한, 이들 군인 특히 사병의 경우는 아직까지 정체성이 제대로 확립되지 않은 19세에서 25세 이하의 청년들인 관계로 군복무를 마칠 때까지 상당한 수준의 적응장애를 겪을 가능성이 높다.

그러나 우리나라는 이러한 군인들의 적응문제를 해결할 만한 체계적인 프로그램을 갖추지 못하고 있다. 이는 군인복지의 미흡함이라고 표현할 수 있다. 한국의 복지제도는 의료, 장애, 빈곤의 문제나 노인, 청소년을 대상으로 활발히 전개되고 있으나 군인에 대한 복지서비스는 잘 알려지지 않고 있으며, 군인을 대상으로 하는 전문 사회복지서비스는 거의 이루어지지 않고 있는 실정이다.

군인, 특히 사병의 정신건강 문제는 심각한 수준에 이르고 있다. 군인의 경우 입대 전 정신질환자를 입대대상에서 제외하고 있음에도 불구하고 조사대상자의 18.3%는 긴급한 상담이나 후송을 요할 정도의 정신건강 문제를 가지고 있었다. 이들이 정신건강상의 문제를 보이는 이유는 구타와 군대에 대한 막연한 두려움과 복종관계에 대한 부담, 가족과 헤어진 낯선 환경에 대한 스트레스의 순으로 나타났다(이인영, 1999: 202-206).

또한, 사병들은 입대 후 6개월 이내에 불안을 가장 많이 느끼며, 이러한 불안은 제대에 임박하여 다시 상승하는 것으로 나타났다. 또한, 상당수의 사병들은 가정을 떠나 임무수행과, 규율엄수, 절대복종이 강조되는 군대의 분위기에 의해 적응장애의 문제를 드러낸다.

이와 관련한 박호선(1993)의 연구를 보면 입대 전에 정신과 치료를 받은 경험이 있으며, 사회에 부적응의 문제를 보였거나, 군에 부정적인 태도를 가지고 있는 사병일수록 군대에서의 적응장애 출현율이 높은 것으로 나타났다.

군인의 음주와 관련된 문제 또한 심각한 수준에 이르고 있다. 고기환(1994)의 연구결과에 의하면 군 폭행사고의 54%가 음주와 관련이 있다. 특히 사고를 일으킬 정도의 음주는 알콜중독을 의심하게 한다는 점에서 심각한 문제가 아닐 수 없다.

육군 내 유형별 범죄사고를 보면 폭행이 전체의 47.9%에 이른다. 이는 군대 내의 폭력문제가 상당히 심각한 수준임을 암시한다. 특히 폭행대상자의 65.5%가 대민 폭행이라는 점은 사병들이 억눌린 군대분위기를 군대 밖에서 표출하는 과정에서 충동조절에 문제를 보이며, 이것이 폭행과 연결되는 것으로 보인다.

군인문제와 관련하여 주목할 점은 자살률이 높다는 점이다. 군인의 자살은 은밀하게 처리되고 있으나 문제의 본질은 대단히 심각할 것이라는 증거가 신문지상에서 자주 언급되고 있다. 97년부터 98년 9월까지 각종 안전사고 및 군기사고로 사망한 군인은 457명이었으며, 이들 사망자 중 자살자의 수는 159명으로 전체 사망자의 30%에 이르고 있다(이인영, 1999: 206-207). 자살 빈도에서 사병이 차지하는 비중은 91.6%로 나타났다. 또한, 사병 중에서 이병(61.2%)과 일병(20.5%)이 차지하는 비중이 매우 높아 부적응의 문제가 자살로 연결되고 있음을 보여주고 있다.

자살은 군대 부적응의 문제와 개인의 취약성이 겹쳐 일어나는 것으로 보이며, 사회사업가를 비롯한 전문가의 위기개입 서비스가 제대로 이루어진다면 군인 자살의 상당수는 미연에 방지될 수 있을 것이다.

소집단이론

1. 인간관

소집단이론은 '환경 속의 인간'이라는 기본적인 관점을 취한다. 엄밀히 말하면 '환경 속의 집단에 속한 개인의 관점'을 취한다. 따라서 소집단이론가들은 집단 속에서 그리고 집단을 통해서만 개인은 자기를 확인 할 수 있고 개인적 양심을 발달시킬 수 있으며, 행동기반을 구축할 수 있다고 본다. 이러한 관점은 사회복지실천의 이론과 일치한다. 소집단이론에서는 인간의 성격은 한 개인이 집단에 소속되어 고유의 지위와 권리 그리고 역할을 부여받고 타인들과 상호작용을 함으로써 형성되고, 그러한 집단성원들과의 관계를 통하여 지속적으로 성장, 변화하고 수정된다고 본다. 그리고 각 개인은 집단에 참여함으로써 생각, 인지 그리고 합리적인 정신작용과 같은 수단적 활동과 정서적 생활과 관련된 표현적 활동에 많은 영향을 받게 된다고 본다.

2. 소집단이론의 기본가정

· 성격은 집단에서 일어나는 다른 사람들의 상호작용에 참여함으로써 발달한다.
· 한 집단에서 사람들이 갖는 역할, 지위 그리고 경험은 한 사람의 일부가 되며, 다른 집단과의 활동에서도 나타난다.
· 집단동료는 개인의 사고, 태도, 감정 행동에 많은 영향을 미친다.
· 정신건강과 사회건강은 행동이나 경험과 밀접한 관련이 있다.
· 개인의 강점에 초점을 둔 사정을 실시한다.
· 집단과정을 통하여 각 집단은 자체적인 집단문화를 만들어 갈 수 있다.

· 집단은 발달주기를 거친다

· 사회축소판인 집단은 일반적인 문화적 신념과 가치를 표현한다.

· 개입의 목표는 사회적 기능을 증진, 회복시키는 것이다.

3. 주요개념

대체로 집단이란 서로 동일한 집단에 소속하고 있다는 집단의식이 있고, 공동의 목적이나 관심사가 있으며, 이들 목적을 성취함에 있어서 상호의존적이며, 의사소통, 인지, 그리고 반응을 통하여 상호작용하며, 단일한 행동을 할 수 있는 능력이 있는 2인 이상의 사회적 집합체라고 정의할 수 있다. 이러한 정의에 기초해 볼 때 소집단은 20명 이하의 성원으로 구성되는 집단으로 정의하는 것이 바람직하겠다.

1) 소집단의 치료적 인자

① 희망의 제공

② 보편성

③ 정보의 공유

④ 이타주의

⑤ 일차집단의 교정적인 경험제공

⑥ 사회화 기술의 발달

⑦ 모방행동

⑧ 대인관계 학습

⑨ 집단결속력 제공

⑩ 정화

⑪ 실존적 요인

2) 집단의 목적

집단의 목적은 그 집단에 관여한 모든 사람들의 기대가 융합된 것으로 집단의 존립 이유, 기대, 희망 등을 포함하여, 하나일 수 있고 복합적일 수도 있으며, 여러 개의 하위목표를 가질 수도 있다. 전체집단의 목적은 성원의 개인적 목적, 기관의 서비스목적, 그리고 집단사회복지사의 목적이 통합되어 전체집단이 공동으로 추구하여 나타나는 집단활동의 바람직한 결과를 의미한다.

3) 상호작용

집단 내에서 이루어지는 사회적 상호작용은 힘의 역동적인 교환행동이다. 집단과정에 참여한 사람들은 접촉을 통하여 참여자의 사고, 감정, 행동 그리고 태도를 변화시키는 결과를 낳는다. 이러한 상호작용의 유형으로는 ① 지도자가 중심적 위치를 차지하고 성원과 지도자 양자 간의 의사소통이 활발히 이루어지는 기둥형, ② 성원들이 돌아가면서 이야기하는 순번형, ③ 다른 성원들이 지켜보는 가운데서 지도와 한 성원만이 의사소통을 하는 뜨거운 자리형, ④ 성원들이 자유롭게 이야기할 수 있는 자유부동형이 있다.

4) 집단결속력

집단에는 집단 내에 남아있도록 하는 구심력과 집단으로부터 벗어나도록 만드는 원심력이 존재하는데, 이 모든 힘의 결과를 집단결속력이라고 한다. 이러한 결속력이 강한 경우는 성원들이 함께 있으려 하고 집단에 소속되려는 경향이 강한 반면, 약해지는 경우에는 집단에 더 이상 소속되기를 원하지 않는다.

5) 사회적 통제

사회적 통제란 전체집단이 이전의 방식대로 기능하기 위하여 성원을 순응, 복종하게 하는 과정, 즉 집단의 항상성 기제이다. 이러한 사회적 통제가 부족할 경우에는 상호작용이 혼란스럽고, 예측 불가능하며, 너무 강하게 되면 집단 결속력이 줄어들고 집단 내의 갈등과 불만이 야기되고, 집단성원의 개별성과 자유에 제한을 받게 된다. 이러한 사회적 통제에는 규범, 역할, 지위가 포함된다.

6) 집단문화

집단문화는 집단성원들이 공통적으로 가지고 있는 신념, 관습, 그리고 전통을 의미한다. 이러한 집단문화는 성원들 간의 의사소통과 상호작용에 용해되어 있는 경우가 많기 때문에 눈에 쉽게 띄지 않는 특성을 지니고 있다. 자기결정, 개방성, 공정성, 의견의 다양성 등의 가치를 중시하는 집단문화가 발달할 경우에는 전체 집단과 개별성원의 목적성취를 촉진시킨다.

7) 집단의 발달단계

집단의 발달단계를 몇 단계로 구분하느냐에 대해서는 이견이 분분하다. 전반적으로 사전단계, 초기단계, 중간단계, 종결단계로 구분하기도 하고 준비단계, 오리엔테이션단계, 탐색과 시험단계, 문제해결단계, 종결단계로 나누기도 하고 접수단계, 집단구성단계, 형성단계, 치료단계, 평가와 종결단계로 나누기도 한다.

8) 집단리더의 집단운영원칙

· 각 성원의 고유한 상이성을 인정해야 한다.
· 집단성원과 의도적인 원조관계를 수립하여야 한다.
· 집단과정을 적절히 수정하여야 한다.
· 성원이 자신의 능력에 따라 참여할 수 있도록 격려하여야 한다
· 성원이 자신의 문제해결 과정에 직접 참여할 수 있도록 하여야 한다.

· 개인과 집단발달에 대해 지속적으로 평가하여야 한다.

· 원만하고 절도 있게 자기활용을 하여야 하다.

· 성원과 전체 상황에 대해 적절한 제한을 가하여야 한다.

· 집단성원이 상부상조할 수 있는 분위기를 조성해야 한다.

제6장

중년기의 심리체계

중년기의 심리체계

1. 생활주기상의 중요성

중년기는 30세에서 65세까지의 기간이다. 이 시기는 어느 시기보다도 경제적으로 안정되어 있고 다양한 삶의 경험을 통해 지혜를 터득하고 사회적·가정적으로 중요한 역할을 수행하는 시기이므로 인생의 황금기이다. 그러나 이 시기에도 이루어야 할 발달과업이 있고 인생의 위기가 존재하기 때문에 사람에 따라서는 불행하고 우울한 시기이기도 하다.

중년기는 신체적 퇴행이 이루어지는 시기이므로 신체적 변화가 가지고 오는 심리적 위축과 그에 대한 적응의 문제 등의 위기를 극복해야 하는 시기이기도 하다.

중년기의 인지적 변화에 대해서는 여러 학자들의 상반된 견해가 있다. 첫째는 인지적 능력이 감소한다는 것이다. 이는 신체적 능력의 감소와 함께 시작한다고 본다. 둘째는 인지적 능력이 감소하지 않으며 특정한 측면에서는 인지능력이 강화된다는 것이다.

중년기의 인지적 능력의 변화를 구체적으로 살펴보면 단기적 기억력은 약화되어 새로운 것을 학습할 수 있는 능력은 저하되지만 장기적 기억력에 있어서는 변화를 발견할 수 없고 오히려 오랜 인생의 경험에서 터득되어진 지혜가 있기 때문에 문제해결능력은 높아진다.

그러므로 이 시기는 사람에 따라서는 인생의 전성기가 될 수 있으나 자신의 여러 측면에서의 한계성에 대한 부담감으로 인해 인생에서 많은 위기를 경험하는 시기가 될 수도 있다.

따라서 중년기의 사람들은 자신이 지금까지 생활해 왔던 삶의 모습을 받아들이고 자신의 한계를 수용하며, 자신의 현실에 대한 만족감을 느낄 수 있어야 중년기의 발달과업을 성취하고 중년기의 위기를 극복하는 데 잘 적응할 수 있다.

2. 발달과업

1) 에릭슨의 발달과업 : 생산성 대 침체

에릭슨(Erikson, 1963, 1968)의 일곱 번째 발달단계는 중년기에 해당되며 생산성(generativity) 대 침체(stagnation)의 발달위기에 당면한다. 생산성 대 침체의 위기는 다음 세대를 만들어 내고 지도하는 것과 관련 있는데, 이 단계에서의 주요 과업은 자녀 양육이다. 이것은 자녀를 낳는 것뿐만 아니라 부모로서 자녀를 지도하고 양육하는 것을 의미한다. 또한, 이 시기에는 자녀를 출산하고 양육하는 것 이외에 부하 직원, 동료 또는 친구를 잘 보호하고, 직업이나 여가활동에 참여함으로써 얻게 되는 창조성이 포함되며, 더 나아가 사회의 발전에 관심을 갖고 다음 세대로의 사상의 전수까지도 포함된다.

생산성이란 다음 세대를 이끌어 주고 돌보아주려는 일반적인 관심을 말한다. 인간은 영원히 살 수 없기 때문에 한 개인의 사후에도 존속될 사회를 위해 개인적·공적 수준에서 기여할 수 있어야 한다. 따라서 이러한 생산성은 사회를 존속시키는 원동력이 된다. 생산은 연령의 증가와 더불어 자연적으로 생기는 것이 아니다. 누군가가 자기를 의지한다는 것을 알고 이를 돌보아주는 일을 잘했고, 좋았다고 느끼며 격려 받을 때 생긴다. 생산성이란 자신의 세대를 이어갈 후세대를 키우고 지도하는 데 대한 구세대의 배려를 뜻한다. 생산의 가장 중요한 예는 출산, 양육, 그에 따른 자손의 성취에 관한 개인의 만족감을 들 수 있다. 또한, 내 자녀가 아닌 젊은이들의 개선에 헌신하는 사람들이나 기술적 생산품, 아이디어, 책, 예술 작품 등과 같은 창조적이고 생산적인 일을 통해서도 이루어지게 된다.

이와 같이 생산성은 사람이든 사물이든 생산하는 것에 관심을 가지면서 얻는 것으로 중년기의 성인들은 부모 역할, 직업적 성취, 그리고 사회 봉사 등의 활동에 적극적으로 참여해야 획득할 수 있다. 더불어 인간사회의 제조건을 보호하고 강화하려는 노력에서도 얻어진다.

생산성의 완성은 한 사회의 생존과 발달에 중요하다. 생산성을 위해서는 청년기의 삶의 질을 향상하고 기술과 자원, 창조성을 아낌없이 바치고자 스스로를 헌신했던 경험이 필요하다(김규수 외, 2002). 따라서 모든 문화적 진보는 생산성을 가진 사람이 타인을 배려하고, 보호하고, 가르치는 것에서부터 이루어진다고 할 수 있다. 생산이 부족하거나 결핍되면 인생은 퇴행하게 되고 침체성을 발전시키게 된다.

침체란 타인에게 거짓된 친밀성을 갖고 자기에게만 탐닉하는 것으로 자기만을 우선적으로 보호하는 것을 말한다. 생산성의 확립에 실패한 사람은 개인적 욕구나 안위가 주관심이 되는 자기도취 상태에 빠진다. 이들은 자기탐 닉을 위한 것을 제외하고는 어느 누구에게도 그 무엇에 대해서도 관여하지 않는다. 이것은 개인의 젊은 시절의 목표를 결국 달성하지 못했다는 무능력, 그리고 사회에 의미 있는 기여를 못했다는 회의로 인해 침체를 경험하고 자신의 삶이 잘못된 것이라고 인식하여 소위 중년의 위기를 경험한다(Erikson, 1968). 이러한 침체는 주로 직장에서의 승진의 탈락, 노부모 부양, 부부 갈등과 이혼 등으로 인하여 무능력을 경험할 때 형성되며, 새로운 기술의 발달과 생활양식의 변화도 중년기 성인이 침체 상태에 이르는 원인이 된다.

이와 같이 침체란 심리적 움직임이나 성장이 결여했음을 가리킨다. 인간은 다양한 방식으로 침체를 드러낸다. 타인이 자신에게 무엇을 해주는가를 중심으로 인간관계를 맺는 나르시즘 성향의 인간은 심리적, 신체적으로 노화하기 전까지는 매우 행복하다. 이런 인간은 대개 자신의 아름다운 신체와 매력이 사라지기 시작할 때 침체의 위기를 경험하며 대부분이 삶의 다른 의미를 찾으려고 노력한다.

인간이 일생 동안 얻은 경험적 지식을 다음 세대에 전수코자 하는 것은 보호와 배려의 마음이며 심리적 무관심과 반대된다. 이 시기의 의식화는 세대적 의식화인데 이는 부모됨, 생산, 교육, 치료 등이 이 과정을 통해 다음 세대에게 이상적 가치 체계로 전달되기 때문이다. 이 시기의 심리사회적 위기를 잘 극복하면 자아는 타인을 돌보는 능력, 즉 배려(care)라는 자아특질을 얻게 되고, 위기를 적절하게 극복하지 못하면 타인에게 충분한 관심을 표현하지 못하는 거절(rejection)을 경험하게 된다.

2) 융의 발달과업

(1) 중년기 성격의 발달

융(Jung, 1961)은 성격발달을 아동기, 청년 및 성인초기, 중년기 그리고 노년기의 4단계로 기술하였다. 발달단계에 있어 아동기가 성격형성에 특히 중요하다고 생각하지 않았다. 유아는 본능에 의해 지배되며 이 시기에는 자아가 아직 형성되지 않았기 때문에 의식적인 자아가 존재해야 생기는 심리적인 문제는 없다고 보았다. 융의 정신분석이론은 주로 유아기부터 청년기의 성격발달보다는 중년기와 노년기의 성격발달을 다루고 있다. 융에 의하면 인간의 성격은 생의 전반기와 후반기에서 각기 다른 방향으로 발달한다. 생의 전반기는 35세에서 40세까지로 중년기 초기를 의미하는데 이때는 외적으로 팽창하는 시기이며 성숙의 힘에 인도되어 자아가 발달하고 외부세계에 대처하는 역량을 발휘하는 시기이다. 젊은이들은 다른 사람과 어울리게 되며 가능한 한 사회의 보상을 많이 얻으려고 노력한다. 그들은 가정을 이루며 경력을 쌓고 사회적 성공을 얻기 위해 온 힘을 기울이는데 이를 위해서는 대체로 남자는 남성적인 측면을 여자는 여성적인 측면을 발달시키게 된다. 이 시기의 과제는 외적 환경의 요구에 확고하고 완고하게 대처하는 것이기 때문에 젊은 사람들이 자기회의, 환상, 내적 본질 등에 지나치게 사로잡혀 있는 것은 별로 유익하지 못하다. 따라서 내향적인 사람보다는 외향적인 사람이 더 순조롭게 이 시기를 보내게 된다(Duane, 1977).

중년기는 인간 대부분이 자신의 인생이 요구하는 것에 비교적 잘 적응하여 상당한 만족감을 얻는 시기이므로 직업에 있어서나 사회적 · 가정적으로 중요한 위치에 있으며 경제적으로 안정되어 있다. 그러나 이러한 인생 단계에 있는 사람들이 인생을 편안하게 즐길 수 있어야 됨에도 불구하고 절망과 비참함과 무가치함을 경험할 수 있다.

융은 중년기의 사람들이 인생의 요구를 충족시키는 데에 성공적이었다는 느낌을 가지면서도 인생의 의미를 잃어 공허와 무감각함을 느끼게 되는 문제에 대한 원인을 찾아내었다.

인간은 인생의 전반기에 많은 에너지를 자신이 원하는 삶을 살기 위한 준비에 투자하지만 40대에 가서는 준비가 끝나 버려 인생에 대한 도전이 충족되어 버린다. 그러나 아직 소비할 수 있는 에너지를 보유하고 있기 때문에 그것을 인생의 다른 측면에 재투자해야 한다.

사람들은 40세 이후가 되면 정신적인 면에 변화가 생겨 추구하던 목표와 야망들이 그 의미를 잃게 되며 마치 결정적인 무엇인가가 빠진 것 같이 우울감과 침체감을 경험한다. 이러한 위기에서 정신 그 자체가 벗어날 출구를 제공하는데, 정신은 우리에게 좀더 내면으로 전환하여 생의 의미를 음미하도록 추구한다. 이러한 내면으로의 전환은 무의식에 귀를 기울이게 하며 결국 인간은 중년이 되어야 완전성의 상징인 자기의 이미지와 만나게 된다(채옥채 외, 2002).

중년기의 사람들은 외부세계를 정복하는 데 쏟았던 에너지를 내적 자기에 돌리도록 자극 받으며 지금까지 실현되지 않은 채 방치되어 있던 잠재력에 대해 배우려는 내적 충동을 느낀다. 이렇듯 자신의 내면세계에 초점을 두기 시작하지만 그래도 여전히 외적 상황을 변화시킬 수 있는 자원은 남아 있다. 그래서 그동안 소홀했던 계획과 흥미에 다시 관심을 갖게 되고 심지어는 직업의 변화를 꾀하기도 한다. 또한, 남녀 모두 자신의 상반되는 성적 측면에 대해 표현하기 시작하여 남자들은 여성적인 측면을, 여자들은 남성적인 측면

을 나타낸다. 따라서 남자들은 공격적인 야망을 덜 갖고 그 동안 소홀했던 대
인관계에 관심을 갖게 되지만 여성들은 보다 공격적이고 독립적으로 된다.
이것이 오늘날 중년 부부의 갈등을 초래하는 원인이 된다.

중년기에서 경험하는 많은 변화는 결혼 생활에 문제를 초래 할 수 있다.
아내는 자기 나름대로의 사고를 발달시키려고 노력하고 남편은 아내가 자신
을 정서적으로 어린애 취급하는 데 반감을 느낀다. 따라서 더 이상 자신의 변
덕스러운 기분에 따라 진정되거나 제멋대로 행동하는 사람이 되길 원치 않으
며, 보다 성숙된 방식으로 감정과 인간관계의 영역을 탐색하고 싶어한다. 이
러한 변화는 부부생활의 평형을 깨뜨릴 수 있다(강봉규, 2000).

중년기에 있는 사람은 청년의 가치인 금전, 위신, 명예, 혹은 지위에 의해
더 이상 지배를 받지 않는다. 이러한 가치들은 이미 의미를 상실하였고, 따라
서 새로운 의미를 찾지 않으면 안 된다. 만약 새로운 의미를 찾지 못하면 영
혼은 파산되고 말할 수 없는 절망에 빠지게 된다. 따라서 인간은 새로운 가치
와 신선한 적응 및 삶에 대한 새로운 안목이 필요하다.

(2) 심리적 건강으로서의 개별화

개별화(individualization)는 중년기에 자아를 외적, 물질적 차원으로부터
내적, 정신적 차원으로 전환시키는 것을 의미한다. 개별화는 무의식을 의식에
조화롭게 통합시키고 자신의 내면적 존재를 경험하는 데 있어 성공적으로 긍
정적인 심리적 건강을 이룬 사람들이 경험할 수 있는 것인데, 이는 개인이 어
느 발달단계에 있는가에 따라 목적이 달라진다. 인생의 전반기는 삶의 목적
이 외부세계에의 적응이므로 자아를 강화하는 것인데 반해 인생 후반기는 내
면세계로 시선을 돌려 무의식을 의식화하여 자기를 강화하는 것이 목적이다.

그러나 인생 전반기의 자아강화 없이는 후반기의 자아강화가 어렵다. 따라서 엄격한 의미의 개별화 과정은 인생 후반기의 자기실현을 의미한다.

인간의 개별화를 위해 요구되는 것은 첫째, 자기(self)의 국면을 인식하는 것이다. 이것은 중년기에야 이루어진다. 개별화는 '자신답게 되는 것', 혹은 '자아인식'으로 해석할 수 있다. 개별화는 본능적인 것으로 노력한다 해도 거의 도달할 수 없는 목표이다(융은 완전히 개별화된 성격의 소유자로서 예수와 석가를 예로 들었다). 개별화를 향해 노력하기 위해서는 인간의 생의 전반기에 지침이 되었던 행동, 가치, 사상의 보류나 억제 없이 대담하게 마음의 문을 열고 무의식에 직면해야 한다. 무의식은 진정한 인간 자신을 드러내주기 때문에 무의식의 소리를 인식 속으로 가져와 그것이 말하는 것을 듣고 받아들이고 따라야 한다.

그러나 이는 무의식의 힘을 인간의 삶 속에 유입되도록 해서 그것의 지배를 받는다는 것을 의미하는 것이 아니라 무의식의 과정과 동화한다는 것이다. 따라서 의식과 무의식의 힘은 동등한 협력자가 된다.

둘째, 성인초기의 물질적 목표와 그러한 목표 달성을 가능하게 하였던 성격 특성을 버리는 것이다. 인생 전반기의 목표가 인생 후반기에는 무의미해지고 태도와 기능도 또한 그러하다. 성인초기에는 한 가지의 태도(외향성이나 내향성)와 한 가지의 기능(감각, 직관, 사고 혹은 감정)이 지배적이었다. 그러나 인생의 후반기에는 이러한 성격의 편중성이 적절하지 않다. 단 하나의 기능이나 태도가 지배적이지 않고 모든 기능과 태도들이 표출될 수 있어야 하며 성격의 모든 측면이 균형을 이루어야 한다.

중년기 성격 특성을 파악하는 또 하나의 내용은 성격 원형(archetypes) 본질의 변화에 대한 것이다. 개별화 기간 중에는 페르소나(persona), 그림자

(shadow), 그리고 아니마(anima)와 아니무스(animus)에 변화가 생긴다.

첫 번째 변화는 페르소나를 분해하거나 혹은 밀어내는 것이다. 인간이 수행하는 사회적 역할은 중년기에도 계속되지 않으면 안 된다. 그러나 인간이 비록 공적성격(public personality)을 지니고 있다 할지라도 그것이 인간의 본성을 나타내지 않을 수도 있다. 따라서 인간은 페르소나의 하부까지 도달해서 페르소나가 덮고 있는 진정한 자기(self)를 인식해야 한다.

두 번째 변화는 개별화된 인간으로서 파괴적이기도 하고 건설적이기도 한 그림자의 힘을 모두 알아야만 한다. 인간 본성의 어두운 면, 즉 파괴성, 이기심과 같은 동물적이고 원시적인 충동을 이해하고 받아들여야만 한다. 이것은 그것에 굴복하거나 지배를 받는다는 뜻이 아니라 단순히 그 존재를 인정한다는 것이다.

인생의 전반기에 페르소나의 도움으로 인간은 자신의 어두운 측면을 감출 수가 있다. 인간은 타인이 자신의 좋은 면만 알기를 원하기 때문에 타인뿐만 아니라 자신에게까지 자신의 그림자를 효과적으로 숨겼다. 그러나 성공적인 개별화를 위해서는 그림자에 대한 인식을 가져야 하며 성격의 한 측면을 다른 측면과 조화를 이루도록 이끌어야 한다. 인간 본성의 좋은 면만을 인식한다는 것은 성격발달의 편중성을 초래한다.

마지막 변화는 아니마와 아니무스의 화해가 필요하다는 것이다. 남성은 아니마(여성적) 특성을 여성은 아니무스(남성적) 특성을 표출할 수 있어야 한다. 개별화과정의 모든 단계가 어려운 과정이지만 자신에게서 다른 성의 특성과 성격을 인식하는 것이 가장 어려운 단계임에는 틀림없다. 이는 이전의 자아상(self-image)으로부터 가장 커다란 변화이자 가장 신속한 이탈이다. 어느 한쪽 측면의 독점적이고 지배적인 것을 다른 한쪽 측면으로 대치하여 균

형을 이루면서 인간 본성의 양쪽 측면이 모두 표현되어야 한다. 융은 아니마
와 아니무스가 자유롭게 표현될 때 비로소 남성은 어머니로부터 여성은 아버
지로부터 자유로워진다고 하였다(김형섭, 1997).

개별화과정은 중년기 혹은 그 이후에 나타나며 이 시기는 성격 본성의 변
화로부터 야기되는 냉혹한 위기를 견뎌내야 하는 시기이다. 이로 인해 개별
화된 인간은 높은 수준의 자긍심을 성취하게 되며 의식과 무의식 수준에서
모두 자기 자신을 알게 되는 것이다.

원형(原型, archetypes)

융은 원형을 어떠한 것이 만들어지게 되는 기본 모형으로써 뒤에 형성되
는 심상들에 대한 하나의 모델 혹은 본보기라고 정의하였다. 원형은 인간
이 명확하게 알 수 있도록 인간의 마음속에 완전히 발달된 기억 혹은 심
상이 아니라 무의식 수준에서 존재하는 경향성이나 소인으로써 인간에게
영향을 미치는 것으로 인간은 원형을 의식하지 못한다. 융은 연구 과정에
서 탄생, 죽음, 권력, 신(神), 악마, 그리고 현세(現世)의 어머니 등과 같은
많은 원형들을 구별하여 논의하였고 이러한 원형은 여러 세대를 통해서
전형적이고 계속적으로 반복되어 온 경험만큼이나 다양한 원형들이 있다.
그 중 대표적인 원형은 인간의 삶에 특히 중요한 것으로 페르소나(persona),
아니마(anima), 아니무스(animus), 그리고 그림자(shadow)를 들 수 있다.
페르소나는 인간이 자신을 자신이 아닌 다른 어떤 것으로 표현하기 위해
쓰는 가면을 의미하며 인간은 살아가면서 많은 역할을 수행하고 이에 따
른 가면을 쓴다. 판사가 법정에서 쓰는 가면과 다정한 사람과 식사 중에
쓰는 가면은 다르다. 다시 말해 인간은 그때 그때의 상황에 적절하다고 생
각하는 것에 적응하여 다른 사람이 자신에게 기대한다고 생각되는 방식으
로 행동하게 된다.

모든 인간은 이러한 가면을 쓰고 있으며, 다른 가면을 쓴다는 것이 무조건 해롭다고만 할 수 없고 오히려 현대생활의 여러 가지 사건에 대처하기 위해서는 유용하며 필수적이기까지 하다고 볼 수 있다. 그러나 페르소나가 해로울 수도 있다. 만약 어떤 개인이 페르소나가 정말 자신의 본성을 반영하고 있는 것이라고 믿게 된다면 그 사람은 단순히 그 역할을 하고 있는 것이 아니라 그 역할 자체가 되어 그 사람의 자아는 오직 페르소나만 동일시하여 다른 국면들은 충분히 발달하지 못한다. 따라서 개인은 진정한 자기(self)로부터 소원하게 되고 팽창된 페르소나와 축소된 다른 성격의 국면들 사이에 긴장이 생긴다. 이러한 현상은 심리적 건강을 위협하며 이로 인해 보통 중년기 무렵에 자신이 전생애를 거짓으로 살아왔고, 진정한 자신을 표현하지 않음으로써 자기자신을 속여 왔다는 것을 자주 깨닫게 된다.

아니마와 아니무스는 연관된 한쌍의 원형으로서 인간이 가지고 있는 생물학적 · 심리적 측면 모두에서의 이성(異性)의 특성과 성격을 의미한다. 생물학적 면에서 양성은 모두 이성의 호르몬을 분비하고 있으며, 여성의 성격은 남성적인 성분(아니무스 원형)을 포함하고 있고 남성의 성격은 여성적인 성분(아니마 원형)을 포함하고 있다. 이러한 원형들을 통해서 어느 정도 이성을 이해할 수 있는데 심리적 건강을 위해서는 두 원형이 모든 개인에게서 표출되어야 한다. 개인이 자신의 양성적 본성을 모두 표현할 수 없다면 중요한 이성적 성격은 잠복되어 발달하지 못할 것이고 성격의 일부가 억제되고 한쪽으로 치우치게 된다.

그림자는 가장 강력하면서도 잠재적으로는 해로운 원형이다. 이는 인간 본성의 가장 선한 면과 가장 악한 면을 모두 지니고 있기 때문에 특히 문제시되는 원형이다.

그림자는 원시적이며 동물적인 본능뿐만 아니라 자발성, 창의성, 통찰력 및 깊은 정서 등 완전한 인간성에 필수적인 모든 특성의 원천이기도 하다. 따라서 그림자가 완전히 억압당했을 때 성격은 과거의 본능적 지혜로부터 차단 당하여 무기력하고 생기가 없어지게 되므로 그림자를 억압하여 개인의 행동을 바꾸고 그림자의 긍정적인 면만을 표현하도록 하는 것은 바람직하지 못하다.

3) 펙의 발달과업

펙(Peck, 1968)은 성인기의 발달에 관해서 성취해야 할 7가지의 과업을 제시하였는데 그 중 네 가지는 중년기에 성취해야 할 발달상의 중요한 과업이다.

첫째, 지혜를 중요시하기 대 육체적 힘을 중요시하기이다. 중년기에 겪는 육체적 힘의 감소와 건강 문제의 증가는 이 시기의 사람들로 하여금 자신의 에너지를 육체적 활동보다는 정신적 활동에 기울이게 한다. 따라서 이 시기에 성공적으로 적응하는 사람은 육체적 힘이 쇠퇴해져도 평가의 기준과 문제 해결의 수단이 되는 정신적 능력인 지혜가 이를 보완할 수 있음을 잘 알고 있다.

둘째, 대인관계를 사회화하기 대 성적 대상화하기이다. 중년기에는 이혼이나 배우자의 사망으로 인해 사회적 변화와 신체적 변화를 경험하게 되며 이러한 변화는 대인관계를 성적 친밀성이나 경쟁심보다는 친구 사이를 강조하는 관계로 재정의하도록 한다. 이는 중년기의 여성과 남성이 갖고 있는 기존의 성 개념에서 각 성의 역할을 재정의하는 것이 심리적으로 더 건강하다는 것을 의미한다. 따라서 중년기에 성공적으로 적응하는 사람은 남성과 여성이 서로 간의 관계에 대해서 성적 대상으로 가치를 두기보다는 개인, 친구, 동료로서 개인적인 인격에 가치를 두는 사람이다.

셋째, 정서적 융통성을 가지기 대 정서적 빈곤을 경험하기이다. 정서적 융통성이란 한 사람 또는 한 활동에 집중하던 것에서 다른 사람, 다른 활동으로 정서적 투자를 전환할 수 있는 능력을 말한다. 중년기에는 부모의 사망, 자녀의 독립, 친지의 사망 등에 의하여 정서적으로 투자의 대상이 되었던 사람들이 사라지게 되어 관계의 단절을 경험하게 된다. 이러한 상황에서 감정을 다른 사람이나 다른 활동에 재투자하지 못하면 정서적 빈곤을 경험하게 된다.

넷째, 지적 융통성을 가지기 대 지적 경직성을 가지기이다. 중년기의 사람들은 견해나 활동에 대해서 융통성이 있어야 하고 새로운 사고에 대해서 수용적이어야 한다. 대부분의 중년기의 사람들은 교육 및 직업과 사회적 경력에서 충분한 훈련을 받은 사람들이며 종교, 정치, 오락 등에 대해 자신의 신념을 가지고 있다. 따라서 이 시기의 사람들은 새로운 정보수집을 중단하거나 또는 거부하고 자신이 가지고 있는 모든 정보와 방식을 고집하고 새로운 것을 받아들이려고 하지 않는다. 이러한 사람들은 지적 성장이 느리고 자신의 삶 자체에 대해 무가치함을 느끼고 자신의 삶에 대한 보상이 없는 것으로 느낀다. 그러나 반면에 새로운 경험을 추구하고 새로운 배움을 성취하는 사람은 과거의 경험과 함께 새롭게 얻은 해결책을 활용할 수 있다.

4) 레빈슨의 발달과업

레빈슨(Levinson et. al., 1978)은 처음에 남성을 대상으로 성인 발달을 연구하였으나 남성에 관한 연구가 끝난 직후 여성을 대상으로 성인발달을 연구하여 남성과 여성이 유사한 생애를 거쳐 발달하기는 하지만 몇 가지 차이가 있음을 밝혔다.

(1) 남성에 관한 연구

레빈슨은 예일대학의 사회심리학과에 재직 중인 동료 교수들과 함께 35세에서 45세의 남성 40명을 대상으로 수개월 간 매주 면접조사를 실시하였고,

2년 후 다시 추후 면접조사를 실시하였다. 면접조사에서는 면접대상자들의 현재에 대한 정보뿐만 아니라 아동기에 대한 회고적 자료를 포함하였다. 이 연구의 결과는 "남성생애의 계절(Season of a Man's Life)"이라는 책으로 출판되었다.

레빈슨은 면접결과를 바탕으로 네 개의 발달단계로 구분되는 성인발달의 모델을 제시하였다. 각 단계는 생애구조(life structure)의 변화를 기초로 구분된다. 생애구조란 일정한 시기에 있어서 개인의 생에 내재된 양식과 설계로서 개인의 사회문화적 배경, 자아의 특성 그리고 주변 세계에 대한 개인의 참여 정도에 의해 결정된다. 한 개인의 생애구조는 그 개인과 환경 간의 상호작용으로 형성된다. 생애구조의 구성요소는 민족이나 제도, 사물, 공간 등이며 한 개인이 결정하는 명분은 이런 결정을 만들어내는 꿈이나 가치, 정서 못지않게 중요하다. 대부분의 사람들은 직장과 가족을 중심으로 생애구조를 구축한다. 생애구조에서 중요한 측면 중 또 한가지는 종교와 인종, 민족적 유산, 사회적으로 의미 있는 사건, 취미 등이다(김규수 외, 2002).

레빈슨에 의하면 삶은 여러 차례 변화하고 개인이 어떤 선택을 하느냐에 따라 그의 생애구조가 달라지기 때문에 생애구조의 변화에 맞추어 발달단계가 설정될 수 있다고 주장하였다.

레빈슨은 생애구조 변화의 중심요소로 직업, 결혼, 가족관계, 우정 그리고 종교의 영역을 제시하고 전생애 주기를 네 시기로 구분하였고, 각 시기는 약 20년으로 이루어지며 각 시대 속에는 몇 개의 단계와 변이기가 포함되어 있다. 각 시기가 서로 중첩되는 동안 사람들은 자기 나름대로의 생애구조를 형성한다.

각 시기 내의 변이기는 어떤 기간에 이루어지기도 하고 이들 각 시기가 서

로 맞물려 5년 정도에 거쳐 찾아오기도 한다. 변이기에 남성은 자신이 수립한
생애구조를 재검토한 뒤에 삶을 재구조화 할 수 있는 기회를 탐색하게 된다.

- 아동기 및 청소년기 : 0세~22세
  ① 아동 초기의 변이 : 0세~3세
  ② 성인 초기의 변이 : 17세~22세
- 성인초기 : 17세~45세
  ① 성인 초기의 변이 : 17세~22세
  ② 성인 중기의 변이 : 40세~45세
- 성인중기 : 40세~60세
  ① 성인 중기의 변이 : 40세~45세
  ② 성인 후기의 변이 : 60세~65세
- 성인후기 : 60세 이후
  ① 성인 후기의 변이 : 60세~65세

각 시기별로 발달과업을 제시하면 다음과 같다(Schriver, 1995).

① 아동기 및 청소년기 : 0세~22세

제1시기인 아동기 및 청소년기를 전 성인기(preadulthood)로 부르며 이 시
기는 임신부터 청소년기까지의 형성기이다. 이 시기의 사회환경은 가족, 학교,
동료집단, 그리고 이웃이다. 발달과업은 훈련되어지고, 근면하고, 숙련되는 것
이다. 대략 12세에서 13세 사이에 발생하는 사춘기는 전 성인기의 정점이다.
대략 17세에서 22세 정도의 성인 초기의 변이기는 청소년기에서 성인 초기의

가교 역할을 한다. 이 시기 동안의 남성은 대단한 성장을 경험하지만 성인의 세계로 들어가기에는 아직 미성숙하고 상처받기 쉬운 상태를 가지고 있다.

② 성인초기(17세~45세)

이 시기는 모든 시기 중에서 정신적으로 생리적으로 그 특성이 절정에 도달하는 가장 극적인 시기이다. 또한, 인생에서 가장 활발하고 정력이 넘치는 시기인 동시에 갈등과 모순에 부딪히는 변화의 시기이다. 먼저 자신의 정체감을 확립하고 직업을 결정하며 결혼과 함께 자녀를 양육한다. 그러나 개인의 주된 관심은 가족보다는 가정 바깥에 있다. 자녀의 부양자인 동시에 부모의 잠재적 부양자이다.

③ 성인중기(40세~60세)

40대 중반에 이른 남성은 생활구조를 새롭게 시작할 수 있고 새로운 선택을 할 수 있다. 성공적인 사람은 자기인생에서 새로운 측면을 꽃피우도록 기회를 활용하기 때문에 중년기가 인생에서 가장 만족스러우며 창조적인 시기라고 여긴다. 지혜와 판단력이 절정에 달하며 정력적으로 일에 몰두한다. 제자나 후배의 후견인이 되어주고 그들을 지도하고 이끌어준다. 그러나 중년기의 과업을 이루지 못한 사람은 삶이 제한되거나 조직화되어 있으나 불성실한 생활양식으로 부산한 삶을 영위한다.

또한, 이 시기에는 젊은 시절에 설정한 꿈과 현실 간의 괴리를 발견하고 스스로 추구해 오던 목표를 재평가한다. 얼굴에 나타나는 노화의 증상과 신체능력의 감소를 확인하게 되며 다가올 죽음을 생각하게 된다. 남은 시간이 유익하다는 것을 느끼며 추구해 오던 목표를 취사선택한다.

④ 성인후기(60세~65세)

레빈슨은 이 시기에 초점을 맞추지는 않았지만 몇 가지 주의해야 할 과업을 제시하고 있다. 이 시기의 발달과업은 초기 생애구조를 수정·종결하고, 성인 후기에 적절한 젊음의 새로운 형태를 유지하기 위해 젊음과 나이의 분열에서 균형을 취해야 하는 것이다. 이때는 자신의 신체적 노화를 확인하고 노년기에 접어든다는 것에 대해 불안해한다. 그리고 자신의 권위와 힘이 감소되는 것을 느끼고 남은 에너지를 쏟을 수 있는 새로운 형태의 일과 놀이를 모색한다.

레빈슨의 이론에서 변이기는 자기와 세계에 대해 새로운 가능성을 질문하고 재평가하고 그리고 찾는 시기에 해당한다. 그러나 레빈슨 연구 속에는 45세 이상의 연구 대상자들이 포함되어 있지 않기 때문에 이 시기 이후의 발달은 단지 레빈슨의 생각을 바탕으로 기술되었다는 것을 염두에 두어야 한다. 더욱이 65세 이후의 시기는 단지 하나의 시기로 구분되어 있다는 문제점을 가지고 있다. 평균수명이 길어지면서 80세 이후까지도 생존할 수 있는 사람들이 증가하고 있기 때문에 65세 이후의 시기에 대한 재검토가 요구된다. 그러나 레빈슨이론의 가장 중요한 성과는 삶을 안정기에서 불안정기로 가는 일련의 변화 과정으로 보았으며 인간의 전생애 동안 이 주기가 계속된다는 것이다.

(2) 여성에 관한 연구

남성에 대한 연구결과를 바탕으로 성인발달이론을 정립한 레빈슨과 그의 동료들은 남성에 관한 연구결과를 책으로 출판한 1979년부터 바로 여성에 관한 연구를 시작하였다. 그들은 여성을 대상으로 면접조사를 실시하고 그 결과를 바탕으로 "여성생애의 계절(Seasons of a Woman's Life)"

을 출판하였다.

레빈슨은 여성에 관한 연구에서 여성들도 남성들과 유사한 생애주기를 갖는다는 것을 발견하였다. 여성들의 전생애를 아동기 및 청소년기(0세~17세), 성인초기(17세~40세), 성인중기(40세~60세), 성인후기(60세~85세) 그리고 성인후기의 후기(85세 이후)로 구분하였다. 여성들도 남성들과 동일하게 그 자체의 특성을 갖는 분리된 시기와 변이기를 경험하며 남성들과 동일한 생애구조 내에서 동일한 순서의 단계를 거쳐간다. 그러므로 17세와 22세 사이에 성인 초기 변이기를 경험하고 40세와 45세 사이에 성인 중기의 변이기를 경험하고 그리고 60세와 65세 사이에 성인후기의 변이기를 경험한다(장휘숙, 2002).

남성생애와의 차이는 여성들의 평균수명이 길어 성인 후기의 후기를 경험한다는 것이다. 또한, 레빈슨은 여성역할과 남성역할의 엄격한 구분에 의해 여성들이 남성들보다 훨씬 더 어려운 삶을 산다는 것을 강조하였다. 가부장적 사회에서 가정주부인 여성과 생계유지자인 남성의 구분은 물론 가사영역과 직업영역의 엄격한 구분은 여성들의 삶을 어렵게 만드는 중요한 요인들이다. 또한, 가정주부의 역할만 수행하는 전통적인 여성역할은 우리사회에서 더 이상 유지되기 힘들고 남녀평등을 위한 노력은 남녀 모두에게 도움이 될 것이라고 강조하였다(Levinson, 1978).

5) 매슬로우의 발달과업

매슬로우(Maslow, 1954, 1968, 1977)에 의하면 모든 인간은 선천적으로 자기실현을 이루고자 하는 노력 혹은 경향이 있다는 것이다. 그러나 자기실현

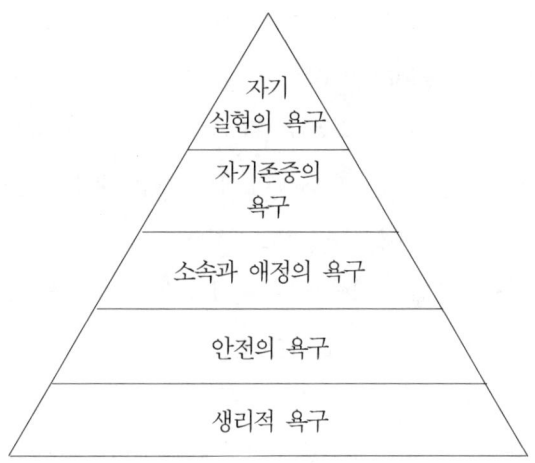

그림6-1. 매슬로우의 욕구체계

의 욕구 이외에도 인간은 본능적인 욕구를 가지고 태어난다고 주장하였다. 이러한 본능적인 욕구들은 인간을 성장하게 하고 발달하게 하며 인간 자신을 실현시키고 성숙하게 하는 원동력이 된다. 그러므로 심리적인 건강과 성숙을 향한 잠재능력은 인간이 세상에 태어날 때부터 갖추어져 있는 것이다. 그러나 인간의 잠재능력이 충족되거나 또는 좌절시키게 하는 개인적이고 사회적인 힘에 달려 있다.

매슬로우는 사회에서 극소수의 사람들만이 자기실현을 이룰 수 있다고 인식하면서도(매슬로우의 견해에 의하면 1%의 사람만이 자기실현을 이룬다) 대부분의 사람들이 완전한 자기실현을 이룰 수 있는 가능성이 있다는 긍정적 견해를 가졌다.

인간은 강한 것에서부터 약한 것으로 위계를 가진 보편적이고 선천적인 욕구에 의해 동기가 유발된다. 인간의 욕구는 강도의 순서에 따라 일종의 계층적 단계로 배열되며, 구체적 욕구는 ① 생리적 욕구 ② 안전의 욕구 ③ 소속과 애정의 욕구 ④ 자기존중의 욕구 ⑤ 자기실현의 욕구이다.

그림6-1은 매슬로우의 욕구 단계를 도식으로 나타내고 있는데 그림에서 보는 바와 같이 욕구의 위계를 사다리로 생각해볼 수 있다. 즉, 사다리에 오를 때 두 번째 단에 오르기 위해서는 첫 번째 단을 올라야 하며, 세 번째 단에 오르기 위해서는 두 번째 단을 올라야 한다. 이와 마찬가지의 방법으로 가장 낮으면서도 가장 강한 욕구는 첫 번째 욕구로써 그 욕구가 만족되어야만 두 번째 수준의 욕구로 올라갈 수 있고, 이렇게 해서 다섯 번째인 가장 높은 수준의 욕구까지 오를 수 있다.

이러한 다섯 가지의 욕구는 동시에 일어나는 것이 아니라 어떤 특정한 순간에는 한 가지의 욕구만이 강렬하게 나타나고 이 한가지의 욕구가 나타나기 위해서는 그 전단계의 욕구가 만족되어야 한다.

욕구의 순서는 다음의 단계를 따른다.

(1) 생리적 욕구(physiological needs)

생리적 욕구는 음식, 물, 공기, 수면 및 성(sex)과 같은 명백한 욕구이며 이들 욕구의 만족은 생존을 위해 필요 불가결한 것이다. 따라서 생리적인 욕구는 모든 욕구 중에 가장 강력하다.

(2) 안전의 욕구(safety needs)

생리적인 욕구가 만족되고 나면 안전의 욕구가 생겨난다. 안전의 욕구에는 안전, 안정, 보호, 질서 및 불안과 공포로부터의 해방 등이 있다. 인간은 누구나 어느 정도 정해진 일과 예측성을 필요로 하고 있으며, 가능한 한 안정과 보호, 그리고 질서를 이루고자 노력한다.

(3) 소속과 애정의 욕구(belonging and love needs)

안전의 욕구가 어느 정도 만족되었을 때 동반자와 가족에 대한 욕구가 생겨 남들과 어울리고 애정을 나누고 싶어하는 소속과 애정의 욕구가 생겨난다. 오늘날의 사회가 가변적이기 때문에 소속과 애정의 욕구를 만족시키기는 점차 어려워진다. 따라서 인간은 집단활동에 관심을 많이 갖고 애정을 주고 받고 싶어한다.

(4) 자기존중의 욕구(esteem needs)

애정과 소속의 욕구를 만족시키고 나면 자기존중 의식을 필요로 하게 된다. 자기존중의 욕구는 다른 사람이 자기를 존중해주기 때문에 갖는 자기존중과 스스로 자기를 존중하게 생각하는 자기존중의 두 가지를 포함한다. 외부적으로 얻는 자기존중은 명성, 존경, 지위, 평판, 위신 혹은 사회적인 성공에 기초를 두고 내적으로 얻는 자기존중은 자신에 대한 자신감과 안정감을 갖는 것이다.

(5) 자기실현의 욕구(self actualization needs)

이상의 모든 욕구를 충분히 만족시키게 되면 가장 높은 욕구인 자아실현의 욕구가 생겨난다. 자기실현은 인간의 모든 능력의 최대한의 개발과 사용이며 인간의 모든 소질과 재능의 발휘라고 정의할 수 있다. 비록 생리적 욕구를 비롯한 낮은 수준의 욕구가 만족된다 하더라도 자아실현의 욕구를 만족시킬 기회를 갖지 못하면 좌절감과 불안감과 불만을 느끼게 될 것이다.

　매슬로우는 자기실현을 이룩한 사람들에 대한 연구 결과, 자아를 실현한 사람들은 자기들의 능력과 특질을 최고 상태까지 사용함으로써 자신을 수행하고 성숙하는 건강한 본보기로서 자기가 누구이며, 무엇인지, 그리고 어디로 가는지를 잘 알고 있는 사람이라고 결론 내렸다. 그리고 이들은 연령적으로 중년이나 그 이상에 도달한 사람일 경우가 가장 많으며, 이러한 사람은 현실을 왜곡하지 않고 있는 그대로 지각하고 수용하며, 타인과도 원만한 인간관계를 유지할 수 있다. 또한, 자기 감정에 솔직하고 자연스럽게 자신의 감정을 표현하며 매사에 의욕적이고 창의력과 독창력을 발휘하여 자신의 삶을 기쁘게 살아나갈 수 있는 사람들이다.

3. 주요 쟁점

1) 중년기의 위기

　중년기에는 신체적 노화, 직업생활 및 가족생활에서의 변화에 성공적으로 적응해야 하는 과업을 가지고 있고, 자아의 성장에 더 큰 관심을 가지므로 중년기 위기(mid-life crisis)를 경험할 가능성이 높다. 레빈슨 등(Levinson et. al., 1978)의 연구 결과에 의하면 40세에서 45세 남성의 80%가 정서적 갈등이나 실망감을 경험하는 것으로 나타났다. 이들은 주로 직업전환, 이혼과 결혼에 대한 갈등 등으로 자살을 시도하거나 우울, 불안, 피로, 수면 장애 등을 경험한다. 여성의 경우에 대한 트롤(Troll, 1982)의 연구에서는 여성이 남성보다 자녀에 대한 염려, 남편과 노부모 걱정, 자기실현의 문제를 더 많이 경험하는 것으로 나타나 남성보다 중년기의 위기가 더 심한 것으로 나타났다.

중년기에 남성과 여성이 모두 경험할 수 있는 위기를 살펴보면 다음과 같다.

(1) 마모어의 4가지 위기

마모어(Marmor)는 중년기에 직면하는 4가지의 위기를 주장하였다. 첫째, 신체에 나타나는 노화 현상을 인식하는 것이다. 외모에 변화가 오게 되며 이로 인해 심리적 위축까지 동반할 수 있다. 둘째, 사회에서 일어나는 문화에 대한 스트레스를 경험하는 것이다. 젊음과 활기가 가라앉는다는 것은 사회적 가치와 매력의 수준 또한 낮아짐을 의미한다. 셋째, 경제적 스트레스의 증가이다. 많은 중년의 성인들은 새 직업에 고용되는 어려움도 있으며, 자녀의 교육비와 노부모를 부양해야 하는 이유에서 경제적 어려움에 놓인다. 넷째, 자녀의 독립, 부모의 사망, 결혼 생활의 갈등 등으로 인한 이별과 상실감, 젊은 시절의 환상적인 희망, 그리고 죽음이라는 운명에 직면하는 것으로 인한 정신적 스트레스이다. 여성은 자녀를 낳고 양육하는 기능이 자신들의 정체성을 더 강하게 만들기 때문에 남성보다 이러한 스트레스에 더 강하게 대처한다(곽형식 외, 2000, 재인용).

중년기에 경험하는 위기인 이러한 스트레스 상황은 많은 심리적 위축을 가지고 오며 심지어 각종 정신질환의 발현을 이끌기도 한다. 따라서 중년기에 누구나가 경험할 수 있는 위기를 극복하기 위해서는 보편적 스트레스 상황에 대한 이해와 이에 대한 적절한 대처 방안을 모색하는 것이 필요하고, 이러한 상황을 원조할 수 있는 스트레스 대처 프로그램 등과 같은 전문적인 개입이 필요하다.

(2) 자아문제

중년기에는 인생의 반이 지났다는 깨달음 때문에 심리적 위기를 경험하게 된다. 나이에 따르는 변화를 숨기고 싶어하지만 실제 나이로 인해 나타나는 변화를 무시하기는 어렵다. 따라서 자기의 인생 목표 달성에 대한 심리적인 압박을 받을 뿐 아니라 자식이 독립해서 가정을 떠날 때도 부모들은 양육 시 자신들의 실수를 깨닫고 후회하게 된다.

또한, 인생의 반이 지났다는 깨달음은 자신의 인생에 남아 있는 부분을 생각하게 하고, 이 시기 동안에 무엇을 해야 할 것인가에 대해 고민하게 한다. 이러한 시기에 중년기의 사람들이 하게 되는 자아성찰은 자기자신에 대한 평가뿐 아니라 직업, 결혼, 대인관계 등에 있어 변화를 가져오게 한다.

융(Jung, 1961)은 중년기 때에는 무의식적으로 남아 있던 성장을 위해 잠재력을 개발한다고 하였다. 이러한 현상 때문에 중년기의 사람들이 새로운 이익과 가치를 개발시키고 국가나 사회적인 일에 능동적으로 참여할 수 있다. 따라서 중년기의 사람들은 과거 자신들의 경험과 판단에만 집착하지 않고 자신에게 다가오는 현실 상황을 극복하는 새로운 사고와 대처방식을 발견하고 이를 수용할 수 있을 때 중년기 자아문제와 관련된 심리적 위기를 극복할 수 있다.

(3) 성적 변화

중년기의 남성과 여성은 신체적으로 호르몬의 불균형이 발생하여 갱년기 현상을 경험하는데, 가장 주목할 만한 현상은 성적 기능의 감퇴이다. 이 시기에 여성은 폐경을 경험한다. 폐경의 시기는 대개 개인에 따라 차이가 있지만 대략 40대 후반에서 50대에 경험하게 된다. 많은 여성들이 폐경에 따라 여러 가지 심리적 반응을 가지기 때문에 폐경을 단순한 신체적 변화로만 볼 수 없다. 폐경과 함께 경험할 수 있는 심리적 반응은 부정적인 것과 긍정적인 것의 두 가지 반응으로 나타날 수 있다. 부정적인 반응으로는 불안, 우울, 자신감 저하 및 상실감과 같은 정서적 문제를 경험하는 것이다. 이러한 부정적 반응은 자신의 과거에 대한 재평가에까지 영향을 미쳐 과거에 대한 후회와 앞으로의 삶에 희망이 없다는 것을 느끼며 심각한 우울증으로 빠지게 되고 나아가 사회적 고립과 약물 및 알코올 중독 등의 문제를 가져올 수가 있다. 폐경에 대한 긍정적 반응은 자신이 지금까지 살아온 삶의 사건들 중의 하나로 받아들이면서 오히려 더 삶에 대해 긍정적이고 적극적인 자세를 갖는 것이다(Neugarten et. al., 1968).

남성의 경우 남성 호르몬인 테스토스테론의 생산이 점차 감소하여 성적 기능이 저하된다. 이는 발기 부전, 정력감퇴, 호르몬 분비의 감소, 성욕감퇴 등의 문제를 동반하며 갱년기를 경험한다. 중년기의 남성들은 심리적으로 자신의 결혼 생활과 가정에 대해 재평가하며 과거와 미래를 생각하고 그의 성취 결과에 대해 생각한다. 이러한 과정에서 갱년기의 남성은 불안, 우울, 집중력의 감퇴, 피로, 수면장애, 흥미와 자신감의 상실 등을 경험할 수 있다. 이는 직업이나 다른 영역에서의 실패에 대한 두려움으로 다가올 수 있다. 그러나 모든 중년기 남성이 성적 기능의 변화에 따라 이러한 위기를 경험하는 것은 아니다. 중년기에 자신이 경험할 수 있는 변화에 대해 미리 이해하고 이를 수용하는 자세로 대응할 수 있을 때 이 위기를 잘 극복할 수 있다.

특히 성적 변화에 대한 적응에서 가장 중요한 영역 중의 하나가 부부 간의 성 문제에 대해 배우자와 효과적으로 의사소통하는 것이다. 많은 부부가 자신의 성적인 변화에 대해 감정표현을 제대로 하지 못하고 배우자가 자신의 변화를 알기를 원치 않기 때문에 혼자서 고민하며 괴로워하는 것이 일반적이다.

많은 전문가들은 성적인 변화가 자신만의 특별한 것이 아니라 모든 중년기의 남성과 여성이 경험할 수 있는 변화이므로 이러한 변화를 배우자와 의사소통하면 서로를 더 잘 이해할 수 있고, 이에 대한 대처 방안을 모색하는 데도 더 용이할 수 있다고 주장하고 있다.

따라서 중년기의 모든 여성과 남성은 자신의 연령에서 자연스럽게 경험할 수 있는 성적인 변화를 이해하고 수용하여 이에 대해 긍정적이고 적극적으로 대응할 수 있는 방안을 모색하는 것이 성공적인 삶의 영위를 위해 필요하다.

2) 고울드의 비합리적 가정

고울드(Gould, 1978)는 대부분의 중년기에 있는 사람들이 가질 수 있는 비합리적인 가정(assumption)이 있다고 보았으며, 이러한 비합리적인 가정으로부터 벗어날 때 중년기의 위기를 잘 극복할 수 있다고 주장하였다. 중년기에 벗어나야 할 비합리적 가정은 다음의 다섯 가지이다.

첫째, 안전이 영원히 지속될 것이라는 가정이다. 그러나 중년기에는 부모의 사망 등으로 인해 부모로부터의 보호를 벗어나게 되며, 부모가 살아 있을 경우에도 자신이 부모를 보호해야 하는 역할을 해야 하기 때문에 보호 속에서 지속될 수 있는 영원한 안전을 보장받을 수 없다.

둘째, 자신과 자기가 사랑하는 사람들에게 죽음은 일어나지 않을 것이라는 가정이다. 그러나 이 시기는 부모가 병들거나 사망하게 되며 자신 또한 신체적 기능의 감퇴 등으로 인해 죽음이라는 사실에 대한 신호를 받게 된다.

셋째, 배우자 없이 사는 것이 불가능하다는 가정이다. 그러나 중년기는 사별, 또는 이혼 등으로 인해 배우자 없이 사는 경우를 경험하기가 쉬운 시기이다. 따라서 중년기에 배우자 없이 살 수 없다는 비합리적인 사고를 버리고 더 광범위한 사회적 접촉을 경험함으로써 인격의 발달을 도모해야 한다. 특히 중년기 여성의 경우 배우자 없이 살 수 없다는 생각에서 벗어날 수 있어야 중년기의 위기를 극복할 수 있다.

넷째, 가족 밖에서는 어떠한 생활이나 변화가 존재하지 않는다는 가정이다. 그러나 중년기에는 자신의 삶을 재평가하면서 자신을 재정의하고 결혼생활에 대한 협상 등을 통해서 가족 밖에서의 자신의 생활과 자신의 변화 가능성을 발견하는 것이 더 의미 있는 일이다.

다섯째, 자신만은 순수하다는 가정이다. 중년기의 사람들은 대부분의 타인들이 가지고 있는 탐욕, 시기, 경쟁 같은 속성을 자신만은 가지고 있지 않다고 인식해 왔다. 그러나 자신에게도 그러한 속성이 존재한다는 것을 깨닫고 자신의 장점뿐 아니라 단점도 인식할 수 있어야 한다.

이러한 비합리적 가정에서 벗어나야 한다는 것은 자신의 상황에 대한 현실적 이해와 수용을 통해 중년기의 발달과업을 성취하고 중년기의 위기를 극복할 수 있다는 것을 강조하는 것이다.

이상에서 살펴 본 바와 같이 중년기의 사람들은 다양한 발달과업과 인생의 주요 위기를 경험하게 된다. 이러한 상황을 경험하면서 많은 사람들이 이전에 자신이 활용하던 대처방식을 다시 활용하고자 하나 이 방식이 더 이상 기능적이지 않을 때 도움을 요청하는 경우가 많다. 이런 경우에 사회복지실천적 개입은 중년기 사람들이 과거의 경험과 판단에만 의존하지 않고 현실상황을 극복할 수 있는 새로운 사고와 대처 방식을 발견하고 이를 수용할 수 있도록 도와야 한다. 이를 위해서 지지적 상담 및 위기개입 프로그램, 사회교육 프로그램, 그리고 성상담 및 성교육 프로그램 등을 개발·실시하여 중년기에 경험하는 스트레스를 경감시키고 적절한 대처 방안을 찾을 수 있으며, 자신의 잠재력을 개발하고 자기실현을 이룰 수 있으며, 성적인 변화의 상황에서 자신감을 회복하고 원만한 부부관계를 유지할 수 있도록 원조해야 할 것이다.

매슬로우의 욕구단계이론

매슬로우 인본주의이론의 기본 전제(Maslow, 1970)

① 각 개인은 통합된 전체로 간주되어야 한다.

② 인간의 본성은 본질적으로 선하며, 인간의 악하고 파괴적인 요소는 나쁜 환경으로부터 비롯된 것이다.

③ 창조성이 인간의 잠재적 본성이다.

매슬로우의 인본주의이론에서의 인간관(Gatchel & Mears, 1982)

① 인간의 본성은 원래 선하다.

② 인간행동은 내면으로부터 나오고, 인간은 자유롭고 자율적이며, 인간행동은 무의식적 동기의 산물이 아니다.

③ 동물에 관한 연구는 복합적인 인간경험의 본질을 설명하지 못한다.

④ 인간행동을 이해하고 연구하기 위해서는 인간의 병리적인 측면보다는 건강한 사람의 행동과 지각에 대해서 탐구해야 한다.

⑤ 사람은 능력 있는 존재이며 기본적인 욕구들이 충족되면 인간성을 성취하고 결국은 자아실현자가 된다

따라서 인간은 자아실현을 위해서 노력하는 존재이다. 태어날 때부터 생존적 경향과 실현적 경향을 타고난다. 자아실현은 유전적인 것을 토대로 환경에 따라 결정된다.

매슬로우의 욕구단계이론

매슬로우는 인간에게 있어 자아실현이 가장 높은 차원의 동기이며, 이것이 유일한 동기가 아니라 이것에 선행하는 동기가 있기 때문에 인간의 행동에 영향을 미치는 힘의 강도에 따라 동기가 단계적 체제를 유지한다고 주장하고 있다.

매슬로우의 욕구단계이론에서 욕구의 특징(Maslow, 1970)

① 인간의 기본적인 욕구가 충족되지 않으면 생리적 또는 심리적인 역기능이 일어나고 그것은 직접적으로 혼란상태를 야기한다.

② 욕구충족이 회복되면 생리적 또는 심리적 역기능이나 혼란상태는 회복된다.

③ 기본적인 욕구의 계속적인 충족은 역기능과 혼란상태를 예방하고 성숙과 건강의 상태를 수반한다.

④ 욕구의 충족을 선택할 경우, 하나의 욕구를 충족하기 위해 다른 욕구의 충족을 유예하거나 희생하게 된다.

⑤ 기본적인 욕구의 만족한 충족이 장기간 계속되면 그 욕구에 대한 요구는 감퇴하게 된다.

매슬로우의 욕구단계이론에서 동기의 작용

① 결핍동기(deficiency motivation) : 욕구가 적절히 충족되지 못하여 불만이 생겼을 때 작용하는 동기로 인간은 결핍상태가 발생하면 그러한 결핍상태를 극복하기 위해 목표지향적 활동을 하게 한다. 음식, 물, 쾌적한 온도, 신체의 안전, 애정, 존경에의 욕구를 포함한다.

② 성장동기(growth motivation) : 오직 자아실현의 욕구에서만 작용하는

동기로 하위 네 개의 욕구가 어느 정도 충족되어야 자아실현의 욕구에 도달할 수 있다.

자아실현욕구를 충족한 사람의 특징

① 현실에 대해 정확하고 완전하게 지각하며 편안해한다.

② 자신과 타인들 그리고 사물일반에 대해 불만 없이 있는 그대로 수용한다.

③ 자발적이고, 솔직하고, 꾸밈이 없고 자연스럽다.

④ 자기 밖의 문제들에 대해 집중하는 경향이 있다.

⑤ 자신에게 해롭게 여기거나 불편해 하지 않으면서 혼자일 수 있다.

⑥ 자율성을 좋아하기 때문에 물리적, 사회적, 환경에 구애되지 않는다.

⑦ 신선한 안목과 감상을 가지고 삶의 기본적인 것들에 대해 가치와 의미를 찾는다.

⑧ 신비의 체험, 즉 절정의 경험을 한다.

⑩ 깊은 인간관계를 가지며 자기자신을 사랑한다.

⑪ 민주적 이상들을 중요시하는 인격구조를 가지고 있다.

⑫ 수단과 목적, 선과 악을 구별하여 윤리적이다.

⑬ 독창적이며 창의적이다.

⑭ 적개심이 없는 철학적이며 유머감각을 가지고 있다.

⑮ 문화에 동화되지 않으려 하고 사회의 유혹에 쉽게 넘어가지 않는다.

사회복지실천과 인본주의이론

인간본성에 대한 매슬로우의 긍정적인 관점은 인간을 이해하는 데 있어 인간을 전체로 다루고, 환경과 상호작용하는 존재로 보며, 자신의 경험에 관한 해석과 이해를 존중하고, 클라이언트 중심의 개입을 가능하게 한다. 이는 사회복지실천의 기본적 원칙과 잘 맞다. 또한, 욕구단계이론은 사회복지사가 클라이언트의 욕구를 평가하는 데 유용한 지침이 될 수 있다.

제7장

중년기의 사회체계

중년기의 사회체계

1. 생활주기상의 중요성

많은 사람들에게 중년기는 인생의 전성기이다. 중년기를 인생의 전성기로 규정하는 것은 인생의 다른 시기보다 경제적으로 안정되어 있고, 경험을 통하여 삶의 지혜를 터득한 상태이며, 다양한 영역에서 높은 지위와 책임을 갖기 때문이다. 하지만 다른 한편으로 중년기는 인생의 쇠퇴기이기도 하다. 왜냐하면 신체적 퇴행이 중년기부터 이루어지기 시작하며, 이것이 사회체계의 과업수행 및 대인관계에도 영향을 미쳐 위기를 가져오기도 하고, 이러한 위기를 슬기롭게 극복하기 못할 경우 침체된 삶의 역정을 걸을 수 있기 때문이다. 그래서 많은 학자들이 공통적으로 중년기를 인생의 전환기로 간주한다.

그런데 다른 시기와 달리 중년기의 과업수행은 사회체계 중 특히 조직과 많은 관련성을 가지고 있다. 따라서 본 장에서는 중년기의 구체적인 발달과업을 살펴보기 전에 조직에서 올바른 리더십을 수행하는 데 필요한 조직이론에 대해 먼저 살펴보겠다.

조직은 특정 목적을 위하여 하위체계를 구성하며 관리자가 조직구성원을 어떻게 이끌고 나가느냐에 따라 조직의 성과가 결정된다. 그런데 심리적 성공의 경험을 바라는 개인의 욕구와 조직이 내세우는 가치관이 서로 상반된 결과를 가져온다면, 개인에게 좌절감, 실패감, 수동성, 복종성이 두드러지며 심할 경우 부적응의 증후가 나타나서 조직을 떠나려 한다. 이것이 소진(burn-out)현상이다. 소진은 해소되지 않은 긴장으로 인해서 오는 일종의 쇠약한 심리적 상태이며, 에너지의 고갈, 병에 대한 저항력의 저하, 불만과 비관의 증대, 결근(Veninga & Spradley, 1981)과 기능적으로 일을 전혀 수행할 수 없는 결과를 가져온다.

1) 조직이론

(1) X이론과 Y이론

'X이론 경영자'는 피고용인을 더 많이 생산할 수 있는 존재로 본다. 따라서 X유형의 경영자는 노동자가 일하도록 만들기 위해 이들을 통제하고 지시하고 강제하고 위협해야 한다고 생각한다. 노동자는 책임감을 회피하려 하고 지시받는 것을 좋아한다고 간주한다. 그러므로 X이론 경영자는 직무 책임에 대해 세심하게 설명하고, 노동자의 의견 없이 직업목표를 수립하고, 노동자가 일하도록 돈 같은 외적보상을 활용하며, 수립한 규범에서 벗어나는 노동자를 처벌한다.

'Y이론 경영자'는 피고용인이 스스로 통제할 수 있는 조건하에서는, 작업은 즐겁고 자연스러운 것이어서 자발적으로 수행한다고 본다. 피고용인은 조직목표에 스스로 동의하고 일하며 스스로 책임진다. 그리고 그들은 물질적인 욕구뿐 아니라 자기성취감을 통하여 높은 동기를 가진다. 그러므로 Y이론 경영자는 지시적이고 강제적이기보다는 작업의 다양성을 부여하고 비공식적 조직을 중시해주고 구성원 개인의 정서적 안전감과 귀속감을 존중해야 한다.

X, Y이론은 기업의 이윤추구를 위한 관리이론이지만, X이론은 인간을 수동적 존재로 파악하는 가설을 전제로 하고 있으며, Y이론은 관리자가 충고자, 교사, 상담자의 다양한 역할을 수행하기를 요구하나 현실적으로는 불가능하다는 지적을 받고 있다.

(2) 동료모델(collegial model)

Y이론을 좀더 유용하게 확대한 이 모델은 팀 개념을 강조한다. 피고용인이 공동의 목적을 달성하기 위해 함께 일하며 헌신을 느끼는 것을 말한다. 대학이나 연구실, 대부분의 대인서비스 조직은 목표를 달성하기 위해 동료의 분위기를 강조한다.

따라서 경영진이 피고용인과 파트너십 감정을 얼마나 쌓느냐에 따라 동료분위기가 만들어진다. 파트너십이 생기면, 피고용인은 자신이 필요하고 유용한 인물이라고 느껴 성취감과 자기실현을 추구하게 된다.

(3) Z이론

Z이론의 기본철학은 참여하고 헌신하는 노동자가 생산성 향상의 핵심이라는 것이다. 조직 향상 방법에 대한 사상과 제안을 늘 장려한다. 이를 완수하기 위한 전략 가운데 하나가 '품질순환'으로 피고용인과 경영진이 생산성과 품질을 향상할 수 있는 방법에 관해 일상적으로 브레인스토밍한다. 대부분의 작업은 팀 단위로 이루어지며, 합의에 따라 결정한다. 팀은 대개 리더가 없이 기능을 수행한다. 조직에 대한 충성을 강조하는데, 마찬가지로 조직 역시 피고용인에게 신의를 지켜야 한다.

(4) 종합품질관리(Total Quality Management)

TQM은 고객만족이 조직의 가장 주된 목적이라고 주장한다. 따라서 품질이란 고객 만족으로 이어지도록 조직의 모든 과정을 계속 향상하는 것까지 포함한다. 고객은 설계와 생산과정의 한 부분이며, 고객의 욕구는 계속 모니터해야 한다. 조직이 더 생산적이 되도록 유지하는 동시에, 모든 피고용인이 자신의 일을 즐기도록 돕는다. 포럼이나 개방적인 분위기를 제공하여 좋은 아이디어가 떠올랐을 때 모든 위치의 피고용인이 자유로이 자신의 의견을 개진하도록 한다.

2. 사회체계와 주요과업

중년기에 사회체계와 관련하여 수행해야 하는 과업은 자녀가 책임감 있는 성인이 되도록 도와야 하고, 사회의 주체로서 시민적 책임을 달성하고, 직업에서 만족스러운 수행을 하여야 하고, 노년기를 대비하여 자기에게 맞는 여가 및 취미 활동 개발하고, 배우자와 인격적 관계를 수립하고, 노부모에 적응하여 부양하는 것 등이 있다.

이렇듯 다양한 중년기의 과업에 대해 가정, 직장 등 사회체계에 따른 과업 수행을 논하면 다음과 같다.

1) 건강한 가정 운영

가정은 인간의 성장과 건강을 조성하는 장인데, 이러한 환경을 창출하는 것이 중년기의 과제이다. 중년기의 성인은 건강한 가족을 유지하기 위하여 노력하여야 한다. 커렌(Curran, 1983)은 건강한 가족의 특징으로 ① 의사소통이 잘되고 상대방의 말을 잘 들어주고, ② 서로 긍정적이며 협조적이며, ③ 타인에 대해 존경심을 가지고 있으며, ④ 서로 신뢰하고, ⑤ 놀이와 유머에 감각이 있고, ⑥ 공동적인 책임의식이 있고, ⑦ 옳고 그름의 인식을 가지고 있으며, ⑧ 의식과 전통을 존중하는 가족관념을 가지고 있고, ⑨ 구성원들 사이에 균형 잡힌 상호작용을 하며, ⑩ 공통적인 종교를 가지고 있고, ⑪ 서로의 개인생활을 존중하며, ⑫ 타인들에게 봉사하는 것을 귀히 여기고, ⑬ 가족들과 같이 식사하는 시간과 이야기하는 시간을 가지며, ⑭ 여가시간을 같이 즐기며, ⑮ 문제가 생기면 이웃끼리 서로 도와주고 도움을 받는다고 보고하였다.

본 장에서는 여러 학자들이 제시한 건강한 가족의 특성을 다음의 4가지로 요약하여 설명하겠다.

① 가족원 간의 유대

건강한 가족의 가족원들은 서로 유대가 강하며 가족활동에 많은 시간과 에너지를 투자한다. 그렇지만 가족원 간의 유대가 강하다는 것이 서로를 구속한다는 뜻은 아니다. 그들은 서로의 목표를 달성할 수 있도록 격려해주고 자율성을 인정한다. 따라서 자기 자신이 아닌 타인, 즉 다른 가족원과 유대를 견고히 맺음으로써 개인주의나 이기주의가 나타날 소지는 별로 없다.

② 가족원 간의 의사소통

건강한 가족의 의사소통 특성을 보면 그들은 우선적으로 의사소통 하는 데 많은 시간을 보낸다. 또한, 건강한 가족은 명확하고 직접적인 의사소통을 하고 경청과 주목이 잘 이루어진다. 뿐만 아니라 건강한 가족은 싸울 때 효과적으로 싸운다는 것이다. 화가 날 경우에는 그 갈등을 밖으로 표출함으로써 문제를 해결하려고 하고 모든 가족원들이 함께 최적의 문제해결 방법에 대해 대화한다. 건강하지 못한 가족은 가족원들이 함께 하는 시간이 줄어들면서 가정(假定)이나 추측과 같은 간접적인 방법으로 의사소통을 한다.

③ 가족원의 문제해결 수행능력

건강한 가족은 위기나 문제를 긍정적 방법으로 처리하는 능력을 갖고 있다. 건강한 가족은 스트레스나 위기에 면역되어 있는 가족은 아니지만 역기능적 가족처럼 위기에 좌우되지 않는다. 가장 힘든 상황에서조차 그들은 긍정적 요소에 초점을 맞추며, 위기로 인해 와해되기보다는 위기를 다루면서 단합될 수 있다. 효과적인 문제해결 기술은 문제가 되는 것을 정확하게 규명하는 능력과 그 문제에 대해 논의할 수 있는 능력, 그리고 가족원들이 이런 문제에 잘 대처할 수 있게 도와주는 대안적 해결책을 개발하는 능력도 포함한다.

④ 가족원 간의 가치체계공유

건강한 가족은 가치관 및 신념에 있어서 건강한 가치체계를 공유한다. 그들은 목표를 공유하고 무엇이 중요한가에 대한 생각도 공유한다. 건강한 가족은 가족의 행복에 항상 신경을 쓰며 가족의 일원임에 긍지를 느낀다. 가족 가치관이나 규율의 원리가 가족원에게 명확하게 전달된다.

이상에서 살펴본 것과 같이 건강한 가족은 가족 개개인의 차원에서 가족 개개인의 성장과 발달을 도모하고, 가족 차원에서 가족원 간의 상호작용이 기능적이고 원만하며 가족체계가 잘 유지되면서 가족가치관을 지속적으로 발전시키고 있는 가족이라고 볼 수 있다. 건강한 가족을 유지하기 위해서는 가족의 중심역할을 수행하는 중년기 성인의 역할이 중요하다.

(1) 부부관계

가정의 가장 중심이 되는 체계가 부부이다. 만족스러운 부부관계는 성인의 행복과 삶의 만족에 영향을 미친다(Veroff, Douvan, & Kulka, 1981). 부부관계는 역동적인 것으로 부부의 성숙, 가족구성의 변화, 가족의 위기나 사건의 발생과 같은 요소에 따라 변화한다. 부부관계를 건강하고 활기 있게 유지하기 위해서, 부부는 안정과 신뢰, 공감을 성취하도록 노력해야 한다.

그러나 현대 가정에서 많은 부부는 빈 껍데기 결혼관계를 유지하고 있는 것으로 나타나고 있다. 빈 껍데기 결혼(empty-shell marriage)은 배우자가 더이상 서로에게 강한 애착을 느끼지 않는다. 외부의 압력 때문에 결혼을 유지하는 것이다. 예를 들면, 사업상의 이유(선거후보로 나선 공직자가 안정적인 가족상을 보이고 싶을 때)나 투자상의 이유(부부가 호화로운 집과 재산을 가지고 있는 데, 헤어지면서 이런 것들을 잃고 싶지 않을 때), 자녀에게 미치는 이혼의 영향, 혹은 겉으로 드러나는 모습(조그만 동네에 살고 있는 부부가 이혼에 대한 친척과 친구들의 반응이 두려워 함께 살고 있을 때) 등이다.

뉴만과 뉴만(Newman & Newman, 1987; 최옥채 외, 2002. 재인용)은 건강한 결혼관계를 유지하기 위한 조건을 다음과 같은 세 가지로 제시하였다. 첫째, 부부는 각자의 개인적인 성장과 부부로서의 성장에 헌신하여야 한다.

둘째, 부부는 효과적인 대화체계를 개발해야 한다. 직업이나 자녀양육과 같은 역할에 몰두함으로써 부부 간의 상호작용 기회가 감소하면 부부는 서로 고립된다. 즉, 공유하는 경험이 점점 줄어들게 되고 상대방의 반응에 영향을 받지 않게 된다. 이러한 상황에서 효과적인 대화체계가 없으면 상대방에 대한 증오나 불쾌한 감정이 해소될 기회가 없는 채로 축적된다. 셋째, 갈등을 창의적으로 활용해야 한다. 각자의 개별성과 동등성을 인정하는 결혼에서 갈등은 필연적으로 존재한다. 이러한 갈등을 이해하고 의견의 불일치가 있을 수 있다는 것에 동의하며 갈등을 해결하기 위한 전략을 개발해야 한다.

(2) 자녀양육 및 독립

부모는 아동의 변화에 맞는 적절한 자녀교육 및 훈육방식을 선택적으로 활용할 수 있는 능력을 지니고 있어야 한다. 보통 중년기 부모는 자녀가 청소년기부터 독립 시기 사이에 있다. 자녀의 성장에 부모가 잘 적응하기 위해서는 시기에 따라 대략 3가지 점에 유의하여야 한다.

첫째, 중년기 부모가 청소년기 자녀를 위하여 가장 관심을 가져야 하는 것은 부모와 자녀가 효율적으로 의사소통하는 것이다. 의사소통의 결여는 흔히 세대차 때문으로 돌려진다. 그러나 부모들은 자녀로 하여금 스스로 판단하도록 자유를 허락하는 한편, 약물사용이나 성에 관련된 불안이 증가되므로 계속해서 필요한 기준이나, 한계를 적용할 수 있도록 권위를 유지해야 하므로 자녀와 효과적으로 의사소통할 수 있는 다양한 방법을 구축해야 한다.

둘째, 자녀의 학교교육과 진로 선택의 문제이다. 특히 우리나라는 자녀 교육열이 높고 입시 경쟁이 치열하여 중년기 부모의 최대의 관심사가 자녀의 학업 지원과 대학 진학이다. 따라서 이 시기는 부모나 자녀 모두에게 매우 스트레스가 많은 시기이다. 간혹 부모의 기대가 지나쳐 자녀에게 심각한 부담과 좌절감을 안겨줄 수 있거나, 반대로 지원이 미흡할 수도 있다. 어느 정도 적절한 기대와 격려의 수준을 유지하느냐가 부모로서 매우 어려운 과제이다. 자녀의 능력과 소질을 객관적으로 지각하며 그들을 하나의 독립된 개체로 인정하고 인생의 선배로서 지도와 안내가 필요하다.

셋째, 자녀의 독립으로부터 발생하는 부모의 빈둥지 증후군의 극복이다. 부모기로부터 탈부모기 생활로의 전환은 많은 사람들에게 커다란 변화이다. 특히 자녀가 학업과정 중 유학이나 기숙사 생활 등과 같이 부모와 떨어져 생활한 적이 없는 가정의 경우 많은 변화를 가져오게 된다. 갱년기 우울증과 같은 심리적 상태가 이 시기에 많이 발생하는데, 이러한 현상을 빈둥지 증후군(empty nest syndrome)이라고 한다. 자녀에게 자신을 전적으로 몰입시킨 어머니들은 이제 무엇을 위해 살아가야 할지 모르게 된다. 이때 어머니의 정체감 위기는 '나는 누구인가' 그리고 '내 생의 의미는 무엇인가'라는 물음과 함께 자아평가를 하게 된다.

그러나 탈부모기 생활로의 전환이 모든 사람들에게 반드시 나쁜 것만은 아니다. 자녀가 유일한 초점이 아니었던 여성은 이런 전환을 비교적 성공적으로 처리한다. 새로운 자유와 여유로움을 즐기게 된다. 즉, 자녀에게 구애받지 않고 자발적으로 일할 기회도 가지며 부부 중심의 새로운 생활형태를 수립할 수 있다. 즉, 자식의 독립으로부터 생겨난 경제적 시간적 여유를 활용해 적극적인 사회참여(자원봉사 등)를 수행하는 것이다.

결론적으로 중년기 부모들이 자녀 양육과 관련된 과업을 잘 성취하기 위해서는 자녀들에게 의존성을 조장하지 않고 자율과 독립성을 격려해야 한다. 이상적으로 부모들은 자녀에게 진정한 배려와 관심을 보여야 하지만 그들을 별개의 개인으로 인정해야 한다.

(3) 노인부양

　부모의 건강이 약화되어 보호를 요하는 시기는 대개 자녀들이 중년기에 있는 시기와 일치한다. 중년기 성인의 부모가 만성적인 질병이 있거나 부모 중 한 사람이 사망하면 부모와 자녀의 역할은 전환되어서 중년기 성인은 그들의 부모를 부양하고 보살펴야 하는 역할을 담당하게 된다. 성인 자녀는 자신의 부모를 위해서 재정적인 지원뿐 아니라, 그들을 위하여 여러 가지 도와주는 역할을 한다. 더욱이 부모가 장애가 있거나 건강악화로 인하여 혼자 살 수 없는 경우에는 자녀의 개입이 더욱 필요하다. 이들은 대부분 충분히 준비되지 않은 상태에서 부모에 대한 간병의 책임을 맡게 된다. 또한, 자신을 길러준 부모를 거꾸로 돌보아야 하는 역할전도는 중년기의 자녀들에게 심리적으로 충격을 주기도 한다.

　부모를 같은 집에서 모시거나 때로는 요양원이나 다른 친척집으로 보내기도 하고, 부모집을 왕래하면서 부양하기도 한다. 만약 자신의 집에서 부모를 부양하는 경우에는 부모와 자녀 간에는 갈등이 일어난다. 이러한 갈등이 해결되지 않으면 가정 내에 위기를 경험한다. 성인 자녀와 노부모와의 관계의 변화 정도는 부모생존여부, 그들의 건강상태, 경제적 독립정도, 독립된 가구를 유지하는지 등에 따라 달라질 수 있다(윤진, 1984).

　특히 와상노인이나 정신적 신체적 일상생활에 제약을 받는 부모를 간병해야 하는 자녀의 경우 재정적인 부담뿐 아니라 생활에서도 지장을 받는다. 또한, 지나친 정서적 부담으로 인해 우울, 불안, 좌절과 무력감, 불면, 의기소침, 정서적 고갈 등과 더불어 여가시간의 결핍을 호소한다. 따라서 사회복지 체계는 지역사회 내에서 신체장애 노인이나 치매노인을 위한 주간보호시설을 통해 주간보호서비스를 제공하고, 가정봉사원 파견을 통해 가족원조를 할 수 있도록 해야 한다.

2) 직장의 전환

중년기는 직업에 있어서 안정된 시기이다. 대부분의 사람은 직업생활에서 다른 연령층에 비해 높은 지위를 얻고 그에 상응하는 수입을 얻는다. 그러나 어떤 사람들은 중년기에 전혀 다른 직업을 시작하는 경우도 있다. 그리고 중년기는 직업적 성취에 대한 열의가 가장 높기 때문에, 직업적 성공에 대한 스트레스도 많은 편이다. 이러한 직업 스트레스는 중년기의 정신적, 신체적 건강에 부정적인 영향을 미치며(House, 1983), 이로 인하여 과로사, 높은 질병률 등의 현상이 나타나기도 한다. 중년기가 흔히 경험하는 직업 스트레스로는 과다한 업무량, 역할갈등, 직업이나 업무에 대한 만족의 결여, 직업이 주는 보상에 대한 불만, 직업과 개인 생활의 부조화 등을 들 수 있다.

또한, 사회계층에 따라서는 중산층에 속하는 중년남성은 젊은이와의 경쟁에서 낙오하지 않을까 하는 두려움 때문에 직업적 성공에 가장 많은 스트레스를 경험한다. 이에 반해 하류층은 더 이상 잃을 것이 없기 때문에 그리고 상류층은 이미 안정된 생계기반을 갖추었기 때문에 직업적 성공에 대한 긴장은 별로 없다(Bischof, 1976). 결국 중년기에 개인이 직업에서 얼마나 성공적인가 하는 것이 사회계층을 결정하고 가정생활에 중요한 영향을 미친다는 것을 알 수 있다.

중년기 성인의 직업만족도에 영향을 주는 변인은 봉급수준, 직업의 미래,

노력에 대한 결과의 만족도, 과업수행과정에서의 즐거움, 직장동료와의 관계 등이다. 중년기 성인이 직장생활에서 성취감을 거두고 리더십을 발휘하기 위해서는 3가지 측면에 유의해야 한다. 첫째, 만족스러운 직업생활과 효과적인 과업수행을 위하여 중년기의 성인들은 직장의 상사나 동료로부터 신임을 얻을 수 있는 대인관계 기술을 습득하여야 한다. 직장에서 타인에게 영향을 미치기 위하여 사용하는 대인관계 전술로는 독단, 합리성, 아첨, 제재, 상호교환, 상관에게 호소, 방해, 제휴 등이 있을 수 있다. 둘째, 자신의 직업에 존재하는 권력의 구조를 확인하고 그 구조 내에서 자신의 위치를 확립하여야 한다. 중년기에는 직업의 경력이 축적됨에 따라 직장의 권력구조 내에서 지위가 향상되며 책임과 결정권도 증가한다. 승진에 의한 지위상승은 권한의 확대와 아울러 책임의 확대도 가져오기 때문에 새로운 지위에 적응하기 위하여 많은 노력을 기울여야 한다. 이러한 직업 내의 권위관계의 본질을 잘 이해하는 것이 중년기 직업에서 성공하는 데에 중요하다. 셋째, 직업에 따라 필요로 하는 정보나 기술이 있는데, 이것의 획득을 위하여 부단한 노력이 필요하다.

중년기에 이루어지는 직업전환은 자발적 전환과 비자발 전환을 나눌 수 있다(김동배 · 권중돈, 1998). 자발적 직업전환의 결정에는 개인의 동기나 성격, 취업기회, 가족생활의 안정도 등이 복합적으로 작용한다. 대체로 맞벌이 가족의 경우에는 생계비 걱정이 없으므로 전환이 용이하며, 비전문직에 종사하는 사람들의 직업전환이 많으며, 적극적인 성격의 소유자가 직업전환을 하는 경우가 많은 편이다. 그러나 직장에서의 과도한 업무, 가족과 직업의 시간계획의 불일치, 직업활동에서 오는 피로 등을 이유로 직업전환을 하고 싶어도 가정에 대한 책임이나 부모로서의 역할 때문에 직장을 바꾸지 못하는 경우도 많이 있다. 직업전환에 있어 대부분의 사람은 이미 습득한 기술, 교육, 취미를 토대로 한다. 그러나 어떤 사람들은 보다 적극적으로 직업전환에 필요한 기술을 습득하기 위해 부가적인 공식교육을 받는다. 직업전환을 계획하거나 고려하는 데 보낸 시간이 많으면 많을수록 변화는 더욱 더 성공적이다 (Robins and Harvey, 1977; 곽형식 외, 2001 재인용).

다음으로 비자발적 직업전환은 개인뿐만 아니라 가족생활에도 중대한 위기를 초래할 수 있다. 이러한 비자발적 직업전환은 개인의 직무수행능력이 다른 직장동료들에 비하여 지나치게 떨어지거나, 회사나 전체 사회가 경제적 불황상태에 있는 경우에 많이 일어난다. 예를 들어, 지금까지 해온 일을 유지하기에는 더 이상 신체적인 능력으로 볼 때 불가능한 경우(프로 운동선수, 교통경찰관, 군인, 육체 노동자 등)에 일어난다. 이와 같이 가장이 비자발적 퇴직을 당했을 경우에는 퇴직금이나 연금 등으로 일정기간 기본적 생계를 유지할 수 있다. 그러나 대부분의 가족들은 비자발적 퇴직에 대한 재정적 대비를 하지 못하고 있기 때문에, 가족성원 중의 한 명이 가장의 역할을 보안 또는 대행하기 위하여 직업생활을 시작하는데 대부분이 가장의 배우자인 중년 여성이 취업하는 경우가 많다.

중년기 성인이 직업과 관련하여 가지는 두 가지 과업, 즉 직업스트레스와 직업전환에 대해 사회복지체계는 도와줄 수 있도록 준비해야 한다. 우선 직업스트레스의 완화를 위해서 상담, 교육, 위기개입, 여가활동 제공 등의 사회복지프로그램을 제공하여야 한다. 다음으로 직업전환, 특히 본인이 직업을 유지하려는 동기가 있고 신체적으로 건강함에도 불구하고 본인의 의지와는 상관없이 조기퇴직이나 명예퇴직을 하는 경우에는 개인적인 문제뿐 아니라 가정적·사회적인 문제를 야기할 수 있다. 그러므로 중년기 성인들을 대상으로 한 재취업 훈련이나 프로그램의 개발은 매우 시급하다.

3) 여가활동 개발

현대사회에서는 이전에 비하여 자녀양육기간의 축소, 평균수명 연장 그리고 조기정년 제도의 시행 등으로 인하여 노후의 여가시간이 큰 폭으로 증가하고 있어 여가활용의 문제가 매우 중요한 중년기의 과제로 등장하고 있다. 여가는 직업활동, 생리적 욕구 충족 등과 같은 생활사건을 제외한 잔여시간에 휴식, 기분전환, 사회적 성취 및 개인적 발전을 도모하는 활동이다.

이러한 여가를 적절하게 사용하기 위해서는 중년기의 성인들은 여러 가지 사회교육 프로그램이나 여가선용 프로그램에 참여하여 미리 여가기술을 익혀두어야 한다. 특히 신체적 건강이 허락할 때 신체적 에너지를 많이 요구하는 여가활동 한 가지, 그리고 신체적 노화가 진행되어 활동이 부자유스러울 때 할 수 있는 비교적 신체 에너지의 소모가 적고 앉아서 할 수 있는 여가기술 한 가지 정도는 미리 습득해 두어야 한다.

그리고 중년기의 여가활동을 선택할 때에는 몇 가지 점을 고려하여야 한다. 첫째, 자신의 적성을 고려하여야 한다. 둘째, 노후에는 신체적 쇠약이 빠르게 진행된다는 것을 염두에 두고 가능한 신체적 건강에 유익한 여가 및 취미활동을 개발하는 것이 좋다. 셋째, 부부가 함께 할 수 있는 활동을 개발하는 것이 좋다.

3. 주요 쟁점

중년기 성인이 직장 및 가정과 관련해서 역할 수행을 성공적으로 실천하도록 돕기 위한 사회복지실천은 다음의 문제에 우선적으로 관심을 가져야 한다.

1) 가족해체

최근 들어 여성의 사회진출과 경제적 활동이 증가하면서 여성의 자기인식과 부부관이 과거와 많이 변화되어 이혼이 증가하고 있다. 사실상 이혼을 결정하는 이유는, 배우자의 특정한 성격이나 행동과는 그다지 관계가 없다. 오히려 이혼의 주요이유는 배우자에 대한 실망이다. 다시 말해, 배우자의 기대에 부합하지 않는 것이다. 결혼생활이 지속되면서 이런 실망과 환멸이 이혼을 결심하게 만든다.

2000년 이후 우리나라의 이혼율은 인구 1,000명 당 2.5건으로 이혼 선진국이라고 하는 일본(2.0), 독일(2.3) 캐나다(2.4)보다 높아지고 있다(조선일보, 2001.7.3). 그리고 재혼한 사람의 60%가 다시 이혼을 하고 있어(조선일보, 2001.7.4) 부모 이혼으로 인한 생활상의 혼란과 고통을 경험하는 자녀들이 늘고 있음을 알 수 있다. 이혼하는 12만 쌍의 부부보다 더 큰 충격을 받는 10만여 명 이상의 이혼자녀들이 부모의 이혼으로 인한 충격을 받고 있어 그들 중에 심리적인 충격을 감당하지 못하고 정신과 치료를 받는 자녀도 있다(Amato & Keith, 1991; Emery, 1999; Hetherington, Bridges & InSablla, 1998; 조선일보, 2001.7.5).

이혼은 보통 남성보다 여성에게 생활수준이 낮아지는 결과를 가져온다. 남성이 일차 소득원이었던 가족의 경우, 여성은 이혼 후 심각한 불이익을 받는다. 결혼 기간 동안 직업이 있던 여성일지라도 전통적으로 남성보다 수입이 더 적다. 게다가 여성은 임신과 육아 휴직 때문에 경력을 상실하여 시간제로 일하는 경우가 많다. 직장생활을 해본 경험이 없는 중년 여성에게 이혼 결과는 더욱 심각하다. 이들은 현대직장에서 요구하는 기술과 경험을 획득할 기회를 가져본 적이 없다. 더구나 국민연금과 같은 급여를 전혀 받을 수가 없다. 그러므로 한부모세대의 경제적 생활안정을 위하여 다양한 사회복지 급여 및 서비스가 필요하다.

다음으로 부모가 결혼생활을 종결하면 자녀들은 앞날에 대해 두려워하고, 자기 때문에 이혼한 것은 아닌지 죄책감을 느끼며, 부모에 대한 분노하고, 떠나가는 부모가 자신을 버렸다고 생각할 가능성이 크다. 애정결핍으로 고통받으며, 집중력 저하, 피곤, 식욕 상실, 불면증 등으로 고통받을 수 있다. 또한, 학교공부와 사회생활에 흥미를 잃기도 한다(Papalia, 1998).

즉, 이혼하지 않은 가족과 이혼한 가족을 비교했을 때 이혼가족의 자녀들은 행동상의 문제와 심리적 안정감, 또래와의 관계, 그리고 학업에서 문제를 보여주고 있다(Amato & Keith, 1991; Emery, 1999; Hetherington, Bridges & InSablla, 1998; 이완정, 2001). 최근 왈러스타인(Wallerstein, 2000)은 이혼은 25년 동안 자녀에게 영향을 미친다고 하여 부모의 이혼이 자녀에게 일시적인 위기에 지나지 않는다는 가설은 잘못된 것이라고 하였다. 이러한 결과는 부모의 이혼으로 인한 자녀들의 고통에 대해서 민감한 관심과 전문적인 개입이 필요함을 시사하고 있다.

이혼 가정의 자녀가 건강하게 정서적으로 적응하고 이를 유지하기 위해서 사회복지 전문가는 다음 5가지 문제에 주안점을 두고 해결될 수 있도록 도와주어야 한다.

① 자녀는 부모의 결혼이 끝났다는 사실을 받아들여야 한다. 자신의 부모가 더 이상 함께 하지 않으며, 따라서 부모와 관계하는 방식도 바꾸어야 한다

는 사실을 이해해야 한다.

② 자녀는 부모가 겪는 갈등에서 한 발걸음 뒤로 물러나고, 자신의 생활과 활동을 계속해야 한다.

③ 자녀는 부모와의 접촉, 가정상황, 부모의 규칙과 가족의 일상생활 등에서 느끼는 다양한 상실에 대처해야 한다.

④ 자녀는 부모에 대한 분노와 자기비난이라는 강한 감정을 알고 이를 대처해야 한다. 이혼이라는 사건과 관련해서 부모를 용서하고, 잘못되어 가는 일들에 대해 화내기를 그만두고, 현재와 미래에 대해 충실할 필요가 있다.

⑤ 자녀는 자기와 타인과의 관계에 대해 현실적인 감각을 유지해야 한다. 부모가 관계가 끝났다는 사실 때문에 자신과 가까운 타인들과의 관계까지 끝난 것이 아님을 이해하여야 한다.

그리고 무엇보다도 자녀가 부모의 이혼에 적응하는 데 영향을 주는 중요한 변수는 부모가 결혼에 실패했다는 사실을 자녀에게 개방하는 것이다. 부모는 헤어지기로 한 결정에 대해 명확히 책임을 져야 한다. 결국 부모는 자녀를 계속 지지하고 자녀들 역시 고통과 상실 때문에 고통을 받는다는 사실을 이해해야 한다. 그래서 아이들은 부모에게 자신의 분노와 불행과 충격을 자유롭게 표현할 수 있어야 한다.

사회복지사는 이혼의 위기에 처해 있는 부부들을 위해 위기개입을, 그리고 이혼가정의 자녀를 위한 교육과 가족치료서비스를 제공할 수 있다. 이혼과 맞물려 한부모세대가 겪는 어려움은 경제적인 문제뿐 아니라 사회적 지지에서 어려움을 경험할 수 있다. 이러한 한부모세대를 위한 체계적인 급여 및 서비스체계를 마련하여야 할 필요가 있다.

2) 실직

1998년 11월 현재 우리나라의 실업률은 7.3%로 무려 1,557천여 명이 실업 상태에 있으며, IMF이후 중년기 실업이 특히 늘어나고 있다.

종래에는 청년기에 직업을 선택한 후 퇴직할 때까지 그 직업에서 경력을 쌓는 것을 당연한 것으로 여겨왔다. 그러나 경제적 불안정이 증가하고 각 분야에서 기술이 획기적으로 발달함에 따라 중년기 실직이 점점 더 증가하고 있다. 중년기에 경험하는 실직은 청년기보다 훨씬 더 대응하기 어려운 것으로 알려져 있다(Craig, 1997). 중년기 성인은 이제까지 종사해온 직업에 이미 자신의 많은 것을 투자했고, 노동시장에서 연령차별로 인해 재취업이 어려우며, 재취업하더라도 이전에 가졌던 직업보다 봉급, 지위 등에서 열등한 경우가 대부분이기 때문이다. 이러한 중년기 실업은 여성이 남성에 비해 매우 취약하여 연령과 성별 차이라는 이중고를 경험한다.

이러한 실업은 경제적 손실뿐 아니라 오랫동안 가져왔던 직업을 상실함으로써 자긍심과 자기개념이 크게 손상된다. 그리고 사회적으로 실업은 노숙자의 증가, 가장의 자살, 배우자의 가출, 이혼 등 가족해체 등을 증가시키고 있으며, 자녀의 유기 및 무료급식을 찾는 노인들의 수도 증가하는 심각한 수준에 이르고 있다.

보통 실직한 성인은 4가지 심리적 단계를 경험한다.

① 휴식단계

우선 일시적으로 겪게 되는 충격, 좌절, 분노가 사라지고 난 후 휴식하는 시기가 온다. 가족과 함께 할 수 있다는 것에 만족을 느끼며 곧 새로운 일자리 얻게 되리라 확신한다. 그다지 열심히 구직노력을 하지 않는다.

② 구직노력단계

약간의 여가와 휴식시기에 싫증나고, 본격적으로 일자리를 찾기 위해 보다 조직적인 시도를 한다.

③ 구직에 대한 회의단계

새로운 일자리를 찾는 노력이 계속 성과가 없을 때부터 구직노력에 대해 회의가 생기며 자긍심이 무척 낮아지고 사람에 따라서는 직업전환을 고려한다.

④ 무기력단계

구직노력이 계속 실패로 돌아갔을 때 실직한 많은 사람들이 무력감을 느끼고, 사회관계가 극히 제한된다. 자신의 재취업에 대한 가능성을 예상하기 어려워진다(Powell, Driscoll, 1973). 이러한 좌절감을 잘 극복하지 못하면 심각한 우울증에 빠지거나 때로는 사회적 고립이나 알코올중독으로 발전하기도 한다.

실직자를 도와주기 위한 사회복지제도는 이제 걸음마 수준이며, 특히 사회보장제도의 사각지대에서 실업, 산업재해 등 위험발생의 가능성이 큰 임시직(계약직)노동자가 전체 피용자의 30%에 육박하고 있고, 이들이 고용보험, 산재보험, 의료보험 등에서 제외되는 비율이 23.7%에서 42.5%에 이르는 것으로 보고되고 있는 실정이다(조흥식, 1998).

따라서 사회복지사는 중년기에 실직을 당한 사람에게 실직기간 동안의 생활안정을 위한 고용보험 혜택과 재정지원에 관한 상담, 재취업과 관련된 정

보제공과 직업훈련 등 고용관련 서비스, 정서적으로 도움을 줄 수 있는 지지
적 체계(배우자, 친구나 친척 등)의 활성화 등을 제공할 수 있다. 특히 산업
현장에 고용된 사회복지사는 실직자 또는 조기퇴직자와 그 가족을 위해 예방
교육이나 훈련을 위한 의뢰와 상담을 실시한다. 또한, 사회복지사들은 최근
들어 관심의 초점이 되고 있는 50대 이후의 고령자 재취업 활성화를 위한 프
로그램 개발을 하고 있다.

3) 빈곤

우리 사회의 부와 소득분배 구조는 매우 불평등하다. 그리고 이러한 소득
의 불평등은 세대를 넘어 전수되며 빈곤의 악순환이 지속되고 있는 실정이
다. 왜냐하면 빈곤의 원인에는 수없이 많은 요인이 있으나 그 중 부모의 소득
능력이 점차 주요한 요인으로 나타나고 있기 때문이다. 거기다가 빈곤은 알
코올 중독, 실업, 의료문제, 범죄, 도박, 정신지체 등과 관계되므로 빈민이 빈
곤상태에서 빠져 나오기는 더욱 어려워진다.

현대에 와서는 빈곤이 빈민의 책임이며 이들은 그들만의 독특한 문화를 가
지고 있으며 이러한 문화로 인하여 가난할 수밖에 없다는 빈곤문화이론이 많
은 지적과 비판을 받고 있다. 리콕(Leacock, 1971)은 빈곤문화의 독특성은 원
인이 아니라 빈곤을 계속 겪는 데 따른 결과라고 주장한다. 리콕에 의하면 가
난한 사람들은 찰나의 자기만족, 즉 자기만족이 지속되는 동안 돈을 낭비하
고 즐기는 것을 강조하는 경향이 있다. 리콕은 이러한 찰나의 자기만족은 빈
곤의 원인이라기보다 결과로, 어떤 사람이 미래에 대해 비관적일 때 자기만
족을 유예하는 것을 생각하지 않는다고 했다. 현재의 자기만족을 유예하는

것은, 돈을 절약하여 현재의 쾌락보다 미래에 더 나은 유익으로 바꿀 수 있다는 낙관적인 생각이 있을 때에만 가능하다. 만약 이들이 보다 안정된 상황과 적당한 임금을 받는 직업을 얻는다면, 중산층의 가치를 받아들일 가능성이 있다.

특히 중년기 성인은 가정의 경제를 책임지고 있는 상황에서 조직퇴직이나 실업으로 인하여 빈곤해지는 경우가 많이 있다. 중산계층의 사람들은 부분적으로 그들의 고소득과 원래 있던 재산 때문에 또 한편으로는 그들이 받은 교육과 가치의 결과로 재산을 획득하기가 좀더 쉬우며, 여가와 사회적인 성공에 필요한 시간과 기회를 보다 쉽게 얻는다. 노동계층사람들은 은퇴에 적절하게 대처할 만한 시간과 재산을 갖고 있지 않다. 그러므로 이들은 전문직이나 경영관리직에 종사하는 사람들보다 그들이 은퇴했을 경우 사회적·경제적 지위에 있어서 훨씬 심각한 쇠퇴현상에 직면하게 되는 것이다. 반면, 중산계층의 사람들은 은퇴하기 전에 노동계층의 사람들과 대등한 정도의 불안정함을 겪지 않으며 남은 인생 동안 내내 상당한 수준을 계속하여 유지할 수 있다. 이것이 그들의 자아상, 사회적 상호작용, 정신건강의 안정에 이바지한다고 볼 수 있다(Sofer, 1970; 김규수 외, 2002). 그러므로 이러한 자신의 책임이 아닌 어쩔 수 없이 빈곤상태에 빠지는 이들을 위하여 사회는 사회안전망을 설치하여 빈곤의 악순환이나 더 큰 사회문제로 확산되는 것을 예방하도록 노력해야 한다.

가 족

1. 가족이란

가족은 사회를 구성하는 기본 집단으로 개인이 성장하고 발달하는 데 가장 친밀하고 영향력 있는 사회환경이다.

1) 체계로서의 가족의 특징

① 가족구성원은 가족 내에서 다양한 위치에서 서로 상호 의존한다.

② 가족과 외부체계를 구분하는 경계는 엄격함과 침투성 정도에 따라 다양하다.

③ 가족은 시간이 지나면서 반복되는 상호작용 패턴, 즉 적응과 균형을 추구하는 단위다.

④ 가족은 더 큰 사회체계의 요구와 가족구성원들의 요구를 모두 충족해야 한다. 이것이 가족의 과업이다.

2) 한국 가족기능 변화

① 가족의 경제적 기능에서 볼 때 생산기능은 약화 혹은 상실되고 소비기능은 강화되고 있다.

② 출산과 성행위 규제 기능이 약화되고 있다.

③ 자녀양육과 사회화 기능이 더욱 강화되면서 가족에게 부담으로 작용하고 있다.

④ 가족의 정서적 유대기능과 여가기능이 점차 중시되고 있다.

⑤ 가족의 사회보장 기능은 심각한 위기에 있다.

2. 가족 형태

가족 형태는 개인의 가족 내 지위나 가족구성원들 간에 관계 패턴 등 직접 혹은 간접적으로 영향을 미친다.

1) 핵가족

① 가장 보편적인 가족형태로, 부부와 미혼인 직계자녀로 구성된 2세대 가족으로 한정한다.

② 현대 산업사회의 사회경제적 구조에 가장 적합한 가족형태로 간주된다.

③ 주택형태, 독립된 생활형태 선호 등의 이유로 가장 보편적인 가족 형태이다.

2) 확대가족

① 한 집에 여러 세대가 사는 가족을 말한다.

② 핵가족이 종적(직계) 또는 횡적(방계)으로 연결되어 형성되며, 자녀가 결혼한 후에도 부모와 동거하는 가족 형태이다.

③ 전통적으로 우리나라에서는 가부장 제도에 근거한 확대가족이 이상적인 가족형태였으나 핵가족의 증가와 반비례로 확대 가족은 점점 감소하고 있다.

3) 노인가족

산업화에 따른 사회구조와 가치관 변화로 핵가족화되면서 노인만으로 구성된 가족이 증가하고 있다. 노인이 자녀와 별거하려는 선호도는 점점 늘고 있어 앞으로 노인가족은 더 늘 것으로 전망된다.

4) 한부모가족

① 점점 늘고 있는 가족형태로, 이혼과 배우자 사망의 주원인이다.

② 한부모가족 적응은 자원에 좌우된다. 편모가족이 편부가족보다 일반적으로 경제적 문제를 더 많이 경험하며, 편모의 이전 직업경험과 경제적 자원은 적응에 큰 도움이 된다.

③ 어려움과 문제점으로는, 남은 한 명의 부모가 고립되고 과다한 역할로
갈등을 느끼며, 경제적으로 어렵고, 자녀는 양부모가정 자녀보다 정서적
으로 불안정하며, 성취도가 낮고, 성역할 동일시에서 혼란스러워 하고,
비행을 저지르는 경우가 많다는 점이다.

5) 재혼가족

① 자녀가 있는 재혼가족은 가장 복잡한 가족 형태이다.

② 재혼가족 부부는 계부모로서의 기능, 자녀 양육관, 금전관리 계획을 미
리 세워야 한다.

③ 재혼가족은 복잡한 가족관계, 자녀문제와 관련한 전 배우자의 개입, 여
자의 재혼에 대한 사회의 이중 기준 등으로 가족 구성원이 적응하는 데
에 어려움이 있을 수 있다.

3. 가족체계의 역동성

① 가족은 성격형성의 생물학적 측면과 문화적 측면을 연결하는 사회제도
이며 동시에 아동이 적응하고 성숙하는 데에 필요한 기본적인 수단, 제
도, 역할 등을 배우는 사회체계이다.

② 체계관점에서 본 가족의 중요한 과업은 가족구성원의 사회화와 사회통
제이다. 이러한 측면에서 가족은 개인 성격발달에 가장 큰 영향력을 지
니는 사회환경이다.

③ 사회체계론적 관점에 따르면, 가족구조가 변하면 가족구성원의 위치, 역
할, 기능이 변하므로 결과적으로 가족구성원 각자의 행동도 변한다.

④ 가족체계 경계선의 침투성 정도가 가족 구성원의 성격과 행동에 영향을
미친다.

제8장

노년기의 심리체계

노년기의 심리체계

1. 발달주기상의 중요성

노년기는 인생의 마지막 시기로 65세 이후부터 사망에 이르는 기간이다. 보통 노년기는 신체적으로 건강하면서 자립적인 활동이 가능한 노년 전기(65세에서 74세까지의 시기)와 신체적 기능의 약화로 인해 일상생활을 타인에게 전적으로 의존할 수밖에 없는 노년 후기(75세 이상)로 구분한다.

노년기에는 신체적 기능의 약화 및 질병이나 신체적 활동의 감소, 사회·경제적 지위의 위축 등과 같은 쇠퇴적 발달이 일어나는 시기이다.

또한, 노년기의 기억 능력은 일반적으로 노화에 따라 서서히 감퇴된다고 알고 있으나 아직 이 내용을 지지할 만한 연구 결과는 없다. 기억력은 노화에 따라 단기의 기억력이 장기의 기억력보다 감퇴되며, 들은 것을 기억하는 것보다는 본 것을 기억하는 것이 더 어렵다고 보고되고 있다. 따라서 새로 습득한 정보를 잠시 저장하였다가 더듬어 내는 데 어려움을 겪지만 반면에 오래 기억하는 장점은 있다. 이는 배운 직후에는 많이 잊어버리지만 일단 한번 기억한 것은 매우 오래 기억하는 노인의 특성을 의미하는 것이다. 특히 정보가 매우 빠르게 제시되고 전후 관계에 대한 암시가 없는 상태에서 노인의 기억력은 매우 낮다.

이와 함께 노년기에는 융통성이 없어져 감으로써 완고하게 되고 새로운 것을 받아들이기가 힘들며 과거에 얽매여 변화하기를 꺼려하는 경향이 있기 때문에 보수적이고 내향적이며 고집이 세어져 독단적으로 되기가 쉽다. 이러한 특성으로 인해 노년기에는 주변의 일에 대한 흥미가 줄어들고 불평과 불만이 많아지며 비관적이고 체념적인 생각을 많이 하게 된다.

또한, 노년기에는 고독감을 쉽게 느낄 수 있다. 자녀의 독립, 사회적 위축, 사랑하던 주변사람의 죽음 등의 상황 자체가 노인들의 고독감을 더욱 더 증가시키며 자신의 죽음에 대한 불안감을 증가시키게 된다.

이러한 노년기의 특성은 대체로 노인들에게 심리적 압박을 가하게 되어 우울감을 초래하기가 쉽고, 무력감, 실패감, 자존감의 손상을 경험할 수 있으며, 때로는 심하면 흥분, 착란, 정신병적 사고 등을 보일 수도 있다. 그러나 노년기의 모든 노인들이 이와 같은 심리적 문제를 경험하는 것은 아니다. 오히려 노년기에 자신의 지나온 삶을 만족스러워 하며 자신의 생을 마무리하는 데 있어 보다 수용적이고 적극적인 자세를 가질 수 있다.

따라서 노년기에는 신체적·인지적 기능의 감소로 인하여 자신감이 결여되거나, 우울한 상황에 대한 한탄이나 사회적으로 위축되기보다는, 스트레스를 경험하는 일들에 적절히 대처하고 자신의 과거의 삶에 대한 평가인 인생 회고에 대한 태도에서 지난 삶이 의미 있었다고 평가하게 될 때 인생의 남은 시간들을 만족스럽게 보낼 수 있으며, 타인뿐 아니라 자신의 죽음을 긍정적으로 수용할 수 있게 된다.

2. 발달과업

1) 에릭슨의 발달과업 : 자아통합 대 절망

에릭슨(Erikson, 1963, 1968)은 노년기의 특성이 새로운 심리사회적 위기의 출현보다는 오히려 전 단계의 종합, 통합, 그리고 평가로 나타난다고 주장하였다. 노년기는 신체적·사회적 상실에 직면하는 시기이다. 즉, 체력과 건강을 잃게 되고 퇴직으로 직업을 상실하게 되며 점차 배우자와 친구들을 잃게 되고 스스로도 죽음에 직면하게 된다. 노인들은 더 이상 자신이 사회에 필요한 존재가 아니라는 사실을 인식하며 자아통합(ego integrity)이라는 과업에 직면하게 된다. 자아통합이란 모든 관점에서 자신의 삶을 되돌아보면서 겸허하고 확고하게 "나는 만족스럽다"고 확신하는 능력에서 생긴다. 이는 자신의 인생을 수용하고 갈등, 실패, 실망 등을 성공, 기쁨, 보람 등과 함께 전체의 삶 속에 포함시키는 것을 의미하는 것으로 이것이 이루어져야 죽음을 두려움 없이 맞이할 수 있게 된다.

죽음은 더 이상 두려운 것이 아니다. 자신의 후손이나 창조적 업적을 통해서 자신의 존재가 계속된다는 것을 알기 때문에 이 시기에 개인의 관심은 체력과 건강의 약화, 퇴직과 수입의 감소, 배우자와 친한 친구의 죽음, 노인 단체에 새로이 가입하려는 욕구 등으로 옮겨간다. 또한, 노년기는 자신의 존재의 성공과 실패를 확인하고 적용한 후 앞의 발달단계를 통하여 자신의 삶을 완성, 유지하는 시기로 통상적인 역할과 기능의 박탈 및 상실감에서 일생동안 이룬 자아통합을 보유하고, 보호하고, 강화할 것이 요구된다.

노인은 죽음에 직면하면서 생을 음미하게 되는데 이 과정에서 후회나 회한 같은 절망에 부딪힐 수 있다. 이러한 절망에 직면하면서 지나온 단계들의 경험을 통해 최종적인 자아통합을 할 수 있는 기회를 갖게 된다. 지나온 일들을 후회 없이 인정하고 가치 있는 일로 받아들이며 지난 삶 속에서 좋았던 것을 발견할 수 있다. 이 단계에서 지혜, 자기수용, 지나온 생이 옳고 적합했다는 느낌, 죽음을 위엄과 용기로 직면할 수 있는 능력을 갖게 된다.

그러나 이 시기의 위기를 잘 극복하지 못하면 인생이 무의미하다고 느껴지고 죽음에 대한 두려움과 지나온 삶에 대한 회한으로 인해 절망감에 빠지기가 쉽다. 다시 말해 "이제 시간이 얼마 남지 않았다", "다시 시작하기에는 너무 늦었다"는 느낌을 갖게 되면서 지나온 생을 후회하며 절망하게 된다. 자아통합의 반대 개념인 절망(despair)은 죽음에 대한 두려움, 비애감과 거부감, 되돌릴 수 없는 실패, 희망했던 것에 대한 끊임없는 미련이 특징이다. 이러한 절망은 인생을 돌이킬 수 없다는 후회, 그리고 자신의 부족과 결함을 외부세계로 투사하는 것으로 흔히 표현된다. 자신의 절망을 감추기 위해서 다른 사람의 잘못을 참지 못하고 사소한 일에도 쉽게 혐오감을 느끼게 되는데 이러한 혐오는 스스로에 대한 경멸을 의미하기도 한다. 노년기의 자살률이 높은 것 또한 절망과 무관하지 않다. 극심한 슬픔과 후회는 노인들을 노인성 정신병, 우울증, 건강염려증에 걸리기 쉽게 하며, 매우 심술궂고, 과대망상 등을 쉽게 일으키게 된다.

이 시기의 위기를 잘 극복하면 지혜라는 자아 특질을 얻게 되지만 이 시기를 적절하게 극복하지 못하면 자신에 대한 경멸을 경험하게 된다.

2) 펙의 발달과업

펙(Peck, 1968)은 성인기의 발달에 관해서 성취해야 할 7가지 과업을 제시하였는데 그 중 세 가지는 노년기에 성취해야 할 발달상의 중요한 과업이다.

첫째, 직업 역할에 초월하기 대 직업 역할에 몰두하기이다. 이것은 퇴직에 관련된 것으로 오랫동안 종사해 온 직업에서 떠나 새롭게 하는 활동들에서 만족을 얻을 수 있도록 개인적인 가치가 재평가되고 재정의되어야 한다. 퇴직은 일생에서 매우 중요한 변화이다. 이 시기에는 새롭게 몰두할 수 있는 역할을 획득해야 한다. 퇴직이라는 사실을 통해 고통스러워하는 것보다 더 이상 직장에서 일할 수 없는 사실을 받아들이고 이에 적응하며 지속적으로 활기 있는 새로운 삶을 살 수 있는 성공적인 노화가 자신의 가치를 느낄 수 있게 해 준다.

둘째, 신체 초월하기 대 신체 몰두하기이다. 대부분의 사람이 노년기가 되면 신체적 약화를 경험하게 되고 신체적 건강을 삶 전체의 안정과 결부시켜 생각해 온 사람들은 신체의 약화로 인해 큰 충격을 경험하게 된다. 노년기가 되면 신체적 외모의 변화로 흰머리가 늘고, 머리숱이 적어지고, 주름살이 많아지게 된다. 이때 특히 노인들은 자신의 건강과 외모에 신경을 많이 쓰게 되며 변화하는 신체에 더욱 더 집착하게 된다. 그러나 이러한 신체의 변화에도 불구하고 자신의 삶을 긍정적으로 즐기는 사람도 있다. 이들은 만족스러운 인간관계나 창조적 정신능력에서 행복을 정의하는 것을 배울 수 있으므로 행복감과 편안함을 느끼며 이들의 가치체계에서 즐거움의 사회적, 정신적 요소들이 신체적 요소를 초월하였다고 할 수 있다.

셋째, 자기 초월하기 대 자기 몰두하기이다. 노년기에는 자신이 죽을 것이라는 사실을 이해하고 받아들여야 한다. 죽음에 직면한 상황에 적응하는 것은 소극적인 후퇴나 자기의 부정이 아니며 오히려 후손을 위하여 자신의 삶을 보다 더 의미 있는 것으로 만들고자 하는 적극적인 노력이다. 죽음이 두렵고 우울한 상황이기는 하지만 '그래서 불쌍하다'라고 받아들이기보다는 '남아 있는 인생을 더욱 의미 있고 행복하게 살기 위해 내가 무엇을 해야 할 것인가'를 생각할 수 있을 때 죽음을 긍정적으로 수용하고 성공적인 노화를 이룰 수 있다.

3) 성공적인 노화

성공적인 노화란 비교적 만족스럽고 행복감을 느끼면서 노년기를 보낼 수 있다는 것을 의미한다. 이런 관점에서 성공적이지 못한 노화는 외로움과 불행을 느끼면서 만족스럽지 못한 노년기를 보내는 것으로 정의할 수 있다.

노년기의 중요한 발달과업을 성취한 노인들은 성공적 노화를 이룬 사람들이라고 할 수 있다. 성공적 노화는 내적·심리적 측면뿐만 아니라 외적·사회적 측면을 가진다. 성공적인 노화를 설명할 수 있는 이론들을 소개하면 다음과 같다.

(1) 분리이론

커밍과 헨리(Cumming & Henry, 1961)는 노년기의 사람은 사회적·심리적으로 철회하는 선천적 경향을 지니고 있다고 주장한다. 분리(disengagement)란 주어진 상호체계 내에서 자신과 타인 간의 상호적 위축을 의미한다.

분리이론(disengagement theory)에 의하면 노인들은 외부세계의 사회적 활동으로부터 스스로 철회하고 타인에 대한 관심도 감소한다. 다시 말해 분리이론은 노인과 그가 속한 사회체계 간의 상호 철회의 과정으로 본다. 보통의 생각과는 달리 사회로부터의 점진적 철회는 노인에게 부정적 경험이 아니며 많은 노인들이 분리를 긍정적인 관점에서 바라본다는 것이다.

분리된 사람들은 사회의 요구를 중요시하지 않으며 자신의 인생과 자기상(self-image)을 만족시키기 위하여 에너지를 투자한다. 그들은 자신이 중요하다고 생각하는 활동과 가치 혹은 아이디어를 추구하기 위하여 더 많은 시간을 할애한다. 사회로부터 철회되는 것에 대한 내성이 증대하고 자기에 전념하게 되며 사람이나 사물들에 정서적 투자를 줄이는 나이이기 때문이다. 외부지향적이 아니라 내부지향적이며 외부의 영향에 의해서가 아니라 스스로의 선택에 의해 행동을 결정한다. 분리는 강제된 과정이기보다는 자연적인 것이다. 또한, 노인에게 있어 분리는 기능적인데 그 이유는 젊은 시절에 유지해온 사회적인 관계와 역할을 지속하기 어려울 정도로 에너지의 활력을 점차 상실하기 때문이다. 감소된 사회적 상호작용은 일종의 상호적 과정(사회와 노인이 서로 철회하는)으로 노인은 사회적 활동의 축소에 대해 수용적이고 나아가서 그것을 소망하는 것으로 보인다. 다시 말해 사회적 철회는 자신에 대한 몰두의 증가, 환경에 존재하는 대상에 대한 정서적 관심의 감소와 같은 노년기의 발달적 성향에 동반하거나 뒤따라 일어난다는 것이다. 따라서 연령 증가에 따른 개인의 사회적 분리는 인생 만족을 증가시키는 중요한 요인이라는 것이 이 이론의 핵심이다.

분리는 일반적으로 개인 자신이나 사회체계에 의해 시작되는데, 예를 들면 은퇴자가 그런 경우이며, 배우자의 상실 또한 예가 될 수 있다. 분리가 완료될 때 중년기 동안 개인과 사회 간에 존재했던 균형이 심리적 거리, 변형된 관계들, 감소된 사회적 상호작용이 특징인 평형 상태로 이동한다.

그러나 분리이론을 비판하는 사람들은 분리현상은 보편적인 것도 불가피한 것도 아니며 선천적인 것도 물론 아니라고 주장한다(Achenbaum & Bengtson, 1994). 어떤 노인들은 노년기에도 결코 분리하지 않으며 여전히 활동적이고 생산적이다. 또한, 분리이론은 개인의 활동에 영향을 주는 건강이나 성격에서의 개인차를 고려하지 않았다는 비판을 받기도 한다.

(2) 활동이론

허비거스트 등(Havighurst et.al., 1968)이 제안한 활동이론(activity theory)은 분리이론과는 반대로 중년기의 능동적이고 적극적인 생활양식을 노년기에도 지속하는 것이 노인들의 안녕감과 만족에 긍정적인 영향을 준다고 제안한다. 이는 노인의 행복과 만족은, 자기에게 전념하고 참여와 변화하는 생활사건들에 대한 노인의 적응능력에서 나온다는 것을 주장하는 것이다.

노년기의 특징인 사회적 상호작용의 감소는 노인으로부터 사회가 후퇴하기 때문에 일어나며, 이것은 사회적 활동에 계속 참여하고 싶어하는 노인의 소망에 상반되게 진행하는 것이라고 본다. 따라서 성공적인 노화를 이루는 노인은 계속 사회적으로 활동하고 있으며 그들의 사회적 세계는 축소되지 않는다.

이 이론에서는 사회적 · 심리적 분리가 노년기에 일어난다는 것을 인정하지만 노년기 동안의 인생만족은 계속적인 활동과 높은 상관이 있다고 강조한다. 성공적인 노화를 이룩한 사람은 높은 수준의 사회적, 정서적 및 물리적 참여를 유지하고 있는 사람들이다. 그들은 떠나간 친구를 새로운 친구로 대치하고 새로운 경험과 도전을 추구한다. 종결되는 활동에 대해 대치할 수 있는 활동을 발견하는 것이 적응의 핵심이며 대치할 수 있는 활동이 없으면 심리적으로 황폐해진다. 따라서 개인이 노년에 들어설 때 가지고 있던 역할 자원들의 수가 많을수록 그는 역할 감소라는 상황에 더 잘 적응할 수 있다.

이런 관점에서 성공적인 노화에 관한 분리이론과 활동이론은 서로 상반되는 견해를 제시하고 있음을 알 수 있다.

계속되는 참여와 활동이 노년기의 인생 만족과 연결되어 있고, 심지어 생존 그 자체를 위해 중요하다고 주장하는 연구(Langer & Rodin, 1976)도 있으나 많은 심리학자들과 노인학자들은 활동이론에 대해 단지 부분적인 지지를 보낼 뿐이다. 그들은 활동의 단순한 지속이 자동적으로 노인의 자기 가치감에 기여하지 않는다는 것이다. 특히 활동 자체가 노인들에게 큰 의미를 주지 못할 때 활동이나 참여는 노인의 생활 만족에 도움이 되지 못한다.

활동이론의 또 다른 문제점은 신체적, 정신적, 혹은 정서적으로 중년기의 상태를 유지할 수 없는 노인들을 전혀 고려하지 않았다는 것이다. 노인들은 건강이나 다른 이유로 높은 수준의 활동을 유지할 수 없을 뿐만 아니라 만약 그렇게 해야 한다면 오히려 더 불행함을 경험할 것이다.

(3) 성격과 생활양식이론

노년기의 사람들 중 어떤 이들은 분리에 만족하고, 반면에 어떤 이들은 활동에 만족할 수 있으므로 분리이론과 활동이론에서 주장하는 개인차의 문제를 극복하기 위해 많은 노인학자들은 성공적 노화를 효과적으로 설명할 수 있는 포괄적 관점의 이론으로 성격과 생활양식이론(personality and lifestyle theory)을 제안한다. 이 이론은 노화의 유형과 성공적 노화는 개인의 성격을 바탕으로 하기 때문에 개인의 성격 유형을 고려하지 않는 이론은 무가치하다고 주장하고 있다.

레이차드(Reichard et. al., 1962)는 다음과 같은 성격 유형을 제시하였다.

① 성숙형 : 이상적 적응을 보였으며 자신의 장점뿐 아니라 약점과 과거의
   생활을 받아 들였다. 신경질적 갈등으로부터 자유롭고 밀접한 인간관계
   를 유지했다.
② 흔들의자형 : 수동적이기는 하지만 높은 수준의 자기수용을 보이고 타
   인에 의존적이며 노년을 책임으로부터 자유로운 것으로 지각했다.
③ 무장형 : 부정적 정서에 대처하기 위해 방어기제에 많이 의존하며 대개
   잘 적응하는 편이나 상당히 완고하게 활동적 생활양식을 유지하려고
   한다.
④ 분노형 : 잘 적응하는 편이 못되며 고통을 흔히 습관적으로 공격적인
   방식으로 표현한다. 자신의 곤경에 대해 공공연히 불평하며 쉽게 좌절
   한다.
⑤ 자기증오형 : 분노형과 유사하나 자신의 곤경에 대해 자신을 책하고 성
   격적으로 우울하여 노년을 절망의 시기로 본다.

뉴가튼 등(Neugarten et. al., 1968)은 개인의 일반적 성격 유형과 사회적
역할 활동 및 생활 만족간의 관계를 확인하기 위한 연구를 시도하여 세 가지
요인들 사이의 상호 관련성을 확인하고 이에 따른 역할 활동의 구체적 형태
를 범주화하였다. 즉, 단순히 사회로부터 분리되거나 계속해서 활동하는 것이
성공적인 노화를 의미하는 것은 아니며 그것이 그들의 성격 유형과 조화를
이룰 때 생활 만족에 기여할 수 있다는 것이다.

통합형 : 인생을 수용하고 유능한 자아를 소유하며 통제를 유지한다. 융통성 있고 성숙한 사람의 경우가 대표적이다. 재구성형, 집중형, 유리형을 포함한다.

- 재구성형 : 광범위한 활동에 참여하고 상실한 활동을 새로운 활동으로 대체하기 위해 생활을 재구성한다. 종교단체와 지역사회 활동에 참여하고 젊음을 유지하며 활동적이다.
- 집중형 : 중간정도 수준의 활동에 참여하고 심사숙고해서 선택한 몇 가지 활동에 에너지를 집중시킨다.
- 유리형 : 조용히 자기 자신에 몰두하고 스스로 사회적 관계로부터 위축한다. 낮은 활동 수준, 높은 생활만족을 가짐으로써 분리이론을 지지하는 것처럼 보인다. 늙어 가면서 그들은 자발적으로 역할 수행을 기피한다.

무장·방어형 : 철저하게 불안에 방어하고 충동을 엄격하게 통제한다. 유지형과 위축형이 있다.

- 유지형 : 나이를 먹는다는 사실을 두려워하며 바쁜 생활을 계속한다. 성취 지향적이며 결코 은퇴하지 않는다. 가능한 한 오랫동안 중년기에 해왔던 활동을 고수하고 그것이 성공하면 생활의 만족수준은 높다.
- 위축형 : 능력 상실과 노화의 위협에 사로잡혀 있으며 에너지를 축소시켜 쇠퇴를 회피하려고 노력한다. 노화에 대한 방어로 역할 활동 및 타인에 대한 관심을 감소시킨다. 집중형과 다른 점은 성격의 통합이 낮다는 것이다.

수동적 의존형 : 강한 의존 욕구를 가지고 있으며 타인으로부터 반응을 구한다. 가족이나 친지에게 심리적으로 의존한다. 원조요청형과 냉담형이 있다.

- 원조요청형 : 타인에게 의존적이며 정서적 지원을 구한다. 중간 수준의
  역할 활동과 생활만족을 유지한다.
- 냉담형 : 인생을 수동적으로 살아온 사람으로 안락의자에서 거의 하루를
  보내는 수동적인 사람들이다. 특히 주변에 거의 관심을 갖지 않는다.

미성숙형 : 인지적 결함을 가지고 있으며 모든 것을 감정적으로 처리한다. 자
활 능력이 없으며 낮은 수준의 생활만족을 갖는다.

- 해체형 : 사고 과정이 퇴화되고 자신의 정서 통제가 불가능하다.

이상의 두 연구 결과에서 성공적 노화에 영향을 미치는 성격 유형의 유사
성을 발견할 수 있다. 두 연구의 결과가 가지는 상호 관련성과 각 성격 유형
에 따른 생활만족도를 표8-1에서 볼 수 있다.

레이차드	뉴가튼	생활만족
성숙형, 흔들의자형	통합형 : 재구성형, 집중형, 유리형	상
무장형	무장·방어형 : 유지형, 위축형	상
분노형	수동의존형 : 원조요청형, 냉담형	중
자기증오형	미성숙형 : 해체형	하

표8-1. 레이차드와 뉴가튼의 성격 유형 및 생활만족과의 관계

이상의 연구는 성격이 성공적 노화에 있어 중추적인 역할을 한다는 것을
보여주고 있으며 분리이론이나 활동이론 하나만으로는 성공적인 노화를 이루
기가 쉽지 않다는 것 또한 보여준다. 성격 유형에 따른 활동 수준과 생활만족

과의 관계는 개인이 성격의 감성적 요소와 이성적 요소를 통합하는 능력을 유지하는 정도에 의해 영향을 받는다. 성격이 잘 통합된 사람은 노년기를 효과적으로 보낼 수 있다.

3. 주요 쟁점

1) 자신의 삶에 대한 수용과 자긍심

노년기에는 중년기까지 이룩한 많은 과업들의 결과가 축적되기 시작한다. 이를 통해 노인은 자신의 결혼 생활, 직업, 자녀 양육, 대인관계 등의 역할들에서 성취를 평가하게 된다. 이 과정에서 모든 노인이 자신의 성취에 만족하기는 어렵고, 성취의 한계를 깨닫고 어느 정도의 실망을 경험하는 것은 당연한 것이다. 그러나 이러한 현실을 수용할 수 있어야 하며 자신의 성취와 목표 사이에는 필연적으로 차이가 존재한다는 것을 인정해야 한다. 자신의 성취가 자신의 기대에 미치지 못하더라도 성취한 바에 대해 자부심을 가져야 한다.

에릭슨에 의하면 노년기에는 죽음에 직면하여 자아정체감을 확립하는 과제가 있기 때문에 자신의 과거에 대해 긍정적인 평가를 할 수 있는 자아정체감이 형성되지 못하면 자신의 삶이 가치 없었다는 좌절감에 빠지게 된다고 하였고, 버틀러는 노인은 인생을 회고하면서 이 회고의 과정을 제대로 다루지 못하면 우울증에 빠진다고 하였다.

이러한 과제에 대해 노인들은 다양한 반응을 보일 수 있으나 노인이 실망이나 위기의 영역을 받아들이면서 이것을 자신의 성취에 균형을 취하여 받아들일 수 있어야 자신에 대한 자부심을 유지할 수가 있다. 노인들의 자신에 대한 자부심은 타인이 노인을 대하는 방식에 영향을 미쳐 자신이 가치 있고, 존경받을 만하며, 능력 있는 존재라는 피드백을 받을 수 있다. 이를 통해 노인은 자긍심을 향상시키고 성공적인 노년기를 보낼 수 있다.

2) 죽음에 대한 태도

노년기에는 죽음에 대한 심각하고 두려운 의문에 사로잡히게 된다. 노년기는 동료의 죽음을 경험하게 되면서 슬픔과 애도라는 정서적 과정과 자신의 죽음을 받아들이고 이해하려는 위기에 처하게 된다. 노년기에 경험하는 죽음과 관련된 두려움, 불안, 슬픔은 노인뿐 아니라 그 가족들에게도 특별한 상황으로 받아들여지기 때문에 노년기에 개입하는 사회복지사들에게 특별한 방법과 자세를 요구하게 된다. 따라서 사회복지실천영역에서 개입할 수 있는 노년기 죽음의 의미, 죽음에 대한 반응, 그리고 죽음에 대처하는 방법을 논의해 보고자 한다.

(1) 죽음의 의미

많은 사람들이 죽음이라는 말을 쉽게 사용하고 있지만 죽음이 무엇을 의미하는가에 대해서는 답하기를 어려워한다. 죽음에 대한 사회적 의미는 역사적 시기와 문화에 따라 그리고 종교 등에 따라 차이가 있다. 또한, 연령에 따라, 성별에 따라서도 죽음에 대한 의미가 다르다.

대부분의 노인은 죽음을 당면 과제로 받아들이고 있으면서 죽음에 대한 두려움과 공포를 경험하기도 한다. 인간의 죽음에 대한 공포는 자연스럽고 정상적인 경험이다. 노인들에게서 가장 빈번하게 논의되는 테마는 죽음이긴 하지만 노인들은 젊은 사람보다 죽음에 대해 적은 공포를 갖는다는 연구(Kalish & Reynolds, 1976) 결과가 있다.

노인들은 자신의 죽음뿐 아니라 가족이나 친지의 죽음에 대해서도 수용해야 한다. 죽음을 수용하는 문제는 인간의 본질을 수용하는 것이므로 이것을 불건전하다거나 숙명론자 같다고 말할 수는 없다. 자신이 영원히 살 수 없음을 깨닫는 것은 이것을 깨닫지 못하는 것보다 더 현명한 시간을 갖도록 도와주는 것이 될 수 있다.

(2) 죽음에 대한 반응

죽음에 대한 두려움은 자연스러운 현상인데 죽음을 두려워하는 이유를 살펴보면 크게 두 가지로 나눌 수 있다. 첫째는 죽는 과정에 관련된 두려움으로 죽음이 고통스러울 것이라는 생각, 혼자서 죽음을 맞을 수 있다는 생각, 자신의 고통스러운 모습을 다른 사람이 보게 되는 것에 대한 걱정, 자신의 사고와 신체에 대한 지배력을 잃게 되는 것 등이다. 둘째는 죽음의 결과에 관련된 두려움으로 사후 세계에 대한 두려움, 자기가 잊혀질 것이라는 두려움, 가족이나 친지가 자신의 죽음에 대해 겪을 슬픔, 신체가 소멸되는 것, 그리고 사후 세계에 존재할지도 모르는 벌과 고통 등이다.

사람들은 일반적으로 죽음에 대한 공포와 거부를 갖고 있는 한편 죽음의 불가피성을 인지하고 그것을 수용하려는 태도도 함께 가지고 있다. 그러나 그런 수용의 태도를 갖게 되기까지는 많은 갈등과 고통의 과정을 경험하게 된다.

정신과 의사인 큐블러-로스(Kübler-Ross, 1969)는 시카고 대학 병원에 입원한 중환자를 대상으로 자신이 회복 불가능한 질병에 걸렸음을 안 후 나타내는 일련의 정서적 반응을 연구하였다. 불치의 병으로 죽어가고 있는 사람들은 다섯 개의 심리적 단계를 거쳐서 죽음에 이르게 된다고 주장하였다.

첫째, 부정의 단계이다. 회복 불가능한 불치의 병에 걸렸다는 사실을 인정하지 않고 의사의 오진이라고 생각하며 죽는다는 사실을 부인한다.

둘째, 분노의 단계이다. "왜 나만 죽어야 하는가"라고 생각하며 건강한 다른 사람들을 부러워하고 원망한다. 주위의 가족과 의사나 간호사에게까지 화를 내고 분노를 터뜨린다.

셋째, 타협의 단계이다. 자신이 죽어가고 있음을 인정하게 된다. 인생에서 아직까지 처리하지 못한 과업이 있기 때문에 그것을 마칠 때까지 살 수 있게 해줄 것을 기원하고 불가사의한 어떤 힘과 타협하고자 한다.

넷째, 우울의 단계이다. 죽을 수밖에 없는 현실을 받아들이게 된다. 주위의 가족, 친지, 그리고 일생동안 애착을 가지고 생활했던 모든 사물들과 헤어질 수밖에 없다는 데서 오는 우울증을 경험하게 된다.

다섯째, 수용의 단계이다. 죽음 자체를 수용한다. 죽음을 수용함으로써 환자는 마음의 평화를 회복한 후 임종을 맞이할 수 있다.

이 외에도 웨스트버그(Westberg, 1962)는 죽음을 맞이하는 10단계로 충격과 부정단계, 감정분출단계, 분노단계, 질병유발단계, 고통단계, 죄책감단계, 우울과 외로움 단계, 어려움에의 재봉착 단계, 희망단계, 현실확실 단계를 구분하였다.

이상에서 큐블러-로스와 웨스트버그의 단계를 살펴본 후 공통점을 발견할 수 있다. 그것은 죽음을 맞이하는 심리적 작용이 먼저는 죽음을 부정하고 거부하는 태도를 보이다가 차츰 죽음을 인정하는 태도로 바뀌는데 이 과정에서 우울, 안정 등의 정서적 변화를 가져온다.

그러나 죽음을 맞이하는 모든 사람이 이러한 단계를 정확하게 거쳐가는 것은 아니다. 어떤 이들은 전 단계에 머물러 있으면서 마지막 죽음을 수용하는 단계를 거치지 못하는 경우도 있고 때로는 전체 단계를 왔다갔다하는 경우도 있다. 따라서 개인의 죽음은 다양한 정서적 반응을 보일 수도 있고 예측할 수 없는 반응을 보일 수도 있으므로 죽음의 과정에서 원조하는 전문가는 광범위한 개인차를 인식하고 죽음을 수용하는 단계로 나아가 편안하고 준비된 죽음을 맞이할 수 있도록 도와야 할 것이다.

(3) 죽음에 대처하는 방법

① 자아통합과 죽음

에릭슨(Erikson, 1963)은 노년기에 경험하는 자아통합 대 절망의 위기를 설명하며 자신의 과거 및 현재의 인생을 바라던 대로 살았다고 받아들이고 만족스럽고 의미있게 생각하며 다가올 죽음을 인정하고 기다리는 태도를 갖는 것이 자아통합이라 하였다. 이에 비해 절망은 죽음 앞에 남은 시간이 너무 짧아 불안, 초조감을 느끼는 것이라고 하였다.

인간의 죽음에 대한 태도는 아동기에 시작하여 노년기에 이르기까지 장기간에 걸쳐 형성되는데 노년기에 있어 죽음에 대한 태도는 자아통합의 성취정도에 따라 차이를 보인다. 에릭슨은 인생의 한 단계 한 단계는 다른 단계들과 밀접한 관련을 갖고 있으므로 자아통합의 성취 정도는 중년기에 생산성 대 침체의 위기를 어느 정도 극복했는가에 따라 달라진다고 하였다. 따라서 에

릭슨의 이론에 근거하여 노년기의 사람들이 자기분석을 통하여 자신의 인생
발달역사를 재구성하는 치료로 자아통합의 위기를 극복할 수 있게 원조할 수
있다. 과거 사건을 재구조화하는 인생회상(life review) 기법을 사용하여 과거
경험으로 점진적으로 되돌아감으로써 과거의 왜곡된 경험을 해결하고 통합할
수 있으며, 마지막 발달과업인 자아통합 대 절망의 위기를 해결할 수 있다.
이러한 방법은 사회복지실천현장에서 노인들을 대상으로 활발하게 적용할 수
있으며 노인들의 성공적인 노화과정을 원조할 수 있다.

② 호스피스

죽음을 앞 둔 말기 환자에 대한 지원은 호스피스(hospice)가 있다. 호스피
스는 죽음이라는 과정을 덜 투쟁적이고 인간적으로 만드는 자발적이고 가치
있는 활동으로 지역사회의 자원봉사자나 전문가가 사망을 앞 둔 환자와 그 가
족을 보호하기 위해 센터나 환자의 가정에서 하는 활동을 말한다. 호스피스
활동은 그 대상과 상황에 따라 다양하지만 대략 다음과 같은 목표를 가진다.
첫째, 적절하게 고통을 조절하는 것으로 환자의 고통과 공포를 완화하는
것이다.
둘째, 수명을 연장하는 첨단기술(high-technology)을 피하는 것이다.
셋째, 환자에 대한 심리적 지원을 하는 것으로 죽어가는 환자에게 편안함
과 평화를 주는 것을 의미한다.
넷째, 사망 이전과 이후 유족에 대한 지원으로써 도움이 필요한 경우 언제
든지 호스피스 활동을 전개할 수 있어야 한다.
사회복지실천 측면에서는 호스피스 활동을 "특별한 서비스가 아니라 불치
의 병으로 고생하는 환자와 그의 가족을 위한 철학적이고 가치 지향적인 서비

스 체계"라고 정의하고 있기 때문에 무료로 행해지며 전문인력과 훈련된 자원봉사자가 제휴하여 환자와 가족의 아픔을 완화시키는 데 중점을 두고 있다.

호스피스는 임종을 맞이하는 환자뿐 아니라 가족을 위한 지지, 장례계획, 사후관리 단계로 이루어진다.

3) 성격 및 태도의 변화

노인이 되면 자신의 능력의 쇠퇴뿐 아니라 사회환경적 기대의 하락으로 인해 성격과 태도의 변화 및 사고와 정서의 변화를 초래하게 된다. 노인의 심리사회적 건강을 위해서는 다음에서 설명하는 변화의 모습들을 극복하고 자신의 삶을 수용하며 새로운 상황에 적극적으로 대처하는 노력이 필요하다.

(1) 성격의 변화

① 우울증 경향의 증가
노년기가 되면 여러 가지 스트레스, 가족관계의 변화, 경제적 수입의 감소, 사회적 역할의 상실, 신체적 건강의 쇠퇴, 그리고 사회적 고립 등으로 인하여 우울증 경향이 증가한다. 그러나 모든 노인의 우울증 경향이 증가한다고 단정하기보다는 노년기의 우울증 경향과 그 정도는 개인이 가진 적응능력과 관련이 있다. 우울증은 노인의 성격 자체를 변화시키기도 한다.

② 내향성 및 수동성의 증가
노년기의 사람들은 노화에 따른 여러 가지 변화로 인해 외부지향적인 적극성이 줄어든다. 환경조절 상황에 있어서도 능동적 조절보다는 수동적 조절이거나 비현실적 의존적 조절의 상태를 취함으로써 모든 상황에서 위축되고 자신감을 잃어가는 경향이 있다. 또한, 노년기에는 감정표현 능력이 저하된다.

③ 사고의 변화

노화로 인한 사고의 변화로 흔히 망상적인 사고를 갖기가 쉽다. 이는 노인들이 경험하는 상실에 대한 불안감이 시력이나 청력 등의 감소와 함께 투사(projection)의 모습으로 나타나는 현상으로 설명할 수 있다. 가볍게는 주위의 말을 곡해하는 것에서부터 심하면 강한 피해의식으로 발전하는 경우가 있다.

(2) 태도의 변화

① 경직성의 증가

자신에게 익숙하고 안전한 예전의 방법만을 고수하는 경향이 있어 새롭게 개발되는 효율적인 방법이나 기구의 활용을 거부하는 경향이 있다.

② 조심성의 증가

노인은 젊은이에 비해 모든 사물의 판단과 행동수행에 조심스러워진다. 이것은 지금까지 이루어온 것에 오점을 남기지 않고 무사히 인생을 마치려는 소극적 자세를 나타내는 것이다.

③ 친근한 사물에 대한 애착심

노인이 될수록 자신이 오랫동안 사용해오던 친근한 사물에 대한 애착심이 커진다. 이것은 자신이 속한 세상은 변하지만 자신과 자신의 주변만은 변화시키지 않음으로써 안도감을 갖는 것이다.

이상에서 살펴본 바와 같이 노년기의 사람들은 다양한 발달과업과 주요 위기를 경험하게 된다. 인간의 생애에서 노인이 되는 것은 피할 수 없는 하나의 과정이다. 노년기에는 신체적 능력을 비롯하여 심리·정서적, 사회·경제적으로 많은 쇠퇴를 경험한다.

따라서 노인은 신체변화에 대한 적응, 자신의 인생에 대한 수용적 평가, 죽음에 대한 대비 등을 성공적으로 이루어 노년기의 발달과업을 성취하고 행복한 노후 생활을 보내야 한다.

이를 위해서는 사회복지실천 개입으로 노년기에 경험하는 변화를 수용하고 위기극복을 위한 현실적인 대처 방식을 활용할 수 있도록 도와야 한다. 구체적으로 노년기의 주요 심리적 위축 문제의 해결을 원조할 수 있는 지지적 상담 프로그램, 노인의 고독과 소외를 극복할 수 있는 사회교육 프로그램 등을 실시할 수 있고, 특히 치매 등과 같은 신체적·심리적 문제를 경험하는 노인과 그 가족을 위한 전문적 치료 프로그램, 주간보호 및 단기보호 프로그램, 각종 상담 및 교육 프로그램, 그리고 가정봉사원 파견 프로그램 등을 실시할 수 있다.

제9장

노년기의 사회체계

노년기의 사회체계

인간의 발달단계를 생애주기로 구분할 때 노년기는 중년기 이후부터 죽음까지를 일컫는다. 노년기에 들어서면 이전의 중년기 생활과는 다른 급격한 삶의 변화를 겪는 인간의 노화과정은 신체적·심리적 변화뿐만 아니라 사회적 측면에서도 이루어진다. 직장생활의 은퇴와 함께 제반 사회활동이 급격히 감소하며, 가족이나 사회적 보호에 의존하려는 경향이 점차 증가하게 된다. 사회적 역할의 축소에 따른 재적응의 문제 등 노년기의 사회체계에는 많은 특징이 있다.

1. 생활주기상의 중요성

노인이 되면 이전에 가졌던 많은 사회적 지위와 역할을 상실하게 되지만, 또 다른 지위와 역할이 노인에게 주어지게 된다. 즉, 노년기에도 이 시기에 적합한 지위와 역할을 가지고 타인과의 사회적 관계를 수행한다.

노년기 이전의 역할전이에는 입학, 졸업, 입대, 취업, 결혼 등의 분명한 통과의식이 있지만, 노년에 맞이하는 역할전이에는 통과의식이 분명하지 않다. 예를 들면, 직장에서의 은퇴식이나 회갑 등도 현실적으로 노년기의 역할로 전이됨을 설명하는 데는 충분하지 못하다. 그러므로 사람들은 언제부터 노령기의 역할을 해야하는지 혼란 속에 당황해하는 가운데 노년기에 들어가고 마는 것이다(장인협·최성재, 1995: 96).

노년기의 특징은 사회적 활동의 감소라고 볼 수 있는데, 이는 장년기 동안 차지했던 사회적으로 중요한 역할과 지위로부터 물러남, 즉 퇴직을 의미하며, 퇴직은 노인의 사회적 역할의 축소와 그에 따른 자부심의 저하로 이어진다. 수입이 감소하고, 직업에 부수되는 다른 공식적인 사회적 지위도 상실하게 된다. 따라서 사회와 가정에서의 권위도 약화되며, 의존성의 증가로 소외와 고독을 느끼게 되는 것이다(박차상 외, 2002: 34).

여기에서는 생활주기상 노년기가 갖는 중요성에 대해 노인의 사회적 적응과 지위와 역할상실과 연령규범과 생활주기에 대해 살펴보고자 한다.

1) 사회적 적응

사회화(socialization)란 개인이 사회에 참여할 수 있는 유능한 사회적 존재로 발전하는 결과를 가져오는 제반절차를 의미한다. 이러한 사회화는 개인적 측면과 사회적 측면의 사회화로 나눌 수 있는데, 개인적 측면에서의 사회화는 자신이 속한 집단이나 사회 내에서의 지위에 적합한 기술, 지식, 역할을 학습하는 과정이며, 사회적 측면의 사회화는 사회의 생존과 발전을 위하여 구성원에게 적절한 기술, 지식, 가치 역할 등을 학습시키는 과정이다.

노년기에 이르게 되면 새로운 지식이나 기술을 습득할 수 있는 기회가 제한됨으로써 사회로부터 분리될 수밖에 없다. 그리고 노인 스스로도 노화에 따른 새로운 기술의 학습에 어려움을 겪기 때문에 사회적으로 고립되어 간다. 그리고 현대사회에서는 노년기의 사회적 역할이나 지위가 명확히 확립되어 있지 않기 때문에 이전의 발달단계에서 노년기에 대한 예비적 사회화의 기회를 갖지 못하여 노인의 사회화는 더욱 어려워지게 된다(장인협·최성재, 1996: 92).

사회화가 자신이 속한 집단이나 사회 내에서의 지위에 적합한 기술, 지식, 역할을 학습하는 과정이라면, 이는 노년기에 경험하는 새로운 역할에 대한 사회적 적응을 의미하게 된다.

노년기는 직장에서의 은퇴와 이로 인해 야기되는 다양한 역할의 변화를 겪게 되는데, 이에 따른 새로운 과업의 습득은 노년기의 삶을 의미 있고 풍요롭게 만들기도 한다. 이러한 사회적 적응의 내용은 아래에서 다루게 될 허비거스트(Havighurst)의 발달과업이론과 한국인의 발달과업이론, 클라크와 앤더슨(Clark & Anderson)의 적응발달과업이론에서 제시된 내용들이 될 것이다.

2) 지위와 역할의 상실

역할(role)은 개인이 집단이나 사회와의 관계를 갖는 가장 중요한 수단이다. 역할을 통해서 개인은 사회에 참여하고, 이것을 통하여 개인의 사회적 가치가 인정되고 또한 자기정체감(self-identity)을 유지하는 기반이 된다.

역할과 지위의 중요성은 지위의 위엄과 명예(prestige), 지위와 영향력, 그리고 그 역할이나 지위로 인해 개인이 소유한 부에 의해서 크게 좌우될 수 있는 것으로 보이며(Atchley, 1980), 산업사회에서 노인은 현실적으로 가장 중요한 사회적 역할인 직업역할을 상실하고 있으므로 지위로 인한 위엄과 명예는 낮아진다.

　노인의 지위가 약화되는 주요한 원인은 개인의 부 또는 경제적인 힘의 약화일 것이다(Rosow, 1965). 농경사회에서는 노인이라도 일생동안 농업에 종사하고 취득한 생산수단(토지와 농기구 등)을 소유하고 있었기 때문에 노인이 재산권을 가지고 자녀들을 통제하는 영향력을 가질 수 있었다. 산업사회로 진전됨에 따라 노동에 의한 임금소득이 주요한 부의 원천이 되었다. 따라서 노인은 직장에서 퇴직한 후에 임금소득을 상실함으로써 경제적 능력이 약화되고, 이에 따라 사회적 지위도 점차 저하하게 된다. 사회적인 측면에서 노인의 지위와 역할은 정년퇴직과 함께 공식적이고, 제도적인 역할은 낮아지고, 비공식적이고, 희박한 역할은 증가한다(박차상 외, 2002: 35).

(1) 역할유형

　노년기의 지위와 역할의 변화를 잘 이해하기 위해서는 로쇼우(Rosow, 1976)가 제시한 다음과 같은 역할 유형 분류를 살펴볼 필요가 있다(이인수, 1999: 80, 재인용).

① 제도적 역할(institutional role)

　지위와 역할이 분명히 있는 것으로 직업, 가족, 사회계급, 종교단체 등에서 공적인 지위를 맡고 그 지위에 따른 규범적인 역할 기대, 책임과 권한, 책임을 이행하지 못했을 경우의 불이익이 분명히 있는 경우를 말한다. 예를 들면, 회사의 부장, 가장, 교회의 집사, 동네에서의 통·반장 역할 등이다.

② 희박한 역할(tenuous role)

지위는 있는데 역할이 없거나 있어도 아주 희박하며, 이를 소홀히 한 데 대한 불이익이 매우 적은 상태의 역할을 말하는데 이를 세분화하면 다음과 같다.

- 유명무실한(titular) 역할 : 지위와 높은 명예가 공식적으로 주어지거나 실제적으로는 역할이 없는 경우(예 : 원로회원, 명예이사, 고문 등)
- 무정형적(amorphous) 역할 : 공식적으로 혹은 법적으로 역할이 상실되었으나 사회규범과 인간적 유대관계에 의해 어느 정도의 역할이 남아 있는데 그 역할에 대해 구체적으로 명시된 것은 없는 경우(예 : 이혼한 어머니의 자녀에 대한 역할, 부도난 회사의 뒷처리를 하는 과정에 있는 과장이나 부장의 역할 등)

③ 비공식적 역할(unofficial role)

어떤 공식적 지위는 없으나 역할만 있는 형태이다. 어떤 특정의 지위나 위치에 연결되어 있지는 않으나 실제적으로는 어떤 행동을 계속하여, 행동 그 자체가 유형화된 상태에 있는 역할 행동으로, 주동자, 선봉대, 배후조종자, 중재자, 예술 공연장의 오빠부대, 박수부대 등을 말한다. 공식적으로 지위가 주어져 있지는 않은데 어떤 행동을 되풀이하여 그러한 행동 유형이 인정되고 있는 상태의 역할 행동의 모든 것을 포함한다.

④ 무역할(out-of-role)

지위도 역할도 없는 상태인데 이러한 경우는 고립적 생활이며 아무런 역할 유형으로도 볼 수 없다.

(2) 지위와 역할의 상실에 따른 제문제

노년기는 사회적으로 얻는 것보다 잃는 것이 많은 시기이다. 노년기 이전까지 역할의 전이에는 새로운 역할이 추가되고 책임이 증가되고 이로 인한 자신의 성장과 발전이 이루어지는 등의 사회적 이익이 증가하지만 노년기에 접어들면 소외와 고립, 수입의 감소, 이에 따른 의존성의 증가, 사기의 저하 등의 사회적 손실이 훨씬 크게 된다(이인수, 1999: 79). 특히 남성의 경우 정년퇴직 후의 생활에 대한 준비가 부족할수록 역할의 연속성이 단절과 사회적 손실을 더욱 절실하게 경험하게 한다. 지위와 역할의 상실에 따른 노인의 사회적 제문제는 현대사회의 일반적인 현상이다.

(3) 지위와 역할의 상실에 따른 노인들의 대처방식

퇴직을 하고 사회적인 역할을 상실한 노인들이 남은 인생을 소일하는 형태는 건강상태, 경제적 능력, 학력수준 등과 밀접한 관련이 있으며 다양하게 대처하고 있다.

- 근로형 : 파트타임, 부업과 같은 노동으로 건강과 인간관계를 유지하는 형
- 한거형 : 독서, 그림, 음악, 서예 등으로 취미활동을 즐기는 형
- 사회오락형 : 골프, 낚시, 등산, 여행 등으로 취미, 인간관계 유지 및 정보교환을 하며 지내는 형
- 자기완성형 : 교양강좌, 토론회, 세미나 등에 참여하여 자아실현을 기하는 형
- 참여활동형 : 자원봉사활동 등 각종 사회활동을 하는 형
- 폐쇄형 : 건강상 거동이 불편하고 늙는 것이 한탄스러워 인생을 포기하고 집에 있는 형(박차상 외, 2002: 36 재인용)

3) 연령규범과 생활주기

연령규범은 주어진 연령에 맞게 바람직한 일을 수행하는 것으로 사회로부터 기대되는 개인의 역할 및 행동을 말한다. 연령규범은 생활주기(life cycle)와 밀접한 관련을 갖는데, 생활주기에 의하여 영향을 받기도 하고 또 영향을 주기도 한다. 연령규범은 또한 신체적 및 정신적 성숙도와 기능의 정도를 구별하는 기준이 되기도 한다. 연령규범은 또한 사회적 및 법률적 행위의 자격, 수행의 연령, 금지연령 또는 퇴직연령을 정하는 데까지 크게 작용하는 것이다. 사람이 태어나서 죽음에 이르는 긴 시간은 연령규범과 사회적 역할의 취득이나 변화에 따라 여러 단계로 구분된다. 이와 같이 사회적인 역할에 따라 구분되는 일생의 과정을 생활주기라 한다.

한 개인이 생활주기상에서 어느 단계에 위치하느냐는 다음과 같은 요인들에 의해 결정된다

첫째 연령규범, 둘째 직업적 경력 또는 직업주기, 셋째 가족생활주기, 넷째 개인의 선택적 결정, 다섯째 경제적인 의존성과 독립성의 경제생활주기이다.

2. 주요 과업

노년기의 생활주기에서 '통합 대 절망(ego integrity versus despair)'으로 대표되는 에릭슨(Erikson)의 이론은 앞장에서 다루었기에 여기서는 노년기의 사회적 역할과 관련되는 제이론의 주요과업을 살펴보고자 한다.

1) 허비거스트의 발달과업이론

허비거스트(Havighurst, 1972)에 의하면 생의 발달단계는 생의 주기에 따

라 6단계로 구분되고 각각의 발달단계에 주어진 과업을 그 단계에 완수하면 행복해지고 다음 단계의 발달과업도 잘 수행할 수 있게 된다고 보았다. 허비거스트가 제시한 마지막 제6단계인 노령기의 발달과업은 다음과 같다.

① 신체적 힘과 건강의 약화에 따른 적응
② 퇴직과 경제적 수입감소에 따른 적응
③ 배우자의 죽음에 대한 적응
④ 자기 동년배집단과의 유대관계 강화
⑤ 사회적 역할을 융통성 있게 수행하고 적응하는 일
⑥ 생활에 적합한 물리적 생활환경의 조성

2) 클라크와 앤더슨의 적응발달과업이론

클라크와 엔더슨(Clark & Anderson)은 노령기에 누구나 직면하게 되는 다섯 가지의 적응과업을 제시하였다(장인협·최성재, 1996: 85).

① 노화의 현실과 이로 인한 활동 및 행동에 제약이 오는 것을 자각하는 것
② 신체적 및 사회적 생활반경을 재정의하는 것
③ 노화로 인한 제약 때문에 종전처럼 만족시킬 수 없는 욕구를 다른 방법으로 만족시키는 것
④ 자기의 평가기준을 새로이 설정하는 것
⑤ 노령기의 생활에 맞도록 생활의 목표와 가치를 재정립하는 것

3) 한국인의 발달과업이론

한국인의 발달과업이론은 평생교육적 관점에서 한국인의 생의 주기를 7단계로 나누고 각 단계마다 지적·정의적·사회적 및 신체적 영역에 속하는 과업을 설정하여 제시하였다(장인협·최성재, 1996: 86). 노년기의 사회적 영역에 있어서 발달과업은 다음과 같다.

① 동년배 노인들과 친교하기
② 가정과 직장에서 일과 책임을 합당하게 물려주기
③ 가정이나 사회에서 어른 구실하기
④ 자녀와 손자들과 원만한 관계 유지하기

4) 주요과업

(1) 역할변화에 대한 적응

노년기의 역할 상실은 배우자의 사망, 직업으로부터의 은퇴 등에 의해 일어나며 이러한 변화는 새로운 행동양식과 관계형성을 요구하는 새로운 역할들도 출현한다.

일반적으로 이 시기가 되면 생활주기상 조부모로서의 역할을 수행해야 한다. 이 역할은 조상으로부터 내려오는 지혜와 문화적 유산을 손자녀에게 전해주는 역할로, 이러한 역할을 수행하는 과정에서 노인들은 자신의 삶의 경험에 대한 의미를 발견하며 이것을 손자녀가 이해할 수 있는 방식으로 전달하는 것이다.

또한, 이 시기는 배우자의 상실로 혼자 남은 사람은 사회적으로, 가정에서 배우자가 없는 채 기능하는 것을 배워야 한다. 즉, 배우자가 없는 상황에서도 쾌활성을 유지하고 창의적으로 문제를 해결하며 자신의 가치에 대한 강한 신념을 가질 수 있어야 한다(이인정 · 최해경, 1997: 125).

(2) 사회적 지지의 획득

사회적 지지는 자신이 관심과 보호를 받고 있으며 가치 있는 존재로 평가받고 대화와 상호작용의 관계망에 속한다고 믿게 하는 것으로, 인간의 전생애를 통해 다 중요하지만, 역할의 상실로 사회적 소외를 경험하는 노년기에 있어서는 더욱 중요하다.

사회적 지지는 의미 있는 관계의 지속으로 고립을 방지하는 심리적인 측면, 일상생활에 필요한 것을 실제적으로 획득하는 생활적 측면, 건강에 대한 부정적인 영향의 완화와 심각한 질병으로부터 보호라는 신체적 건강의 측면을 지니고 있어 노년기에는 기존의 관계망의 유지와 새로운 관계망 형성이라는 과업이 요구된다.

(3) 교육

사회적인 측면에서 노년기에 요구되는 과업의 하나는 교육의 기회를 갖는다는 것이다. 앞서 살펴본 바와 같이 역할변화에 따른 적응과 사회적 지지의 획득은 교육이 중요한 매개체로서 역할을 할 것이고 이에 따라 노년기는 무위도식의 시기가 아닌 평생교육이라는 과업을 요구받게 된다.

평균수명의 연장은 노년기의 장기화로 가족에 의존하거나 휴양만으로 노후를 보낸다는 것은 어려운 현실이다. 따라서 폭넓은 인간관계의 형성, 취미 · 스포츠 활동, 사회봉사활동과 사회참여 또는 각종문화 활동 등을 통해

자신의 성장 욕구를 충족하고 새로운 생활상황에 적응하기 위한 부단한 노력
이 요구되며, 이러한 과업은 교육이라는 기회를 통해 충족될 수 있다.

이러한 노년기의 발달과업에 따라 노인에게 필요한 교육의 내용을 장인
협·최성재(1996: 497)는 다음과 같이 제시하고 있다.

① 연령에 따른 신체의 생리적 변화와 이에 적응하는 방법

② 정치, 경제, 사회, 문화에 관한 최신동향

③ 젊은이들과 세대차이를 알고 이에 적응하는 방법

④ 정년퇴직 후에 새로운 일을 찾아 적극적으로 일하고 생활하려는 태도
　갖기

⑤ 배우자·동료들의 사망에 따른 생활방법의 조정과 소외감이나 허무감
　을 극복하는 방법

⑥ 동년배 노인들과 친교유지

⑦ 가정, 직장, 사회에서 일과 책임을 합당하게 물러주는 방법

⑧ 노년기에 알맞은 간단한 운동

⑨ 건강유지에 알맞은 섭생방법

3. 주요 쟁점

1) 주요 쟁점의 형성

노년기의 삶에 장애를 가져오는 사회적 문제, 즉 주요 쟁점들에 대해 여기
에서는 현대화이론(modernization theory of aging)을 통해 살펴보고자 한다.

현대화이론은 코우길(Cowgill)과 홈스(Holmes)가 주장한 이론으로 한 사회의 현대화 정도가 높으면 높을수록 노인의 지위는 더욱 낮아지게 된다는 것이다.

현대화(modernization)는 보건 및 의료기술의 발전, 생산기술의 발전, 대중교육의 확대, 도시화 등을 핵심요인으로 하는 사회의 전반적인 변화를 의미한다. 이러한 현대화의 요인들이 인과적으로 다른 요인들을 유발시켜 산업사회에서의 노인의 지위를 약화시키고 있기 때문에 현대화 정도가 높으면 높을수록 노인의 지위는 더욱 낮아지게 되고, 노인의 지위하락은 노인문제를 직접적 또는 간접적으로 유발시킨다고 본다. 그림9-1에서 보는 바와 같이 현대화의 요인들이 노인문제를 유발하게 되는 과정을 간략히 설명하면 다음과 같다(최일섭 · 최성재, 1996: 326-328).

보건의료기술의 발전은 사망률을 감소시키고, 이는 출생률의 감소와 더불어 노인인구를 상대적으로 증가시킨다. 직업상의 경쟁에서 고령자는 젊은이에게 뒤지게 되고 결국은 퇴직을 감수하게 된다. 퇴직은 할 일을 없애기 때문에 역할상실의 문제를 초래하게 된다. 또한, 사망률의 감소는 평균수명을 연장시키고, 따라서 노령기의 여가시간을 연장시키고 있다. 연장된 여가시간은 역할이 없거나 모호하게 되고 여가활동도 뚜렷하게 없는 역할상실과 여가시간의 문제를 발생시킨다.

생산기술의 발전은 노동력의 수요를 감소시키고, 고령자는 직업상의 기술이 젊은이에 비해 뒤짐으로써 경쟁에서 불리하게 되고 생산현장에서 밀려나는 퇴직을 감수해야 한다. 퇴직으로 수입이 감소되고 자녀에게 의존하게 되는 경제적 문제가 초래된다. 퇴직 후 신체적 노화로 촉진되는 건강 악화와 질병은 감소된 수입 때문에 의료진료를 통하여 충분히 해결할 수 없게 되고, 핵가족화와 가족수의 감소로 인하여 노인이 가족으로부터 간호보호를 받는 것

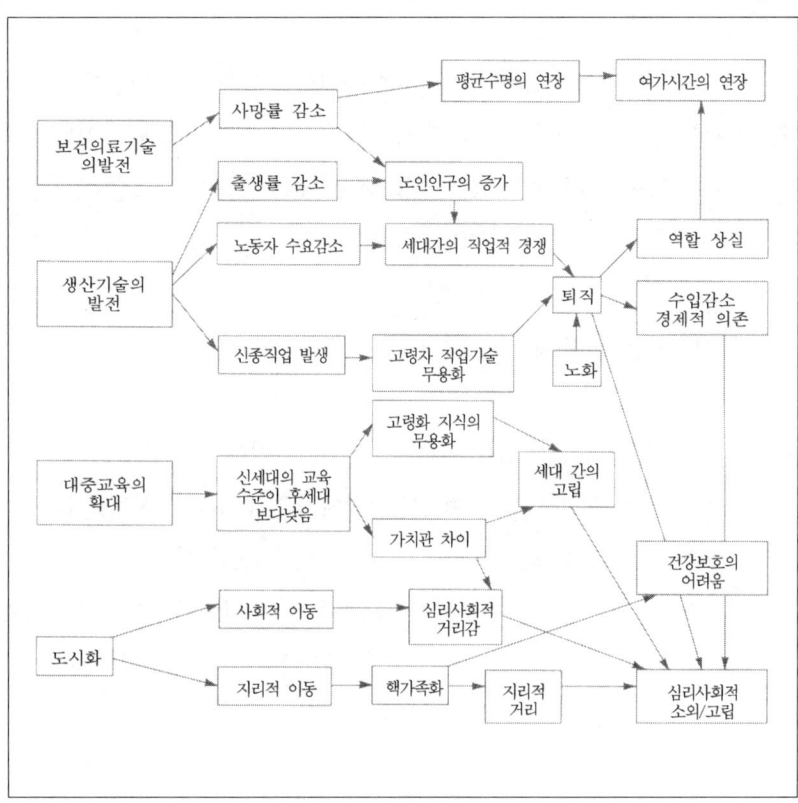

최일섭, 최성재 공편, 『사회문제와 사회복지』, 1996: 327.

그림9-1. 현대화 요인과 노인문제의 인과적 관계

도 어렵게 되는 건강보호의 문제가 발생한다.

대중교육의 확대로 인하여 후세대가 교육을 많이 받게 됨으로써 선세대는 후세대보다 교육수준에서 뒤지고 지식도 상대적으로 무가치하게 된다. 이로 인하여 세대 간의 가치관의 차이가 생기게 되고 대화도 어렵게 되어, 결국 노인은 가족과 사회에서 소외되고 고립되는, 심리사회적 소외와 고립의 문제가 발생한다.

도시화는 지역 간의 이동과 핵가족화를 촉진시켜 세대 간에 지리적으로 멀어지게 하는 한편, 도시화는 계층 간의 이동도 촉진시켜 심리사회적으로 거리감이 생기게 하여 결국은 노인이 자녀세대로부터 소외되고 고립되는 문제가 초래된다.

2) 주요 쟁점의 유형

일반적으로 노년기에 경험하는 삶의 쟁점들은 노인의 4고(苦), 즉 빈곤, 질병, 고독, 역할상실을 의미한다. 여기서 노인에게 가장 심각한 사회문제는 노령으로 인한 역할상실이 되고 동시에 그로 인하여 빈곤과 질병 및 고독이 수반되는 것으로 보는 시각이 지배적이었다. 따라서 이 글에서는 현대화이론에서 제기되는 노인문제를 중심으로 새롭게 인식되는 노인의 성과 재혼문제, 노인학대문제를 중심으로 노인문제의 유형과 현황을 살펴보고자 한다.

(1) 소득감소와 경제적 의존

노인들의 경제상황은 노인의 삶의 질을 결정하는 데 중요한 요소이다. 따라서 노년기의 가장 심각한 문제는 경제적 문제이며, 이 시기에 소득의 감소를 가져오는 가장 주된 원인은 퇴직이다. 현세대의 노인들의 약60% 정도는 농림어업에 종사하다 퇴직한 사람이고 나머지 40%는 행정직, 사무직, 판매직, 서비스직, 운수직, 단순노동직에 종사하다 퇴직한 사람들이다. 현재 노인인구의 극히 일부를 제외하고는 노령연금의 혜택을 받지 못하고 있기 때문에 퇴직금이 가장 큰 소득원이 되고 있다(최일섭·최성재, 1996: 312). 그러나 위에서 본 바와 같이 퇴직제도의 혜택을 받는 노인인구는 소수에 지나지 않아 노후의 경제적인 어려움에 처할 개연성은 다분하다고 하겠다.

이러한 사정을 감안하여 노인의 취업률을 살펴보면 노인의 29.0%가 현재 수입이 되는 일에 종사하고 있으며, 그 중 60.4%가 농어축산업에 종사하는 것으로 나타나(정경애 외, 1998: 152-153), 대다수의 노인은 무직상태로 경제적인 어려움에 직면해 있음을 알 수 있다.

수 입 원	비율(%)
일 · 직업	33.7
비동거 자녀로 부터의 보조	66.3
동거자녀로부터의 보조	23.3
부동산 · 집세	12.0
국가로부터 보조	8.5
연금	2.8
퇴직금	0.9
개인연금	0.2

복수응답임 / 자료 : 정경애 외, 1998년도 전국노인생활시태 및 복지욕구조사, 한국보건사회연구원, 1998: 172. 재구성

표9-1. 노인의 수입원

또한, 노인의 수입원은 표9-1과 같이 비동거 자녀로부터의 보조금 66.3%, 일 · 직업이 33.7%, 동거자녀로부터의 보조 23.3%로 대부분의 노인이 자녀로부터 보조를 받고 있음을 볼 수 있다. 부동산 · 집세로부터의 수입이 있다고 응답한 노인은 전체노인의 12.0%, 생활보호 및 노령수당 등 국가로부터 보조를 받는 노인은 8.5%, 연금, 퇴직금, 개인연금 등 노후소득은 각각 2.8%,

0.9%, 0.2%로 나타나 대부분의 노인들은 자녀의 보조와 자신 또는 배우자의 근로에서 발생하는 소득에 의존하고 있음을 볼 수 있다.

위에서 살펴본 바와 같이 노인의 경제적인 여건은 매우 어려운 상황에 처해있음을 알 수 있다. 이제 막 시작된 전국민연금제도와 한정적인 공적 경로연금제도 등 사회보장제도의 미성숙 등은 빈곤을 한국의 노인문제에서 해결해야 할 과제로 지적되고 있다. 또한, 이러한 공적 소득보장제도의 미비와 함께 향후 핵가족화와 가족의 부양의식의 변화에 따른 가족의 노인부양기능 약화는 노인의 빈곤문제를 더욱 가중시킬 것이다(박차상 외, 2002: 47).

(2) 건강약화와 보호문제

건강의 악화는 노년기에 겪게 되는 큰 고통 중의 하나이며, 적절한 건강상태를 유지한다는 것은 일상생활을 독립적으로 영위해 나가고 사회활동의 참여에 필수적인 요인이 된다. 그러나 나이가 들어감에 따라 신체적·생리적기능이 쇠퇴하게 되어 노인은 다른 연령층에 비해 만성질환으로 고통받고 있는 비율이 높으며, 특히 만성퇴행성질환을 가지고 있는 확률이 높다(정경애외, 1998: 194).

구분	전체	65세~69세	70세~74세	75세 이상
비율(%)	86.7	85.2	87.6	87.8

정경애 외, 1998년도 전국노인생활시태 및 복지욕구조사, 한국보건사회연구원, 1998: 196.

표9-2. 노인 연령별 만성질환 유병률

한국보건사회연구원의 1998년도 전국노인생활시태 및 복지욕구조사(1998)

를 보면 표9-2에 나타난 바와 같이 조사대상노인의 86.7%가 만성질환을 한
가지 이상 앓고 있는 것으로 나타났으며, 65~69세는 85.2%, 70~74세는
87.6%, 75세 이상은 87.8%로 나타났으며, 연령이 증가할수록 유병률이 증가
하고 있다(정경애 외, 1998: 195).

질병명	유병률	일상생활 지장여부
관절염	43.4%	84.4%
요통 · 좌골신경통	29.2%	88.2%
고혈압	23.5%	55.7%

정경애 외, 1998년도 전국노인생활시태 및 복지욕구조사, 한국보건사회연구원, 1998: 197. 재구성

표9-3. 노인의 만성질환 유병률과 일상생활 지장

노인들의 유병률은 표9-3과 같이 가장 높은 질환은 관절염으로 조사노인의
43.4%에 이르며 이 중 84.4%가 일상생활에 지장이 있는 것으로 나타났으며,
요통 · 좌골신경통 유병률이 29.2%로 88.2%가 일상생활의 지장을 받는 것으
로 나타나고 있다.

만성질환 등을 앓고 있는 노인에게 가장 큰 문제가 되는 것은 의료비 부담
으로 인한 경제적인 문제이며, 그 다음이 교통이 불편하고 교통비가 많이 든
다는 점과 의료기관을 방문하고자 할 때 도와줄 사람, 간호와 일상생활을 수
행하는 데 도움을 줄 사람이 필요하다는 것이다. 실질적으로 만성질환을 가
진 노인의 36.3%가 진료비나 약값이 많이 들어 경제적으로 어렵다고 응답하
였으며, 8.6%가 교통문제로 어려움을 겪고 있으며, 4.8%가 간호와 수발해 줄
사람이 없어 어려움을 겪고 있다고 응답하였다. 이와 같이 우리나라 노인의

질병문제는 단순한 보건의료적인 측면뿐만 아니라 경제적인 지원서비스, 에
스코드서비스, 가사지원서비스, 간병서비스와 같은 다양한 사회복지서비스들
의 통합적인 지원체계를 요구하고 있다(박차상 외, 2002: 49).

　이러한 결과는 결국 노인의 생활보조문제로 연결되며, 개인적인 문제로 볼
수도 있으나 핵가족화, 가족규모의 축소, 직장여성 증가추세 등으로 건강문제
에 대한 대처가 가족, 친지 등의 사적 부양장치에 의해 해결될 수 있는 문제
가 아니라는 점에서 사회적 대처가 필요한 부분이다.

(3) 역할의 상실과 여가활동

　인간은 직업활동을 통해 경제적인 수입뿐만 아니라 자아성장, 자아성취를
통한 사회심리적 만족감과 자아실현의 욕구를 충족하게 된다. 그러나 산업사
회에 있어서는 생산기술이 기계화됨으로써, 노동력이 감소되고 노동력은 제
한됨으로써 젊은 세대와 노인세대 간의 취업 및 직업 역할 수행에 있어서 경
쟁이 생기고, 신체적 및 정신적 기능이 약화되는 노인은 경쟁에 뒤떨어지게
되므로 연령의 제한으로 노령자를 생산현장에서 물러나게 하는 퇴직이 제도
화되어 직업적 역할을 상실하게 된다.

　반면 농경사회에서의 노인의 역할은 가부장제도에서 모든 가족으로부터의
존경심과 복종을 받으며 가통을 전승해 내려왔으나 경로사상의 희박과 의식
변화로 노인에 대한 존경심과 가족에서의 경제적인 역할과 함께 지위마저도
상실해 가고 있는 것이다. 즉, 역할상실이란 아무것도 할 일 없이 있는 괴로
움을 의미한다. 산업구조의 변화, 핵가족화, 낮은 교육수준 등으로 노인층의
역할이 상실되고 있기 때문이다(임춘식, 1995: 76).

　이와 같이 직업이나 가정 내에서의 역할상실은 노인의 평균수명과 결부해

볼 때 오랜 기간을 여가시간으로 보내야 함을 의미한다. 그러나 여가활동에 대한 기술과 지식은 중년기까지 사회화를 통해 습득되어야만 하는데 우리 사회는 직업활동에 필요한 지식과 기술을 가르치는 데 치중하고 있고 여가활동에 대한 지식과 기술을 가르치는 데는 등한시해왔기 때문에 지금의 노인세대는 여가에 대한 올바른 사회화의 기회를 갖지 못하고 있다(장인협·최성재, 1996: 241). 경로당을 이용하는 노인들의 주요 여가활동은 바둑, 장기 및 화투놀이가 85.5%로 가장 많은 비율을 차지했고, 라디오나 텔레비전 시청 및 여행과 소풍이 각각 73.8%와 54.2%를 차지하고(박재간, 1997), 60세 이상 노인의 여가활동에 관한 조사(한국보건사회연구원, 1994)에서도 역시 텔레비전 시청 및 라디오 청취(94.6%), 친구·친척모임(41.0%), 종교활동(33.6%), 신문·책보기(27.6%) 등 개인적이고 정적인 여가활동이 대부분으로 매우 빈약한 상태임을 알 수 있다.

노인들의 대표적인 여가활동 공간인 경로당과 노인복지회관을 보면, 우선 경로당의 경우 1999년 현재 65세 이상 노인 88명 당 1개소로 설치되어 양적으로는 일정수준에 도달하였다고 평가할 수 있으나(임춘식, 2001: 35), 규모와 재정상태가 열악하고 비조직적으로 운영되고 있기 때문에 활성화된 여가활용프로그램이 거의 없고 단순한 여가시설에 머물고 있는 실정이다. 노인복지회관의 경우는 전국에 111개소가 운영 중에 있고 서울 20개소, 경기 25개소, 기타지역이 2~9개소로 설치·운영되고 있으나(보건복지부, 2002), 절대수가 부족하고 지역적으로 편중되어 있는 실정이다.

(4) 사회심리적 고립과 소외

현대를 살아가는 대다수의 노인들은 소외문제를 경험하게 된다. 이러한 소외감은 여러 측면의 고립에서 기인하지만 거시적인 사회환경적인 측면에서 '무능력한 존재, 쓸모 없는 존재'라는 사회적 고립, 중간적 수준에서는 퇴직으로 인한 사회관계와 역할의 축소에서 오는 고립, 미시적 수준에서는 교육의 대중화로 인하여 자녀세대와 부모세대의 교육수준 차이로 인한 세대 간의 갈등과 고립, 부모자녀 간의 별거와 배우자의 사별, 친구의 죽음 등에서 기인하는 고립감이 그 요인으로 작용한다. 고독과 소외의 문제는 현대사회의 특징으로 인한 필연적인 결과이며 모든 사람들에게 닥치는 문제이지만 모든 것을 상실한 상태인 노인들에게 있어서는 더욱 심각한 문제라고 할 수 있다. 고독감을 느끼는 것은 연령이 많아질수록 더욱 증가하며 남자노인보다 여자노인이, 농촌노인보다 도시노인이 고독감을 더욱 많이 느끼는 것을 알 수 있다(임춘식, 1995: 76).

이와 같이 고독 및 소외감을 느끼는 비율이 높은 현상은 우리사회가 현재 노인세대와 젊은 세대 간의 가치가 혼재된 과도기에 처해 있기 때문에 나타나는 것으로 볼 수 있다. 즉, 부모는 전통적 가치로 자식에게 기대하는 반면 자식들의 실제 대우가 그렇지 못한 경우 부모가 느끼는 좌절감 혹은 소외감은 오히려 처음부터 기대하지 않는 구미사회의 노인들보다 더욱 심각하게 됨을 의미한다.

이와 같은 세대 간 기대의 차이는 자식과 노인들의 부양의식과 부양기대의 차이를 통해서도 알 수 있다. 부양기대와 부양의식이 불균형을 이룰 때 자녀들을 위해 헌신적으로 살아 온 노인들은 허탈감에 빠져들게 되고 경우에 따라서는 심리적인 갈등으로 인해 자살까지 이르기도 한다.

또 하나의 문제는 사회적 역할에서 배제되어 무위고(無爲苦)에서 오는 소외와 고독이다. 역할 및 지위의 상실, 사회참여기회의 상실 등으로 인한 무위에 의한 고통은 노인들의 여가문제를 제기하고 있으며 또한 이러한 노인들의 무료한 상태를 어떻게 해결해 나갈 것이냐 하는 여가문제는 노인복지에 있어서 중대한 문제로 되고 있다.

(5) 노인과 성(性)

전통적인 가치관이 팽배한 우리 사회에서 노인들의 성생활을 논하는 것 자체가 사회적 규범에 적합하지 않았다. 또한, 노인의 성에 대한 욕구는 아예 존재하지 않는 것으로 간주되거나, 나아가서 성행위 자체가 건강에 해롭다는 잘못된 편견이 있어 왔다. 그러나 현실적으로 노인의 성행동에 관한 많은 경험적 연구들은 노인들 역시 성에 대한 기본욕구를 가진 존재이고 '성생활에는 정년이 없음'을 확인하고 있다(광주·전남 노인의 전화, 1997). 또한, 김주희와 이창은의 연구(1999)에 따르면 65세 이상 결혼한 64명의 노인 중 67.2%에 해당하는 43명이 성에 대한 욕구가 있는 것으로 조사되었으며, 32.8%는 성생활을 하고 있는 것으로 조사되었다(김주희·이창은, 1999). 일반적으로 건강한 노인은 죽을 때까지 성생활을 유지하며, 성행위 빈도는 연령이 증가함에 따라 감소하는 것으로 알려져 있다.

그럼에도 우리 현실은 여전히 노인을 탈(脫)성적 존재로 단정해버리고 심지어 노인의 성적욕구의 표출을 사회적인 웃음거리나 비난의 대상 혹은 정신장애로까지 여기는 경우가 있다.

특히 노인의 성문제와 관련하여 주목할 것은 평균 수명의 차이로 인해 많은 여성노인이 배우자 없이 혼자 살고 있다는 점이다. 사별한 여성노인의 성문제는 재혼을 통하여 해결해야 하는데, 우리 사회에서 노인의 재혼을 부정적으로 보는 인식은 노인의 성문제를 해결하는 데 큰 걸림돌이 되고 있다(박차상, 2002: 54).

김영화(2001)는 이렇게 우리 사회의 몰이해로부터 촉발된 노인의 성 문제를 해결하기 위해서는 먼저 노인의 성에 대한 무지와 편견을 극복하고 문제를 해결하기 위한 다양한 사회적 체계를 마련하는 것이 필요하며, 사회복지적 측면에서의 대책으로 ① 성에 대한 올바른 정보제공 ② 재혼을 위한 상담사업 및 프로그램 제공 ③ 노인의 성에 대한 전문상담소나 성 상담전문가 육성을 제시하고 있다(김영화 외, 2001: 269).

(6) 노인학대

노인학대 문제는 다른 유형의 학대와 마찬가지로 사회적으로 은폐되어 정확한 실상을 파악하기 어렵고, 사회의 무관심 속에 숨겨진 범죄였으나 오늘날에는 그 실상이 드러나고 있다. 특히 노인복지제도가 미비하여 노후를 자식들에게 의존할 수밖에 없는 우리나라 대다수 노인들은 학대의 위험에 좀더 많이 노출되어 있다고 볼 수 있다(김영화 외, 2001: 263).

노인학대에 대해서 학계에서 규정하는 단일한 정의는 없지만, 아동학대나 배우자학대와는 달리, 노인학대는 학대의 광범위한 영역, 예컨대 고립, 금전적 강탈, 자기방임 등이 포함됨으로써 더욱 정의하기 어려운 측면을 지니고 있다(조홍식 외, 2000: 146). 노인학대의 형태는 크게 다음의 4가지 범주로 구분된다(김규수 외, 2002).

　① 신체적 학대 : 타박상을 입히거나, 주먹으로 때리거나, 신체적으로 구속을 가하거나, 성적으로 괴롭히는 것 등을 포함하여 신체적 고통이나 상해를 입히는 것.

　② 심리적 학대 : 조롱, 욕설, 위협 등과 같이 정신적인 고통을 주는 것.

③ 재정적 학대 : 노인의 자산이나 재산을 불법적으로, 부적절하게 착취하는 것.

④ 유기 : 음식이나 건강보호를 제공하지 않는 것, 노인을 유기하는 것과 같이 수발의무를 의도적으로 잘못 하거나 하지 않는 것.

노인이 말년을 학대의 희생자로 보낸다는 것은 충격적이다. 가해자는 노인의 자녀이거나, 부양자, 혹은 그 외 다른 사람이다. 노인학대가 대부분은 요양원이나 시설에서 일어나지만, 일부는 가족과 함께 사는 경우에서도 나타난다. 노인학대의 피해자는 대략 60만 명에서 약 1백만 명으로 추정된다. 아직은 보고되는 사례가 많지 않고, 노인 학대에 대한 개념 규정 또한 명확하게 합의되고 있지 않지만, 그럼에도 불구하고 학대 피해자의 수는 노인 인구의 약 50%에 해당된다(김규수 외, 2002: 575).

우리나라의 경우, 한국보건사회연구원(1999)이 조사한 바에 따르면 전체 응답노인의 8.2%가 자신의 자녀 및 그 가족원으로부터 학대를 받은 경험이 있다고 응답하였다(한국보건사회연구원, 1999). 유형별로는 언어 · 심리적 학대가 7.7로 가장 높은 비율을 보였고, 신체적 학대 · 폭력의 경우는 0.3%로 가장 낮았다. 노부모를 학대하는 가장 큰 이유는 경제적 문제(39.5%)였으며, 다음이 성격차이(22.1%) 등으로 나타났다. 가해자는 주로 아들(42.6%)과 며느리(44.7%)였다.

학대유형	신체적 학대	언어 · 심리적 학대	경제적 착취	방임	기타	계
경험비율(%)	0.3	7.7	2.1	2.5	1.0	8.2

한국보건사회연구원, 1999.

표9-4. 학대유형별 경험비율

이와 같이 노인학대는 가장 일반적인 형태인 무관심에서 살인에 이르기까지 그 정도와 심각성이 증가하고 있어 국가적 개입이 절실히 요구된다. 먼저 노인보호를 위한 서비스 및 학대예방을 위한 제도적 장치의 보완이 필요하며, 노인 학대를 방지하기 위한 가족의 수발을 보충·지원할 수 있는 서비스체계의 정비가 필요하고, 노인부양에 관한 사회적 원조체계 구축이 요구된다.

3) 주요 쟁점에 대한 사회적 과제

노인문제의 근본적 원인은 결국 노인인구가 전체 인구에 비하여 상대적으로 증가, 즉 인구의 노령화·고령화에서 출발한다. 오늘날 많은 국가들은 인구 고령화 경향에 따른 생산인구 대비 비생산인구로서의 노령인구의 증가라는 과제를 어떻게 풀어나갈 것이냐 하는 문제에 직면해 있다. 노인문제의 전망과 관련해서 예견될 수 있는 것은 노인인구의 급격한 증가 및 노인부양인력의 급격한 감소라는 두 가지 인구학적 현상이다. 2020년경 우리나라 65세 이상 노인인구 비율은 13%를 상회할 것으로 추정된다. 그러나 다른 한편으로 노인을 보살필 노인 부양인력은 급격히 감소될 것으로 예측되어 노인부양과 장기보호의 문제가 매우 심각한 양상을 띨 것으로 보인다.

(1) 노인문제에 대한 국가의 정책적 인식의 전환

노인문제의 원인은 사회 제요인과 밀접한 관련성을 내포하고 있지만 국가나 국민의 인식은 가족문제로만 국한시키고 정부의 역할은 최소화하고자 하려는 경향이 있다. 노인문제는 노인이 속한 가족뿐 아니라 그 지역사회 전체의 미래의 현안이기에 사회 모든 계층의 적극적인 지원과 참여를 마련하는 국가적인 인식 전환이 이루어져야 할 것이다. 노인인구의 상대적 구성비의 증가는 노인의 의존성, 즉 자녀에 의한 부양형태의 변화에서 오는 노인에 대한 사회적 부양부담이 확대되고 있다. 따라서 거시적 측면에서 국가의 노인복지정책의 방향은 가족의 개인적인 효 또는 부양에서 사회적인 효, 사회적 부양으로의 전환이 필요하다.

(2) 노인에 대한 부정적 인식과 불리한 제도의 개선

노인에 대한 부정적인 고정관념이나 부정적인 이미지는 정확한 근거 없이 형성되는 경우가 많으므로 노인의 노화와 생산성의 관계에 대한 정확한 정보를 국민들에게 제공한다든지 또는 노화현상에 대한 올바른 계몽프로그램을 실시해서 노인에 대한 부정적 이미지를 개선하도록 하는 국가적인 노력이 필요하다(최일섭 · 최성재, 1996: 347). 일반적으로 노인은 무능한 인간이라는 부정적 인식은 노인고용상의 불이익과 같은 불리한 제도를 만들어 내기 때문이다.

(3) 고용과 소득보장에 역점

국가적 차원에서 사회보험체계의 완비와 공공부조 제도의 확충을 통하여 노년기의 안정적인 소득기반을 보장할 수 있어야 한다. 정년연장 및 고령자 고용촉진법의 엄격한 시행 등을 통하여 노인에게 고용기회를 더 많이 부여해야 할 것이다. 민간사회복지 측면에서는 은퇴준비프로그램, 노인취업알선, 공동작업장 운영, 부업알선 등을 통하여 경제활동에 참여할 수 있는 기회를 부여하여 노년기의 무위의 문제를 해결함과 동시에 안정적인 소득기반 확충에도 기여하여야 할 것이다.

(4) 노인시설보호의 확충과 다양화

재가노인복지가 시설노인복지에 비해 비용 면에서나 노인의 정서적 안정 면에서 긍정적 요인으로 작용한다는 것이 입증되고 있지만 가족부양 기능의 약화 등으로 시설보호는 여전히 필요한 실정이다. 현재 노인복지시설에서 생활하는 노인은 1999년 말 현재 65세 이상 320만 노인의 0.39%이다. 이는 외국의 4~7%에 비교할 때 매우 낮은 것이다. 이렇게 시설화율이 낮은 이유는 정부의 '선 가정보호 후 사회보장'이라는 노인복지정책의 영향이다. 향후 인구의 고령화, 가족구조의 변화, 부양의식의 변화, 부양공간의 제한 등은 노인시설보호 욕구를 증가시킬 것으로 예상되므로 노인시설보호의 확대가 요구된다.

또한, 지금까지의 노인시설보호는 질적으로 저급한 수준에 머물러 시설보호가 필요하다고 하더라도 시설보호대상자나 그 부양자가 선택하기에는 어려움이 있었다. 따라서 다양한 프로그램과 경제적 소득수준에 맞추어 시설보호 희망자가 설계해서 선택할 수 있는 시설의 다양성이 확보되어야 하겠다.

참고문헌

강봉규, 2000, 『인간발달』, 동문사.

고기환, 1993, "육군 폭행사고의 실태와 예방대책", 경북대학교 행정대학원 도시행정전공, 석사학위논문.

고영복, 1995, 『현대사회문제』, 사회문화연구소.

곽영식 · 박영애 · 박인전 · 양점도, 2000, 『인간행동과 사회환경』, 양서원, 280.

곽형식 외, 2000, 『인간행동과 사회환경』, 형설출판사.

광주 · 전남 노인의 전화, 1997, "노인의 성 · 정년은 언제인가?", 제2회 노인 보건 · 복지 세미나 자료집.

구본용, 1997, "청소년의 집단따돌림의 원인과 지도방안", 청소년 상담문제 연구보고서, 청소년대화의 광장.

권석만, 1997, 『(젊은이를 위한)인간관계 심리학』, 학지사.

권육상, 2000, 『인간행동과 사회환경』, 유풍출판사.

김규수 외 역, 2002, 『인간행동과 사회환경』, 나눔의집 출판사.

김기석, 1989, 『정신치료의 이론과 실제』, 고려대학교출판부.

김동규, 1988, 『Libido의 발달과정과 성격형성론』, 교육과학사.

김동배 외, 1998, 『인간행동이론과 사회복지실천』, 학지사.

김동배 · 권중돈, 2001, 『인간행동과 사회환경』, 학지사.

김만두 · 김융일 · 박종삼 대표감수, 1999, 『사회복지대백과사전』, 나눔의집 출판사.

김영화 외, 2001, 『정치경제적 사회문제론』, 대학출판사.

김재은, 1998, 『유아의 발달심리』, 창지사.

김주희. 이창은, 1999, "유배우자 노인의 성생활 인식도에 관한 연구", 1999년 한국노년 학회 세계 노인의 해 기념 학술세미나 자료집.

김태련 · 장휘숙, 1994, 『발달심리학(제2판)』, 박영사.

김향초, 1998, 『가출청소년의 이해』, 학지사.

김형섭 역, 1997, 『한권으로 읽는 융』, 푸른숲.

남영옥, 1998, "가족의 심리역동적 환경이 청소년의 생존전략적 가출에 미치는 영향", 대구대학교 대학원 박사학위논문.

단현국, 1988, "한국 유치원 아동의 성역할 선호성에 관한 연구", 한국심리학회지:발달, Vol.1, No.1, 123-136.

박선환 외, 2001, 『정신건강론』, 양서원.

박재간, 1997, "경로당 운영실태 및 정책방향", 노인복지정책연구, 통권 제8호, 한국노인 문제 연구소, 1997.

박호선, 1993, "군 적응장애환자의 유발요인분석", 연세대학교 보건대학원 보건행정전공 석사학위논문.

보건복지부 사이트(www.mohw.go.kr), 2002. 5, "아동학대현황보고서".

서봉연 · 이순형, 1983, 『발달심리학 : 아동발달』, 중앙적성출판사.

서울YMCA 청소년 쉼터, 1996, "청소년 가출에 관한 설문조사 보고서", 서울 YMCA 청소년쉼터.

서울대학교의과대학 편, 1986, 『행동과학』, 서울대학교출판부

안창규 · 문선화 · 전윤식, 1995, 『가출청소년의 학교관리 체제』, 집문당.

양점도, 1994, "청소년의 잠재적 비행예측을 위한 척도개발에 관한 연구", 대구대학교 대학원 박사학위논문.

엄명용, 1996, "청소년 가출예방을 위한 가족 및 지역복지 서비스 모형". 『한국사회복지학』, 제 29권.

오세진 외, 1999, 『인간행동과 심리학』, 서울, 학지사.

유범희, 1992, 『정신병리학의 기초』, 민음사.

윤진, 1998, 『성인 · 노인심리학』, 중앙적성출판사

윤진 · 김인경 역, 1990, 『아동기와 사회: 인간발달 8단계 이론』, 중앙적성출판사.

이봉건 역, 1989, 『이상심리학』, 성원사.

이상오, 1997, "청소년 가출예방을 위한 청소년 지도방안, 청소년가출의 문제점과 대처방안", 청소년폭력 예방재단.

이소희 · 도미향 · 김민정, 1997, 『그것은 아동학대예요』, 동문사.

이시형, 1998, "왕따현상에 대한 이해와 해결", 서울특별시 청소년 상담실개원 1주년 기념 심포지엄 자료집.

이인수, 1999, 『현대사회복지론』, 양서원.

이인정 · 최혜경, 1995, 『인간행동과 사회환경』, 나남출판.

_____, 1997, 『인간행동과 사회환경』, 나남출판.

_____, 2001, 『인간행동과 사회환경』, 나남출판.

이정숙 외, 『유아심리학』, 학문사.

이형영, 1992, 『정신의학(총론)』, 전남대학교출판부.

이형영 · 이귀행 역, 1987, 『정신분석학의 발달』, 하나의학사.

이훈구, 1984, 『성격심리학』, 법문사.

임춘식, 1991, 『현대사회와 노인문제』, 유풍출판사.

_____, 2001, "경로당 활성화를 위한 지역사회자원계발", 노인복지연구, 통권11호, 2001 봄호, 한국노인복지학회.

장인협 외, 1990, 『인간행동과 사회환경』, 집문당.

장인협 · 최성재, 1996, 『노인복지론』, 서울대출판부.

장휘숙, 1998,『아동심리학』, 박영사.
_____, 2002,『인간발달-전생애 발달심리학』, 박영사.
정경애 외, 1998, "1998년도 전국노인생활시태 및 복지욕구조사", 한국보건사회연구원, 1998.
정우식, 1986,『인간』, 집문당.
조대경 역, 1985,『정신분석학입문』, 법문사.
조복희 편, 1995,『아동발달의 이해』, 교육과학사.
채옥채. 박미은. 서미경. 전석균, 2002,『인간행동과 사회환경』, 양서원.
청소년백서, 1996, 문화체육부.
최순남, 1993,『인간행동과 사회환경』, 한신대학출판부
_____, 2001,『인간행동과 사회환경』, 한신대학출판부.
_____, 2002,『인간행동과 사회환경』, 법문사.
최일섭 · 최성재, 1996,『사회문제와 사회복지』, 나남출판.
표갑수, 1993, "청소년 약물남용의 실태와 활성화 방안", 성곡논총, 제 24집, 성곡학술진흥재단.
한국마약퇴치운동본부, 1999, 약물 오 · 남용 예방 지도교사 직무연수 교육자료집, 한국
    마약퇴치운동본부 부산지부.
한국보건사회연구원, 1994,『노인생활실태 분석 및 정책과제』.
한국청소년개발원 편, 1994,『청소년복지론』, 인간과 복지.
한순옥 역, 1982,『아동의 성장과 발달』, 백록출판.
황익근, 1993,『정신분석학 용어 해설집』, 하나의학사.

Achenbaum, W. A. & Bengtson, B. L., 1994, The Reengaging the Disengagement
    theory of aging : On the history and assessment of theory development in
    gerontology, *The Gerontologist*, 34, pp. 756-761.
Ainsworth, M. D. S., 1979, Infant-mother attachment, *American Psychologist*, 34, pp.
    932-937.
Akers, R., 1979, Social Learning and Deviant Behavior, *American Sociological Review*,
    44(4), pp. 636-655.
Atchley, R. C, 1980, *Social Forces in Later Life*, Belmont, C. A : Wadsworth Publishing
    Co.
Becker, H. S., 1974, Career Deviance, In Kelly, D. H.(Ed), *Deviant Behavior*, New
    York : St. Martin`s Press.
Becker, J. V., & Skinner, L. J., 1985, Sexual Abuse in Childhood and Adolescence. In
    D. Shaffer, A. A. Ehrhardt, & L. L., Greenhill(Eds.), *The Clinical Guide to
    Child Pychiatry*, New York : Free press.

Berk, L. E., 1999, *Infants, children, and adolescents*(3rd ed.). Boston : Allyn & Bacon.

Bischof, L.J. 1976. *Adult Psychology*(2nd ed.). NY : Harper and Row.

Blos, P., 1979, *On adolescence*, New York : Free Press.

Jung, C. G., 1961, *Memories, Dreams, Reflections*, New York : Vintage Books.

Cole, C. L. & Cole, A. L., 1985, Husbands and Wives Should Have an Equal Share in Marking the Marriage Work, in H. Feldman & M. Feldman(Eds.) *Current Controversies in Marriage and Family*, California : Sage

Coopersmith S., 1967, *The Antecedents of Self-esteem*, San Francisco : W. H. Freeman.

Cumming, E. & Henry, W. E., 1961, *Growing Old : The process of disengagement*, New York : Basic Books.

Curran D., 1983, *Traits of a Healthy Family*, San Francisco : Haper & Row

Davis, S. F. & Palladino, J. H., 1997, *Psychology*(2nd ed.). Englewood Cliffs, N·J : Prentice Hall, Inc.

Duane Schultz., 1977, *Growth Psychology : Models of the Health Personality*, New York : Van Nostrand Company.

Emmerich, W., Goldman, K. S., & Kirsh, B., 1977, Evidence for a traditional phase in the development of gender constancy, *Child Development*, 48, pp. 930-936.

Erickson, E. H., 1963, *Childhood and Society*, New York : W. W. Norton.

Erikson. E., 1968, Life Cycle, *International Encyclopedia of Social Sciences*, New York : Crowell Collier and Macmillan, pp. 286-292.

Eron, L. D., 1980, Prescription for reduction of aggression. *American Psychologist*, 35, pp. 244-252.

Fagot, B. I., 1977, Teachers' reinforcement of sex-prefered behavior in Dutch preschools. *Psychological Reports*, 48, pp. 902-907.

Goldenson, R. M., & Glanze, W. D., 1986, *Longman Dictionary of Psychology & Psychoanalysis*, NY : Longman Inc.

Goode, E., 1972, *Drugs in American Society*(3rd ed..), NY : Mcgraw-Hill Pub. Co.

Gould, S. J., 1978, *Transformation. Growth and Change in Adult Life*, New York : Simon & Schuster.

Hall, C. S., 1979, *A Primer of Freudian Psychology*, NY : New American Library.

Harter, S., 1990, Processes underlying adolescent self-concept formation. In R. Montemayor, G. R. Adams, & T. P. Gullotta(ed.), *From childhood to adolescence: A transitional period? Advances in adolescent development*(vol. 2), Newbury Park, CA: Sage.

Havighurst, R. J, *Developmental Tasks and Education*, New York : David Mckay.

Hawton, K., 1982, Annotation: Suicide in American children and adolescents, *Journal of Child Psychiatry*, 3(4), pp. 497-503.

Hirsch, Travis, 1976, *Causes of Delinquency*. Berkely: University of California Press.

Hodapp, R. M., & Mueller, E., 1982, Early social development., P. B. Wolman(ed.), *Handbook of Developmental Psychology*, Englewood Cliffs, N · J. : Prentice-Hall.

Hoffman, M. L. 1970, Moral Development. P. H. Mussen(ed.), *Carmichael's Manual of Child Psychology*, New York : Wiley.

House, J. s., 1983, *Work stress and Social Support*, Addison-Weslry.

Huesmann, L. R. & Eron, L. D.(eds.), 1986, *Television and the aggressive child : A cross-national comparison*, Hillsdale, N · J : Erlbaum.

Johnson, R.E., 1979, *Juvenile delinquency and its origins: An integrated theoretical approach*, Cambridge: Cambridge University Press, pp. 53-79.

Kalish, R. A. & Reynolds, D. K., 1976, *Death and ethnicity : A psychocultural study*, Losangeles : University of Southern California Press.

Kaplan, H. I., & Sadock, B. J., 1985, *Modern Synopsis of Comprehensive Textbook of Psychiatry* III, Baltimore : Williams & Wilkins.

Kaplan, S., & Saperstein. S., 1985, Lesbian and gay adolescents. In H. Hidalgo. T. L. Peterson, & M. J. Woodman(eds.), *Lesbian and gay issues: A resource manual for social workers*. Silver Spring, MD: NASW.

Kirk, W. G., 1993, Adolescent suicide: A school-based approach to assessment and intervention. Champaign, IL : Research Press.

Kohlberg, L.K., & Ullian, D. Z., 1974, Stages in the development of psychosexual concepts and attitudes, R. C. Friedman, R. M. Richart, & R. L. Vande Wiele (eds.). *Sex Difference in Behavior*, New York : Wiley.

Kübler-Ross, E., 1969, *On death and dying*, New York : Macmillan.

Langer, E. J., & Rodin, J., 1976, The effects of choice and enhanced personal responsibility for the aged, *Journal of Personality and Social Psychology*, 34, pp. 191-198.

Leacock, E., 1979, *The culture of poverty: A critique*. New York : Simon and schuster.

Lefrancois, G. R., 1999, *The lifespan*(6th ed.). Belmont. CA : Wadsworth.

Levinson, D. J., Darrow, C. N., Klein, E. B., Levinson, M. H., & McKee, B., 1978, *The season of Men's life*, New York : Knopf.

Lewis, K., 1973, Children of lesbians: Their point of view. *Social Work*. 25(3). 203.

Lott, B., 1987, *Women`s lives: Themes and variations in gender learning*, Belmont, CA : Brooks/Cole.

Marcia, J. E., 1980, Identity in adolescence. In J. Adelson(ed.), *Handbook of adolescent psychology*. New York : Wiley.

Marcia, J. E., 1991, Identity and self-envelopment. In R. M. Lerner, A. C. Petersen, & J. Brooks-Gunn(eds.), *Encyclopedia of adolescence*(Vol.1). New York : Garland.

Merton, R. K., 1975, *Social theory and social structure*. Glencoe IL : Free Press, pp. 53-68

Moore, W. E., 1969. Occupational Socialization. in D. A. Goslin(ed.), *Handbook of Socialization Theory and Research*, Chicago : Rand Mcnally.

National Center for Health Statistics, 1993, Unpublished data. Washington, AC : U.S. Department of Health and Human Services, *Public Health Services*, Centers for Disease Control and Prevention.

Neugarten, B. L., Havighurst, R. J., & Tobin, S. S., 1968, Personality and patterns of aging. B. L. Neugarten(ed), *Middle age and aging*, Chicago : University of Chicago Press.

Newman, B. M. & Newman, P. R., 1981, *Development Through Life : A Psychology-social Approach*. IL : Dorsey Press.

Newman, B. M. & Newman, P. R., 1991, *Development through life : A Psycho social Approach* 5th ed., Chicago : The Dorsey Press.

Nielsen, L., 1991, *Adolescence, A Contemporary View*(2ed), Florida : Harcourt Brace Jovanovich. Inc.

O'Neil, J. M., Ohlde, C., Tollefson, N., Barke, C., Piggott, T. & Watts, D., 1979, Factoes, Correlates, and Problem Areas Affecting Career Decision Making of a Cross-Sectional Families of Students, *Journal of Counselling Psychology*, 27, pp. 571-580.

O'Neil, J. M., Ohlde, C., Tollefson, N., Barke, C., Piggott, T., & Watts, D., 1980, Factors Correlates, and Problem Areas Affecting Career Decision Making of a Cross-Sectional Samples of Students, *Journal of Counseling Psychology*, 27, pp. 571-580.

Piaget, J., 1952, *The Origins of Intelligence in Children*, NY : International Universities Press.

＿＿＿, 1977, *The Development of Though : Equilibration of Cognitive Structure*. New York : Viking.

Pillari, V., 1988, *Human Behavior and the Social Environment*, California : Brooks/Cole.

Powell, G. J., 1983. *The psycho social development of minority group children*, New YORK : Brunner/Mazel.

Reichard, S., Livson, F. & Peterson, P. G., 1962, *Aging and Personality*, New York : Wiley.

Robins, D. R., & harvey, N., 1977, Depressive Symptoms and Suicidal behavior in Adolescent. *America Journal of Psychology*, 30, pp. 25-27.

Rosow, I, 1965, *Social Integration of the Aged*, New York : Free Press.

Santrock, J. W., 1999, *Life-span development*(7th ed.). Boston : McGraw-Hill.

Satir, V., 1967, *Conjoint Family Therapy*. Polo Alto, CA : Science and Behavior Books.

Scazoni, L. D., & Scazoni, J., 1981, *Men, Women, and Change: A Sociology of Marriage and Family*(2nd ed.) NY : McGraw-Hill.

Schriver, J. M., 1995, *Human Behavior and the Social Environment*, shifting paradigms in essential knowledge for social work practice, Allyn and Bacon.

Settlage, C. F., 1972, Cultural values and superego in late adolescence. *Psychoanalytic Study of the Child*, 27, pp. 57-73.

Specht, R., & Craig, G. J., 1987, *Human Development : A Social Work Perspective*, N · J : Columbia University Press.

_____, 1987, *Human Development: A Social Work Perspective* (2nd ed), Englewood Cliffs, N · j : Prentice-Hall.

Strachy, J., 1973, Sigmund Freud, London : The Hogarth Press.

Sutherland, E. H., & Cressey, D., 1974, *Criminology*(9th ed.) Philadelphia : Lippincott.

Veninga, R. L. & Spradry, J. P., 1981, *The Inner America*, New York : Basic Books.

Veroff, J., Douan, E. & Kulka, R. A., 1981, *The Inner American*, New York : Basic Books.

Weiner, I. B., 1982, *Child and Adolescent Psycho pathology*, New York : Wiley.

Westberg, G., 1962, *Good grief*, PA : Fortress Press.

Williams, J. E., Bennett, S. M., & Best, D. L., 1975, Awareness and expression of sex stereotypes in young children, *Developmental Psychology*, 11, pp. 635-642.

Wylie, R., 1979, *The Self-concept : Theory and Research on Selected Topics*, Lincoln : University of Nebraska Press.

Zastraw, C., & Kirst-Ashman, K., 2001, *Understanding Human Behavior and The Social Environment*, Belmont : Wadsworth / Thomson Learning.

찾아보기

지은이 / 한국사회사업연구회

김 규 수

대구대학교 사회복지학과(학사, 석사)/숭실대학교 사회사업학과(박사)
현) 대구대학교 사회복지학부 교수

설 진 화

대구대학교 사회복지학과(학사, 석사, 박사)
현) 동국대학교 사회복지학과 교수

이 경 은

이화여자대학교 사회복지학과(학사, 석사)/대구대학교 사회복지학과(박사)
현) 경운대학교 사회복지학부 교수

이 기 량

대구대학교 사회복지학과(학사, 석사, 박사과정 수료)
현) 대구보건대학 사회복지학 교수

이 애 재

경북대학교 사회복지학과(학사, 석사)/대구대학교 사회복지학과(박사)
현) 영진전문대학 사회복지과 교수

이 영 호

대구대학교 사회복지학과(학사, 석사, 박사)
현) 인제대학교 사회복지학과 교수

이 지 훈

대구대학교 사회복지학과(학사, 석사, 박사)
현) 대신대학교 사회복지학과 교수

정 원 철

대구대학교 사회복지학과(학사, 석사, 박사)
현) 신라대학교 사회복지학과 교수

인간행동과 사회환경

초판 1쇄 발행 2002년 8월 31일
초판 3쇄 발행 2008년 3월 10일

지은이 / 한국사회사업연구회
펴낸곳 / 사회복지전문출판 나눔의집
펴낸이 / 박정희
주   소 / 152-790 서울시 구로구 구로3동 182-13
          대륭포스트타워 II 1205호
전   화 / 02-2082-0260~2
팩   스 / 02-2082-0263
www.ncbook.co.kr
Nanum@ncbook.co.kr

값 15,000원
ISBN 89-88662-77-6

●잘못된 책은 바꿔 드립니다.